FILHOS DIFÍCEIS DE EDUCAR

# FILHOS DIFÍCEIS DE EDUCAR

## Sugestões práticas e orientações para os pais

Emilio Pinto

Tradução
ROSÂNGELA DANTAS

Revisão da tradução
SILVANA COBUCCI LEITE

wmf martinsfontes

SÃO PAULO 2010

*Esta obra foi publicada originalmente em espanhol com o título*
*LA EDUCACIÓN DE LOS HIJOS COMO LOS PIMIENTOS DE PADRÓN*
*por Editorial Gedisa S.A.*


**1ª edição** *2010*

**Tradução**
*ROSÂNGELA DANTAS*

**Revisão da tradução**
*Silvana Cobucci Leite*
**Acompanhamento editorial**
*Luzia Aparecida dos Santos*
**Revisões gráficas**
*Helena Guimarães Bittencourt*
*Márcia Leme*
**Edição de arte**
*Katia Harumi Terasaka*
**Produção gráfica**
*Geraldo Alves*
**Paginação/Fotolitos**
*Studio 3 Desenvolvimento Editorial*

**Dados Internacionais de Catalogação na Publicação (CIP)**
**(Câmara Brasileira do Livro, SP, Brasil)**

Pinto, Emilio
Filhos difíceis de educar : sugestões práticas e orientações para os pais / Emilio Pinto ; tradução Rosângela Dantas ; revisão da tradução Silvana Cobucci Leite. – São Paulo : Editora WMF Martins Fontes, 2010.

Título original: La educácion de los hijos como los pimientos de padrón.
Bibliografia.
ISBN 978-85-7827-239-5

1. Criação de crianças 2. Conflito (Psicologia) em crianças 3. Pais e filhos 4. Papel dos filhos I. Título.

09-12984 CDD-649.7

**Índices para catálogo sistemático:**
1. Filhos rebeldes : Orientação para os pais : Vida familiar 649.7


***Editora WMF Martins Fontes Ltda.***
*Rua Conselheiro Ramalho, 330 01325-000 São Paulo SP Brasil*
*Tel. (11) 3293.8150 Fax (11) 3101.1042*
*e-mail: info@wmfmartinsfontes.com.br http://www.wmfmartinsfontes.com.br*

Para Julio Mateo,
um homem bom, correto, sincero, um exemplo
a ser seguido na vida, e a quem eu pedi para ser
meu pai quando o meu morreu porque não
sei viver sem pai.

# SUMÁRIO

# Prefácio

Olhos grandes, cheios de vida e de surpresa, assim eram os olhos de nossa filha quando a seguramos nos braços pela primeira vez. Era o início de uma nova etapa repleta de sensações nunca antes experimentadas.

Naquele dia, nossa vida mudou radicalmente, tornando-se uma vida nova, cheia de entrega a um ser que dependia totalmente de nossos atos, de nosso tempo e de nosso carinho.

Cada etapa do crescimento de nossa filha era um desafio. Quando ela era bebê, às vezes lidávamos bem com aquela história de "mama e dorme", mas as medidas das mamadeiras ficavam apenas na teoria; sem falar do momento em que começou a engatinhar, porque ela simplesmente queria ver o chão do ponto mais alto que podia... Assim, dia após dia, desde bem pequena, percebemos que nossa filha tinha personalidade própria.

Era inteligente, responsável e aprendia rápido, muito rápido. Tirava boas notas na escola, comportava-se bem diante dos amigos e da família. Educada e respeitosa, era um modelo de quem suas professoras sempre falavam – e falam – "não temos muito a dizer, a não ser que é excelente". No entanto, algo estava acontecendo, porque em casa as coisas não eram bem assim.

Ao escrever este prefácio, é curiosa a impressão de que gostaríamos de lembrar apenas a parte boa de ser pais, os sentimentos mais positivos dessa relação extraordinária. O rostinho sorridente de nossa filha, sua voz chamando "mamãe, papai", seus abraços, seu carinho... e no entanto vivemos outra realidade que é doloroso recordar.

Ninguém diria que em algum momento teríamos de enfrentar o fato de que, "por alguma razão que ainda desconhecemos", um dia, nossa filha de 8 anos começaria a nos ofender em casa. Em seguida vieram as ofensas em público, os gritos, as ameaças, os tapas, as mordidas... copos e abajures quebrados, em meio a cenas de violência jamais vistas nem imaginadas numa relação entre pais e filhos. Tudo isso se agravava ainda mais diante de nossa impotência, de nosso desconhecimento dos motivos, de nossa solidão naquele que tentávamos manter como um lar.

Quando nossa filha completou 9 anos, a falta de respeito, a violência, nosso medo, nossa impotência foram se agravando em casa até o ponto em que a situação nos forçou a reconhecer "que tínhamos um problema", e então começamos a navegar em meio a um imenso oceano sem saber muito bem qual direção seguir ou em que porto ancorar. Só procurávamos "ajuda". Dois anos de perguntas em vão, na internet ou por telefone, de respostas sem sentido, de soluções que não serviam para nós. E assim começamos a expor nosso desespero, a comentar com os familiares e com os amigos mais próximos, e descobrimos que havia outros casos: familiares de colegas, filhas que maltratavam a mãe, muitas pessoas que, como nós, sofriam e choravam na intimidade de suas casas.

Uma amiga nos deu o telefone de Emilio Pinto e ligamos para ele. Emilio nos ouviu, e desde nossa primeira conversa sentimos que alguém finalmente sabia o que estava acontecendo conosco, falávamos a "mesma língua", ele nos entendia.

Desde então não nos sentimos mais sozinhos. Sua presença, onde quer que estejamos, nos torna mais fortes para enfrentar a situação, reforçando nossa autoridade e recuperando nosso respeito e nossa autoconfiança. Com algumas ferramentas e com muito esforço, nossa filha foi se distanciando das crises de violência...

É muito difícil, extremamente difícil, e precisamos ser fortes... uma força que só é possível encontrar quando você vê que sua filha não está bem e que o sofrimento dela é o seu. Continua sendo incrivelmente difícil, mas temos certeza de que houve mudanças, grandes mudanças, e o melhor de tudo: foram mudanças positivas.

Pensar, por exemplo, que aos 9 anos era uma briga tirá-la da cama, com insultos e pontapés enquanto tentávamos vesti-la, e depois mais violência no carro a caminho da escola, e hoje aos 12 é normal acordá-la com um beijo e esperar que tome seu café para irmos juntas à escola conversando sobre o que vai acontecer no resto do dia, ou sobre a próxima prova... Parece mentira, mas progredimos.

Talvez o diagnóstico sobre o que acontece com minha filha seja "transtorno de comportamento", "síndrome do tirano", ou qualquer outro da moda. Quantas vezes nos perguntamos: o que fizemos de errado? Será um problema genético? Somos maus pais? Não sabemos estabelecer regras? É a sociedade que alimenta a violência nas crianças?... Não sabemos as respostas, certamente é um pouco de tudo; mas sabemos que nossa filha sofre de um "transtorno", e por isso temos a obrigação de ajudá-la. Acima de tudo, queremos ajudá-la a encontrar sua "cura".

Não quisemos recorrer a tratamentos psiquiátricos, apesar de termos estado a ponto de fazê-lo. A ira, a raiva, a violência cobrem tudo com um manto escuro, e é esse manto que temos de tirar para descobrir nossa principal ferramenta: o amor por nossos filhos.

Se aprendemos algo, ou melhor, se estamos aprendendo, é que não há métodos infalíveis para essa tarefa. Com nossa modesta experiência de pais, acreditamos que nenhuma ferramenta, que nenhum método, por si só, garante o sucesso; todos precisam de adaptações, ajustes a cada realidade particular, a cada pessoa, a cada situação. O que deu certo ontem pode falhar hoje. É preciso reinventar-se durante o caminho. Mas o indiscutível, pelo menos em nosso caso, é que nos foi oferecido um alicerce sobre o qual começar a trabalhar. E uma nova esperança: era possível tentar alguma coisa. Nem tudo estava perdido.

O caminho até hoje foi duro e frutífero, e ainda estamos longe de alcançar o fim, se é que ele existe, mas o certo é que hoje podemos afirmar com alegria que em nossa casa, novamente, é possível viver. Que estamos infinitamente melhor que no Natal de 2005.

Sofremos muito, lutamos muito, e ainda hoje continuamos a lutar e a sofrer. Nossas lágrimas quase não nos deixam ver estas palavras enquanto escrevemos, somos invadidos por uma tristeza repleta de ternura e esperança. Essas lágrimas reafirmam as palavras que são pronunciadas com tanta frequência, mas que só podem ser compreendidas quando são sentidas, palavras que aqui confirmamos: amamos nossa filha mais que nossa própria vida.

É muita responsabilidade escrever estas linhas. Saber que algum pai, mãe, ou ambos, na solidão e no desespero, talvez estejam lendo este prefácio em busca de uma solução para seus problemas com os filhos, solução que não podemos oferecer. O que queremos transmitir é força e esperança. Força para não desistirem, para não se entregarem, porque com certeza existe uma saída. Nunca está tudo perdido quando o que se pretende é a cura de um filho. Não podemos jogar a toalha. Em meio ao desespero, temos de encontrar forças para resistir mais uma hora, mais um dia, mais uma semana. Talvez a solução, que nunca será definitiva, esteja um pouco mais além. E... se não houvesse solução, não seríamos obrigados a procurá-la? A tentar um novo caminho?

Este valioso livro oferece-nos isto: métodos de trabalho e esperança, orientações para enfrentar as situações apresentadas por nossos filhos "difíceis" e para nós mesmos (pois, para mudar comportamentos nos filhos, alguma coisa deve mudar também nos pais), a partir de diferentes pontos de vista. E a esperança de acreditar que é possível transformar a realidade. Que até na mais densa escuridão há sempre uma chama que brilha.

Também queremos, e acreditamos que devemos, pedir que nossos gestores sociais (Estado, governos estaduais, prefeitura etc.) se conscientizem da existência desse problema, oculto em muitos lares. Precisamos de mais pesquisas, mais formas de tratamento e mais ajuda para as famílias que não sabem a quem recorrer.

Não queremos nos despedir sem agradecer a Emilio Pinto e à Fundação Internacional O'Belén o tempo precioso que dedicaram a nós. A verdade é que nunca poderemos agradecer o bastante, e logicamente "você está convidado para o casamento de nossa filha, quando ela crescer e decidir se casar".

*T. e A.*
*Julho de 2007*

# Introdução: uns são difíceis e outros não

Depois de minha experiência de mais de quinze anos com crianças e com famílias e após a leitura de inúmeros estudos sobre psicologia, genética e ambiente social, cheguei à conclusão de que os filhos são imprevisíveis: uns são difíceis e outros não. E isso não depende do nível cultural ou econômico da família, da escola, do número de irmãos, da autoridade do pai ou da mãe... Não se sabe quanto pode ser atribuído à genética e quanto é decorrente do ambiente social. Mas está demonstrado que, se nutrirmos consideravelmente sua inteligência, eles poderão mudar. Essa mudança **depende** sobretudo **da educação** que vão receber.

É possível **controlar** a educação das crianças quando se dispõe de **ferramentas** para isso. Embora não se possa garantir o resultado, uma criança pequena que receber uma boa educação terá mais probabilidade de não ser geniosa ao crescer, ou de ser um pouco menos, mas não é possível dar uma garantia absoluta.

Quando a criança é geniosa, o mais importante é não perder o controle da situação. Este livro pretende ser uma ferramenta para ajudá-lo com os filhos difíceis de educar. Nem todos são geniosos, e, quando são, nem todos são da mesma forma; além disso, **depende** do mau gênio que se **consegue suportar**.

Alguns pais se preocupam mais com as notas baixas que com a falta de respeito; outros se incomodam mais com a bebida e o cigarro e menos com a mentira; e há aqueles que gostam menos das baladas que das birras. Algumas pessoas suportam melhor o mau gênio que outras.

Este livro quer apenas que os pais confiem em sua missão, sem mudar de fórmula constantemente. Quer oferecer uma reflexão aos pais, e também a todos os educadores e adultos que se importam com seus filhos e com as crianças, apesar de elas às vezes serem "impossíveis". Seu conteúdo está estruturado em três partes – "Com os **filhos**", "Para os **pais**", "Sobre os **outros**" – que oferecem sugestões práticas e referências a casos.

*Chegaram ao consultório com uma porção de relatórios sobre a criança, inúmeros diagnósticos, como se ter um nome nos eximisse a todos – pais, professores, especialistas – de fazer alguma coisa ou nos liberasse para continuar fazendo as mesmas coisas, inclusive como se a própria criança tivesse sempre uma justificativa para seu comportamento: "Posso bater porque tenho um transtorno." Estavam em busca de "alguém" que resolvesse seu problema (como o dicionário está certo ao definir problema como "proposição destinada a averiguar como chegar a um resultado quando se conhecem alguns dados"!).*

*Os primeiros minutos foram para explicar a história de seu filho: os insultos a que eram submetidos, como eram agredidos, como respondiam a essas agressões, os objetos que ele quebrava, suas mentiras, os limites aos quais não obedecia; e as ações empreendidas: negociar, não dar ouvidos, consultar especialistas; o silêncio e as tensões que sofriam, a expulsão dos colégios, os amigos com os quais se relacionava etc.*

*A mãe perguntava: "Vocês também vão nos abandonar porque nosso caso não tem solução?"*

*E a resposta foi esta história: "Imagine que seu filho está com muita tosse e você o leva ao médico, que lhe receita um xarope e lhe diz para voltar na semana seguinte. Se ao voltar, uma semana depois, seu filho não tivesse melhorado da tosse, você acha que o médico diria 'não posso fazer mais nada' ou mudaria o remédio?" Obviamente a mãe escolheu a segunda opção.*

*Apesar de ser a primeira consulta, os pais precisavam entender que, se algo não estava funcionando, seria preciso fazer mudanças adequadas às necessidades de seu filho. "Isto é o que faremos: não vamos nos dar por vencidos quando alguma coisa não funcionar."*

*Pouco a pouco começaram a trabalhar na sessão, não os próprios sintomas, mas a origem de tais sintomas. A firme esperança bastou para que a atitude deles mudasse e tudo aquilo que parecia incurável se transformasse, pelo menos, em tratável. Além disso, a mãe começou a perceber que muitos dos sintomas diagnosticados anos antes já haviam desaparecido. Compreendeu que de nada adianta insistir no que já passou.*

Ao longo de sessenta capítulos são apresentadas ideias e maneiras de agir. No final de cada um deles há também um resumo para **lembrar**.

Os pais devem dar uma boa educação aos filhos, mesmo sabendo que os resultados não vão depender só deles. A educação é o instrumento para reagir diante do gênio difícil que os filhos possam manifestar. Por isso, queremos dar destaque aos mecanismos inquestionáveis que os pais devem aplicar e que a prática, ao longo dos anos, demonstrou que funcionam; com isso é possível evitar que os filhos sejam tão difíceis ou fazer com que seu mau gênio seja suportável. Devemos estar sempre preparados.

Boa leitura!

**Lembre-se...**

Os filhos podem ser bem geniosos.

O gênio difícil também depende do nível de tolerância dos pais.

O mau gênio dos filhos pode se manifestar em casa, na escola ou na rua, em todos os lugares ou apenas em algum deles.

A educação que os pais transmitem tem muita influência.

Com “ferramentas” é possível evitar que os filhos sejam muito “difíceis”.

# I. COM OS FILHOS

**1.** Não bater
**2.** Respeitar os limites
**3.** Síndrome do serviçal
**4.** Batalha contra a mentira
**5.** Para que serve isto?
**6.** Saber esperar
**7.** Atitude e esforço
**8.** Ter responsabilidades
**9.** Somar os sintomas: 1 + 1 + 1 = 4
**10.** As habilidades sociais
**11.** Estima para a autoestima
**12.** O direito de ficar triste e aborrecido
**13.** Fracasso escolar
**14.** Está ruim!
**15.** A roupa
**16.** A mesada
**17.** O prêmio imediato...
**18.** ... E o castigo negociado
**19.** Cuidado com as "janelas"!
**20.** Sair à noite
**21.** Vencer pelo cansaço
**22.** Mutismo eletivo
**23.** *Bullying*
**24.** Crianças reservadas
**25.** Filhos tiranos

# 1. NÃO BATER

Não bater, não xingar, não arranhar... ou, em outras palavras, **controlar a raiva**.

Sem a razão, e a razão chega na idade adulta, nosso instinto de sobrevivência nos leva a defender nossos brinquedos com unhas e dentes, nossa posição com palavrões e nossas vontades batendo portas ou recorrendo a tapas. Alguns aprendem a se controlar primeiro que outros.

O pior que os pais podem fazer é entrar nesse jogo. Se alguém grita, o lógico, em defesa de si mesmo e entre iguais, é gritar mais alto. No entanto, pais e filhos não são iguais. Os pais são (ou devem ser) mais maduros ou mais sensatos que os filhos. Se eles nos xingam, não devemos xingar; se batem uma porta, não podemos derrubá-la e, se nos batem, não devemos bater neles com mais força.

Se uma criança pequena começar a bater em sua mãe (ou em seu pai), a reação que deve encontrar na mãe é a do **controle verbal**; expressões como "Isto não se faz", "Comporte-se", "Respeite sua mãe" devem ajudar o filho a aprender que seu comportamento não está correto e que isso não lhe será permitido.

Se o controle verbal não funciona, deve-se passar para o que chamamos **contenção física**: prender as mãos, as pernas ou o corpo da criança para impedi-la de agir.

Não podemos deixar uma criança nos bater; se aceitamos isso, estamos dizendo que essa forma de comunicação é permitida.

E muito menos se deve responder a essa criança batendo nela; com essa reação agressiva também estaríamos transmitindo que expressar a raiva é uma opção válida. Além disso, essa é uma atitude infame.

Ao crescer, a criança muito geniosa talvez nos dê um empurrão ou até um tapa; se respondemos com agressividade, estamos validando essa forma de relacionamento. O correto é fazer o que fazíamos quando ela era pequena: primeiro tentar a contenção verbal e, se não funcionar, contê-la fisicamente, sem raiva.

*Carmem tinha 9 anos. Seus pais já estavam cansados de ofensas, empurrões, arranhões e de ver os objetos voando sempre em sua direção. Procuraram ajuda e, depois de muito perambular, um amigo de uma vizinha falou-lhes de nossa Fundação O'Belén. Chegaram com poucas esperanças e com uma sensação muito comum: se nós, que somos pais, não conseguimos, como outros vão conseguir?*

*Nossa primeira tarefa foi convencê-los de que eles certamente conseguiriam. A segunda, devido às reações violentas do pai, foi convencê-lo de que essa atitude não o ajudaria a mudar a "forma de sua filha se comunicar". E a terceira foi demonstrar-lhes que tudo o que estava acontecendo não tinha nada a ver com o amor que sua filha sentia por eles, nem com o amor que eles sentiam por sua filha, e para isso era preciso perguntar: vocês amam sua filha? Era necessário transformar em palavras o que o coração sentia, e não o que o cérebro pensava.*

*A contenção verbal, os castigos e as recompensas já não adiantavam. Era preciso passar à contenção física, e todos os requisitos para conseguir isso estavam presentes: a idade da menina, a utilização correta desse recurso por parte dos pais, sua duração etc. Enquanto seguravam a filha para im-*

*pedir que os agredisse, a mensagem era de carinho, de confiança, de controle e, terminada a contenção, a avaliação por parte de todos se transformava em uma grande reflexão. Não foram necessárias mais de dez contenções para fazer com que todos os membros dessa família deixassem de usar a violência.*

Quando batem, cospem em você ou o ofendem, você não deve responder na mesma moeda. O silêncio é um dos gritos mais fortes, e conter a agressão não é bom apenas para o filho, mas também para os pais, que assim não correm o risco de ficar com ódio de si mesmos.

Não ter forças para enfrentar uma situação concreta não tem nada a ver com não amar o outro.

*Luísa estava desesperada por causa da atitude de sua filha. Era uma mãe frustrada, envergonhada e com uma grande sensação de fracasso. Tudo isso e mais, misturado no coração de uma mulher sem objetivos e sem métodos, que sofrera abusos na infância, fora enganada pelo ex-marido e estava obcecada por tudo que a cercava. Uma mulher que chegou a querer acabar com a própria vida.*

*Os pais, a família e os amigos a aconselharam a reconhecer seu valor, a gostar de si mesma, a estabelecer metas e métodos para si mesma. Precisava abrir os olhos para perceber como a filha a tratava, as agressões físicas, o desprezo, os roubos..., ela não merecia tudo isso. Se o objetivo da filha era acabar com a mãe, esta não devia ajudá-la.*

*Luísa descobriu que seu objetivo não era apenas fazer sua filha feliz: ela também precisava ser feliz. Quanto mais feliz e realizada se sentisse, mais poderia ajudar sua filha.*

Ser pais não significa **aguentar tudo**. Ser filho não significa ter os objetivos que os pais querem que tenhamos. Ser pai não é ganhar sempre, nem perder sempre. Ser filho não é escravizar os pais. Ser pai e ser filho significa ajudar uns aos outros a atingir sua meta, sempre e quando essa meta não for acabar com o outro. O amor por um filho nunca é razão suficiente para acabar com nossa vida. Os pais também têm **direito à felicidade**; pais felizes ajudam mais seus filhos que aqueles que consomem sua vida na paternidade.

As brigas com os irmãos não devem ser consideradas tão importantes quanto as brigas com os pais, já que são brigas entre iguais. Os pais devem assumir a função de juízes, em vez de tomar partido ou alimentar essas brigas. Elas costumam terminar quando não se dá razão a nenhum dos irmãos por ter usado a força.

**Lembre-se...**

Ensine seu filho a controlar a raiva.

Use primeiro a contenção verbal e, se não for suficiente, recorra à contenção física.

Se não quiser que seu filho fique pior, não responda na mesma moeda.

Os pais não precisam aguentar tudo: eles têm direito de ser felizes.

# 2. RESPEITAR OS LIMITES

Uma pessoa em desenvolvimento só respeita um limite quando ele lhe é proposto e quando consegue fazê-lo. E, mesmo assim, ela pode esquecê-lo facilmente. A missão de educar a criança consistirá não apenas em voltar a situá-la em seu limite, mas sobretudo em ensiná-la a se pôr no lugar do outro (sem ser o outro).

Se os pais não estabelecem limites para os filhos quando estes são pequenos, não conseguirão fazê-lo quando eles chegarem à adolescência. Se deixamos a criança brincar com tudo, falar de tudo, ver tudo, criar seu próprio horário sem nenhuma regra responsável, ela pensará que seu território é ilimitado.

Há limites muito restritos e outros muito amplos, mas ambos cumprem o melhor dos requisitos: estabelecer fronteiras. O limite deve ser respeitado por "todos" para que não haja conflitos. O "não" deve ser sempre um "não", o "sim" um "sim", e o "talvez" um "talvez". Os três separadamente educam; os três juntos confundem.

Os pais devem **ensinar** seu filho a respeitar os **limites** desde bem pequeno. E, quando não se fez isso no devido tempo, é preciso recuperar o território perdido. Não tente conseguir tudo de uma vez, comece consolidando os limites que ainda existem e, pouco a pouco, faça ajustes. Não se ganha nem se perde uma batalha de um momento para outro. Só uma mudança de espaço e de adultos de referência conseguiriam mudar todos os limites ao mesmo tempo.

Os limites são impostos pelas **regras**. As regras devem **existir** e devem ser **conhecidas**; além disso, as regras podem e devem **mudar**. Em muitas famílias as regras não são conhecidas, em outras não mudam nunca e os dois casos devem ser evitados.

Quando os filhos são pequenos, é a natureza que estabelece as regras (hora de comer, de dormir...), mas, quando eles crescem, essas regras devem ser impostas pela razão. Talvez não tenhamos dedicado tempo suficiente para pensar em seus objetivos ou, talvez, passamos a considerá-los adultos antes da hora.

As regras devem mudar de acordo com a idade, a época do ano, o ambiente social e muitas outras coisas, mas sobretudo devem mudar em função da responsabilidade que o filho pouco a pouco adquire, até que no futuro ele mesmo possa se impor suas próprias regras.

O ser humano tem uma grande **capacidade de adaptação** a novas regras e o faz com mais rapidez do que pensamos. Na verdade, as crianças têm regras diferentes em casa e na escola, e até dentro da escola as regras mudam se estão com um professor ou com outro, em aula ou no pátio; as regras também podem ser diferentes na casa dos tios ou dos amigos. Há regras para os dias de semana e regras para o fim de semana, há regras para o inverno e regras para o verão, há regras com o grupo de amigos, no esporte e em muitos outros âmbitos. A criança precisa aprender a respeitá-las e saber que acima das regras estão sempre os valores.

*Eles se separaram, mas ambos amavam muito seus filhos.*

*Os quatro filhos já estavam entre a pré-adolescência e a adolescência, ou seja, precisavam de regras.*

*Sem saber bem o porquê, os pais acreditavam que seus filhos deviam ter as mesmas regras nas duas novas casas. O pai não tinha dificuldade em estabelecer regras (eram as mesmas de quando viviam juntos) e tudo ia muito bem com as crianças. Mas a mãe considerava impossível cumprir aquelas regras e, além disso, não queria obrigar os filhos a fazê-lo; estes não se acostumavam com a casa da mãe e havia muitos problemas nesse ambiente: agressões, um princípio de anorexia em uma das meninas, crises e um longo et cetera.*

*Embora pudesse parecer estranha, a situação já era esperada, pois o motivo da separação dos pais havia sido, fundamentalmente, a "incompatibilidade de gênios".*

*Enquanto insistisse em submeter os filhos às regras do pai, a mãe teria de enfrentar uma luta interna constante. E ela sabia como resolver esse problema: estabelecer ela mesma as regras em sua casa.*

*Hoje as crianças vivem limites diferentes com o pai e com a mãe. O pai cozinha de uma forma, a mãe de outra. O pai gosta de sair, a mãe de ficar em casa. O pai gosta de leitura e a mãe de ópera. As crianças entenderam perfeitamente que, quando estão com o pai, há determinados limites, e que, quando estão com a mãe, há outros bem diferentes.*

*Os filhos aceitam perfeitamente essa situação que está sendo muito enriquecedora para pais e filhos; e muitos problemas foram solucionados.*

Todos precisamos saber onde termina o campo do jogo, mas podemos jogar em campos de diferentes tamanhos, e também participar de jogos que têm regras diferentes: não se joga futebol com a mão, mas no basquete não é permitido tocar a bola com o pé.

Os limites não são algo apenas externo; eles também estão presentes na capacidade de nos conter e de saber conter. Se nos deixamos levar pelos instintos, ou pelos sentimentos, não podemos pedir que o outro se adapte continuamente a nossa visão particular das coisas. Às vezes nosso limite se distancia demais do limite do outro e exigimos dele algo que está além de suas possibilidades; isso acontece com frequência (nos estudos, por exemplo) e só leva à frustração.

Um limite é aceito quando foi estabelecido por ambas as partes. Naturalmente, uma criança pequena precisa de regras (hora da mamadeira, hora da soneca), e elas devem ser impostas sem pedir sua aceitação. Mas, com a educação, os pais devem ajudar seu filho a entender e aceitar os limites; assim, nós também os ensinamos a estabelecer limites para os outros e para si mesmos.

**Lembre-se...**

**Os pais devem estabelecer limites para os filhos, desde pequenos, o mais cedo possível.**

**Os limites são impostos com regras; as regras precisam existir, devem ser conhecidas e devem mudar.**

**As crianças adaptam-se rapidamente a regras novas e diferentes.**

**O melhor limite é aquele estabelecido pelas duas partes, quando ambas têm capacidade suficiente para tanto.**

# 3. SÍNDROME DO SERVIÇAL

Essa síndrome é uma ironia, mas inventam tantas síndromes que essa bem poderia ser mais uma. Sentir-se um serviçal dos filhos é o extremo de um dos valores mais nobres do ser humano, servir, mas às vezes ocorre o seguinte:

"Não precisa arrumar a cama, deixe que eu arrumo para você", "Não precisa fazer a tarefa, coitadinho, você está cansado, depois eu faço para você", "Não suba andando que você vai ficar cansado, eu pego você no colo", "Não se preocupe, filho, eu vou buscar você na hora e no lugar que você quiser", "Fique aí no sofá, eu vou pegar a água para você". E assim, dia após dia, um se acostuma a servir e o outro a ser servido.

Como isso pôde acontecer conosco de um dia para o outro? A verdade é que não é de um dia para o outro, é porque confundimos paternidade com servilismo. E não chega a ser uma escravidão, pois podemos abandonar essa forma de relação sem precisar abrir mão de nossos filhos, ou vice-versa.

Servir aos outros e servir aos filhos é uma tarefa muito nobre, mas os pais devem continuar sendo pessoas apesar de ter filhos; ou seja, devem continuar crescendo, formar-se, trabalhar e até se divertir, sem nenhum remorso. Ser um serviçal, um criado perfeito como esses dos filmes, vai nos tomar o dia inteiro e não teremos tempo para nos desenvolver.

*Um casal teve um filho que nunca pronunciou uma palavra sequer. Era mudo, e, apesar de terem consultado diferentes e renomados especialistas, nenhum deles conseguiu encontrar a solução para o problema.*

*Até que um dia, quando o filho já tinha 30 anos, ocorreu o inesperado: "Mãe! Não tem açúcar!", disse ele em alto e bom som, para surpresa da mãe.*

*"Meu filho, você consegue falar! Que alegria! Mas por que até agora você nunca falou nada?"*

*"É que até agora tudo estava perfeito."*

Ao criar um "mundo perfeito" ao redor de nossos filhos, não os ajudamos a crescer, não os deixamos aprender.

Não se trata de fazer tudo para eles, nem de não fazer nada, o que também seria errado. É preciso manter um equilíbrio. "Eu ajudo você e você me ajuda", "Eu sou mãe ou pai e você é filho", "Eu devo continuar evoluindo e não posso ficar o dia inteiro à sua disposição: aprenda a diferenciar entre o que você pode e o que não pode me pedir".

Para que essa síndrome não acarrete consequências no futuro, convém ir dando responsabilidades aos filhos na própria casa: pôr ou tirar a mesa, regar as plantas, levar o cachorro para passear, ir comprar pão e até varrer, arrumar a cama, trocar uma lâmpada, fritar um ovo ou passar o aspirador. Os filhos, embora alguns pais acreditem que não, têm duas mãos e muitas habilidades que não devem se atrofiar, mas sim se desenvolver. Um dos maiores perigos dos pais é considerar o filho sempre **pequeno demais para ajudar**; pedir para o filho fazer coisas de que os pais precisam, ou que não podem fazer, deve fazer parte de sua educação. Será que as mães que se queixam de que sua filha de 20 anos não sabe nem como funciona a máquina de lavar alguma vez se perguntaram qual é a idade adequada para ensiná-la a fazer isso?

*Luís era "o rei" em sua casa, tinha todos a seu dispor e achava que devia ser assim também fora de casa.*

*Parecia se divertir envolvendo-se em problemas cada vez maiores e, com 17 anos, acabou sendo internado em uma instituição de reabilitação para menores. Depois das explicações sobre o motivo de sua internação (mais que um castigo, tratava-se de ajudá-lo a lidar com seus problemas), da visita à instituição e de ser apresentado a seus companheiros, ouviu a exposição sobre o método que adotariam com ele, as regras que deveriam ser cumpridas.*

*Luís logo percebeu que não estava em "seu reino" e deparou com seus primeiros medos: não sabia fazer a cama, não sabia pôr a mesa, não sabia arrumar seu quarto... e muito menos fazer alguma coisa para os outros.*

*"O que não sabia fazer" transformou-se em oportunidade; o "aprender a fazer" foi mais terapêutico que qualquer outra coisa.*

*Aprendeu a arrumar a cama, aprendeu as diferentes maneiras de dar nó em cadarço, aprendeu a cozinhar, a pintar, a jogar baralho, aprendeu a dar de si o melhor que tinha. À medida que obtinha essas pequenas "conquistas", Luís passou a se orgulhar de si mesmo e a reforçar sua autoestima.*

*Ser "rei" era a única coisa que ele sabia fazer. Quando perdeu esse poder, sua arrogância transformou-se em medo. Um medo por "não saber", um medo pela vergonha de "não saber" diante de seus companheiros.*

*Era preciso ajudá-lo a vencer esses sentimentos, com paciência, com firmeza e com uma atitude positiva: "Não se preocupe, aqui nem todos sabem fazer de tudo, estamos aqui para aprender." Era preciso ajudá-lo a encontrar seus novos "poderes".*

*Depois de seis meses, Luís voltou para casa para ensinar a seus pais tudo o que sabia. É que todos precisamos ensinar, mostrar alguma coisa aos outros, sentir que também temos valor.*

Quando o filho sabe manter o devido respeito pelos pais, não os trata como se fossem serviçais. Mas **o respeito sempre chega** depois de um longo trajeto, cujo primeiro passo é a criança **observar** como seus pais se tratam, como pedem as coisas um ao outro e até como ficam irritados. O segundo passo é observar o tratamento que dispensam aos outros familiares. O terceiro, o que dispensam à sociedade.

Se os pequenos perceberem que seus pais, entre eles e com os outros, não mantêm o devido respeito, essa será a forma natural aprendida, ainda que não seja a adequada.

O quarto passo, e nem por isso o menos importante, é como os pais tratam seus próprios filhos.

O respeito é sempre uma resposta a como pedimos aos outros para sermos tratados, e, apesar de nossa sociedade estar perdendo os bons modos no trato com os outros, ninguém gosta de ser maltratado, muito menos em casa.

Mas não devemos esquecer que, para sermos respeitados pelos demais, primeiro temos de nos respeitar, por dentro e por fora, sendo coerentes com uma escala de valores que valha a pena praticar.

Ocorre algo parecido com os objetos. Se não cuidamos de nossas coisas, não as arrumamos e as jogamos fora sem motivo, como podemos pedir que nossos filhos cuidem de seus brinquedos, de suas roupas, de seu relógio ou de seu celular? Se toda vez que quebram alguma coisa a substituímos imediatamente, o que eles aprendem, ainda que digamos outra coisa, é que essas coisas não são tão importantes.

O respeito é aprendido com os pequenos detalhes: tratar com carinho as pessoas mais velhas, dar a vez a uma senhora, esperar que todos estejam sentados para começar a comer, chegar pontualmente, vestir-se adequadamente para cada ocasião, agradecer ou dizer "por favor" ao pedir as coisas.

**Lembre-se...**

**Não confunda paternidade com servilismo.**

**O filho "nunca" é muito pequeno para ajudar.**

**Os filhos não estão isentos de guardar o devido respeito pelas pessoas e pelas coisas.**

**Os filhos aprendem a respeitar vendo isso nos outros.**

# 4. BATALHA CONTRA A MENTIRA

É possível que a mentira esteja presente em nossos genes, ou talvez aprendamos a mentir muito rapidamente, mas essa é uma aptidão que todos têm e desde muito cedo. Quem nunca mentiu em algum momento da vida? Mente-se para não desagradar os pais, para ferir os outros, para parecer importante, para chamar a atenção, para obter alguma coisa, para esconder algo e por muitos outros motivos.

Existem muitas histórias relacionadas a esse assunto; todos conhecemos algumas, e elas podem até nos parecer familiares.

*O menino atende ao telefone e ouve a pergunta:*

*– Seu pai está?*

*– Espere um pouquinho... Meu pai pediu para dizer que não está – responde o menino.*

*A mãe que não quer enxergar o problema do filho adolescente que chegou bêbado na noite anterior:*

*– Eu já não lhe disse para você não tomar Coca-Cola, que lhe faz mal?*

*E a clássica:*

*..."Socorro! Um lobo!"*

Talvez não se publiquem estudos sobre a mentira e sua evolução, mas temos cada vez mais meios para sua divulgação. O verdadeiro problema é a **moral elástica** diante da mentira. Muitas pessoas acreditam que, "se ninguém descobrir, tudo bem". E assim se consente na mentira, que é aceita e até incentivada.

Na infância as crianças não diferenciam **fantasia** de **realidade**. A atitude para com a fantasia não deve ser tão drástica quanto a que é preciso ter diante de uma mentira, mas deve-se fazer com que a criança vá reconhecendo o que é imaginação e o que é realidade. Há casos de crianças que vestiram uma capa e se jogaram pela janela como se fossem o Super-Homem; por isso, quando elas assistem a filmes, é muito importante explicar-lhes que essa é uma fantasia impossível de ser realizada.

Mas outra coisa bem diferente é mentir e fazer da mentira a principal **forma de comunicação**. Então ela passa a ser um problema.

Os pais devem reagir para tentar resolver esse problema e há várias formas de fazê-lo.

Uma dessas formas pode ser **"por excesso"**, e deve ser utilizada quando a criança quer assustar os pais, ou simplesmente chamar a atenção para levá-los a se preocupar com ela. A reação "por excesso" consiste em não se deixar levar pela criança e contar-lhe uma mentira ainda maior: se, apesar da "gravidade" do que possa estar contando, a criança perceber que seus pais não se assustam com esses assuntos, ela deixará de valorizar sua própria mentira.

*A menina vivia contando à sua mãe cenas de sexo exageradas, que não tinham condição de ser possíveis.*

*A primeira reação da mãe foi dizer à filha que não queria conversas sobre esses assuntos, que procurasse outra pessoa para falar dessas coisas. Essa tática geralmente funciona; mas a menina continuou insistindo, por perceber que sua mãe estava preocupada e até angustiada.*

*Cansada de tantas mentiras, a mãe decidiu recorrer à imaginação e, na conversa seguinte sobre o tema, também inventou uma história, porém muito mais exagerada que as da filha, sobre uma pessoa desconhecida.*

*Quando a menina percebeu que a mãe também sabia mentir e que isso não lhe causava nenhum problema, deixou de fazê-lo.*

Outra atitude dos pais pode ser **"por falta"**, que costuma servir para aquelas mentiras produzidas apenas por uma percepção mais imaginativa da realidade, sem maiores pretensões. A reação "por falta" consiste em estabelecer como premissa o "Não acredito em nada do que você está dizendo" para, dessa forma, levar os filhos a perceber que, para ter crédito, é preciso ter provas, que é obrigatório dizer a verdade e que a mentira não traz recompensas.

De qualquer forma, deve-se tentar sempre dar mais reforço positivo à verdade e mostrar que a mentira tem consequências negativas.

Ninguém está livre da mentira: todos já contamos alguma ou acreditamos em uma. O verdadeiro perigo está em acreditar na mentira que estamos contando, e isso costuma acontecer em conversas em que se quer aparecer a qualquer preço. Quando terminam os argumentos, aparece a mentira em que se chega a acreditar; e esse pode ser o passo que antecede o uso da força física.

Quando a criança não tem argumentos e conta uma mentira, podemos ficar tentados a cortar a corda à qual ela está se agarrando. Contudo, convém esperar, pois, se tirarmos dela essa única amarra, ainda que imaginária, poderemos levá-la a um beco sem saída.

*Juanito pensou que devia encontrar uma boa desculpa para explicar por que deixara de entregar o trabalho: "Eu não fiz a tarefa porque meu cachorro comeu o papel." O menino tinha 12 anos e seus professores estavam muito preocupados com suas sucessivas mentiras. Algumas eram mais* criativas que as outras, e, quando tentavam desfazê-las com argumentos suficientes, ele as reafirmava mais ainda.

O coordenador responsável, diante da impossibilidade de falar com os pais do menino (nunca compareciam às reuniões que marcavam), procurou outra forma de chegar até ele. Na primeira oportunidade, o coordenador lhe disse que precisava de sua ajuda e que queria saber sua opinião sobre as coisas que ele, Juanito, gostaria de mudar na escola. O garoto respondeu: "Os professores deviam deixar de passar tanta lição de casa e de fazer tantas perguntas."

Sem querer provocar uma discussão, o coordenador começou a explicar o porquê das tarefas, tentando encontrar algum motivo que realmente convencesse Juanito. Justamente quando dizia que "com as tarefas aprendemos melhor, elas servem para revisar, ajudam os pais a saberem como estamos", Juanito verbalizou sua reclamação mais contundente: "Os pais estão pouco se importando com o que sabemos ou deixamos de saber!" O coordenador respondeu que não estava entendendo e pediu que ele se explicasse melhor, aproveitando seus silêncios para fazer com que o próprio menino organizasse tudo o que tinha na cabeça.

Juanito acabou contando que seus pais brigavam o tempo todo e queriam se separar. Por isso, também não se importava com eles e não fazia as tarefas (era sua forma de castigar os pais). Quando chegava à escola, não queria que seus colegas soubessem o que estava acontecendo em sua casa, e então precisava encontrar uma desculpa (mentira), porque tinha vergonha de dizer o verdadeiro motivo na frente deles.

O menino inventava as mentiras para se proteger. Os professores decidiram que, até a situação se resolver, dariam tempo para Juanito fazer suas tarefas na sala de aula, para que a mentira não se transformasse em um hábito.

Às vezes, talvez seja melhor deixar a mentira passar para encontrar sua verdadeira razão.

As crianças pequenas precisam de pais que as levem a perceber a diferença entre a verdade e a mentira. Com os adolescentes, a coisa fica um pouco mais complicada e é necessário

**descobrir as razões** que os levam a mentir, antes que eles se transformem em mentirosos patológicos e acreditem em suas próprias mentiras. Muitas vezes, especialmente quando o adolescente pode estar cometendo excessos (bebidas, drogas...), a mentira pode ser um sinal de que algo mais grave está acontecendo, uma forma de esconder males maiores, como uma luz vermelha que acende pedindo ajuda.

**Lembre-se...**

**Uma moral elástica diante da mentira acaba por incentivá-la.**

**Ensine à criança pequena a diferença entre fantasia e realidade.**

**Diante da mentira como forma de comunicação, deve-se reagir "por excesso" ou "por falta".**

**É preciso descobrir as razões das mentiras.**

## 5. PARA QUE SERVE ISTO?

Atualmente, as crianças questionam tanto que é possível que se tornem maçantes no futuro. Para que serve isto? Por que eu tenho de fazer isto? Por que eu tenho de ir à escola? Por que eu é que tenho de pôr a mesa? Por que passam tanta lição de casa? Por que...?

Não é preciso dar à criança **explicação para tudo**. Por acaso os pais recebem dos chefes ou clientes explicação sobre por que precisam se esforçar ou sacrificar? Na vida há muitas coisas que devem ser feitas **porque sim**, simplesmente porque devemos fazê-las.

*Quando Maria tinha 9 anos, sabia que precisava escovar os dentes todas as noites.*

*Ela não gostava de fazer isso e, embora lhe explicassem os bons resultados que escovar os dentes teria para ela no futuro, não queria escová-los.*

*Os pais não ligavam para suas reclamações e todas as noites a obrigavam à escovação.*

*Agora Maria já cresceu e escova os dentes todas as noites, sem se lembrar das discussões que tinha por causa disso com seus pais quando era pequena.*

Quando realizamos uma tarefa regularmente, ela se transforma em hábito e terminamos por fazê-la sem perceber. Na educação, há muitas rotinas que são úteis; os resultados podem ser diferentes e nisso a atitude dos pais pode influenciar.

*Raul chega todos os dias da escola com seus livros e as lições de casa. Ele passa toda a tarde perguntando por que precisa trabalhar em casa depois de passar a manhã inteira na escola, para que serve o que ele precisa fazer, e os pais tentam oferecer explicações para convencê-lo.*

*O menino cresce, passa de ano, mas as discussões continuam.*

*E assim ele nunca adquirirá o hábito de se sentar para estudar; provavelmente será outro caso de fracasso escolar.*

Sempre foi preciso estudar coisas que não pareciam úteis: a tabela periódica dos elementos, os nomes de rios e seus afluentes, os reis godos, a raiz quadrada. Era necessário e aprendíamos. Isso servia para exercitar a memória, para entender a origem das coisas, para adquirir conhecimento. Não é necessário convencer a criança sobre certas coisas, deve-se dizer a ela que é preciso fazê-las, que é sua obrigação; isso também **serve para aprender a aprender**. Quem precisa ser convencido é o adulto que começa a questionar a importância de se ter e saber usar o conhecimento.

*Fazia muito tempo que nenhum argumento convencia seu filho de 14 anos, que não ia à escola há várias semanas. Realmente ele só fazia o que tinha "vontade", e há certas "vontades" difíceis de aguentar.*

*A autoridade dos pais desaparecera. Eles se sentiam totalmente impotentes e os castigos, as recompensas, as conversas, tudo deixara de fazer efeito para o filho. Agora só viam como solução interná-lo em alguma instituição de reabilitação, mas para isso seria preciso entregar a guarda ao Estado ou esperar que o garoto cometesse algum delito. Não parecia uma solução e muito menos imediata.*

*Era importante que os pais recuperassem o poder perdido, podiam tentar, e só dependia deles.*

*Tinham dois pontos de apoio:*

*– a lei, que obriga os pais a mandarem seus filhos à escola; não cumpri-la significa cometer um delito*;*

*– a polícia, que existe para nos ajudar quando precisamos.*

*Entraram em contato com a delegacia do bairro e avisaram o filho sobre as consequências de sua atitude: eles não queriam cometer nenhum delito, portanto, se na manhã seguinte ele não fosse à escola, a polícia viria buscá-lo.*

*O filho quis testar se sua autoridade chegava a ser superior às forças de segurança pública e negou-se a ir, trancou a porta do quarto por dentro e foi preciso chamar os bombeiros e até uma ambulância. Chegou um pouco atrasado à escola, mas chegou, e no carro da polícia. O garoto percebeu que seus pais não estavam para brincadeira, e que a lei os amparava.*

*Essa guerra foi ganha com a vitória na primeira batalha. Não foi mais necessária a intervenção da polícia. Os pais foram corajosos e pediram ajuda, e o filho foi inteligente e entendeu que tinha não só direitos, mas também deveres.*

A criança pode aprender muito com os pais, com seu conhecimento, suas explicações, seus argumentos e suas motivações, mas algumas coisas não necessitam de explicações ou detalhes. Os filhos também devem aprender a fazer coisas que não entendem, que não querem entender ou que para eles não têm "explicação"; e os pais devem utilizar todos os recursos a seu alcance para que as crianças as façam.

**Lembre-se...**

**Não é preciso explicar tudo para a criança.**

**Há muitas coisas que devem ser feitas "porque sim": elas ajudam a aprender a aprender.**

* Na Espanha há vários casos de pais de filhos em idade escolar que foram denunciados por seus filhos não frequentarem a escola. [N. da T.]

# 6. SABER ESPERAR

É verdade que as crianças, muitas vezes, nos fazem perder o fôlego e nos tiram do sério. Este é o século do imediato, das justificativas, de querer ser sempre vítima e não carrasco e de encontrar sempre um culpado.

Os filhos, como muitas outras pessoas, não querem esperar, e isso estressa os pais. Querem uma moto aos 15 anos, andar de balão, viajar de avião... mas os pais não têm obrigação de responder automaticamente a tudo, têm direito ao tempo necessário para decidir-se com toda a responsabilidade e a ensinar seus filhos que é preciso esperar pelo que é bom.

Precisamos **ensinar** nossos filhos a **esperar**. Se não o fizermos, não farão. Se não os ensinarmos a esperar sua vez, vão furar a fila. Se não os ensinarmos a ter paciência, não serão pacientes nem com eles mesmos nem com os outros. Todas essas coisas são ensinadas com a prática.

Muitas crianças interrompem a conversa dos mais velhos sem que ninguém tenha pedido sua opinião e há pais que dizem: "É que ele tem déficit de atenção com hiperatividade." É difícil acreditar que alguém defina com essas palavras uma criança mal-educada. Obviamente há crianças hiperativas com déficit de atenção, mas também nesses casos elas devem ser ensinadas, e ainda com mais afinco, que precisam saber esperar.

O mais triste é que se costuma atender primeiro ao que é menos paciente: quem não sabe esperar consegue a resposta mais rapidamente que aquele que sabe. Não estamos premiando o que grita mais, o que reclama mais, o que nos deixa sempre por um fio, e alimentando assim sua atitude? É mais educativo que o tempo de resposta dependa não só daquilo que pedem, mas também da forma como o fazem.

É preciso ensinar os filhos a esperar alguns minutos, horas ou dias, e eles agradecerão a vida toda por terem aprendido a ser reflexivos e pacientes. É necessário ensiná-los, desde bem pequenos, a esperar que o pai termine de falar ao telefone ou conclua a leitura do capítulo de um livro para depois brincar com ele.

A relação entre pais e filhos não é uma relação entre iguais; é bom insistir nisso. Os pais devem entender se às vezes um filho se atrasa, e esperar por ele; mas nem o filho pode pretender que isso se transforme em um hábito nem os pais devem permitir que isso aconteça: esperar pelos pais **não pode ser igual** a esperar pelos filhos.

*Sara tinha 14 anos e a escola, suas amigas e as notas eram o que mais lhe importava no mundo.*

*Mas chegar à escola se transformara em um sofrimento diário, sobretudo para sua mãe. Todas as manhãs era a mesma coisa. A mãe precisava esperar um bom tempo no carro até Sara finalmente sair de casa. A viagem até a escola virava uma corrida e muitas vezes chegavam atrasadas.*

*A culpa pelo atraso era sempre de sua mãe: "Você não corre", "O leite estava frio e tive de esquentá-lo de novo", "Você não me esperou na cozinha", "Quando eu disse que já vinha, você devia ter me apressado mais", "A roupa que eu queria vestir não estava lavada"...*

*O pior era que a mãe também chegava atrasada ao trabalho, e já não tinha mais desculpas. E com o passar do tempo a situação não melhorava.*

*Era urgente uma mudança e a mãe estava decidida a dar o primeiro passo. (Há problemas que podem parecer pequenos para os outros, mas que podem se tornar insuportáveis para quem precisa conviver com eles, e dar o primeiro passo é sempre difícil.)*

*A seguinte conversa abriu os olhos da mãe:*

*Pergunta à mãe: "O que aconteceria se um dia você deixasse de levar sua filha à escola?"*

*Sua resposta: "Certamente não falaria comigo durante uma semana."*

*Pergunta: "Você poderia ficar uma semana sem sua filha falar com você?"*

*Ficou um pouco pensativa e afirmou: "Ainda que ela nunca mais volte a falar comigo, prefiro isso a morrermos num acidente na estrada."*

*A mãe avisou Sara que às 7h45 da manhã o carro sairia da garagem e que quem não estivesse dentro dele nesse horário ficaria sem motorista. A filha escutou, mas não deu muita importância.*

*Na manhã seguinte, mais uma vez, Sara desceu atrasada e, quando chegou à garagem, não pôde acreditar: nem o carro nem sua mãe estavam lá. Ligou para ela imediatamente pelo celular, mas a mãe não entrou no seu jogo; além disso, já estava na estrada e, sem discussão, disse à filha: "Amanhã você terá outra oportunidade, só precisa aproveitá-la."*

*Agora Sara já não faz sua mãe esperar e agradece por levá-la à escola.*

Os pais devem ensinar aos filhos o valor da espera, fazendo-os esperar, e não transformando todos os seus desejos em realidade. Aprender a esperar tem muito a ver com aprender a escutar, com controlar nossos instintos e até com saber aceitar o fracasso como parte da aprendizagem.

Nos primeiros dias após a retirada das fraldas, se a criança diz que quer ir ao banheiro convém levá-la correndo. À medida que vai se controlando, a reação vai mudando: "Espere até chegarmos em casa", "Vou parar daqui a uns dez quilômetros". Se os pais conseguem fazer isso, também podem ter um comportamento parecido em muitas outras "solicitações" dos filhos: "Preciso que você me dê dinheiro agora" ou "Quero comer agora (sem esperar por ninguém)".

Será que não são os pais que às vezes não sabem controlar a pressa dos filhos? Será que, especialmente com os adolescentes, eles não fazem de tudo para evitar discussões, repletas de argumentos difíceis de suportar, de digerir e até de rebater?

O ego das crianças vai se inflando à medida que é sempre o primeiro a passar por todas as portas. Muitas mães e pais privam-se de coisas, ou as adiam, e no entanto, quando se refere aos seus filhos, são capazes de pedir um empréstimo para lhes comprar qualquer objeto supérfluo, simplesmente por estar na moda ou por um capricho.

Fazer esperar também ensina a criança a reconhecer o esforço, seu ou dos pais, para obter o que deseja. Quando não há espera, não se aprende a dar valor às coisas.

**Lembre-se...**

**As crianças querem as coisas imediatamente, mas os pais têm direito a ter o tempo necessário para eles.**

**Se a criança não aprende a esperar, não esperará.**

**Os filhos esperarem pelos pais não é o mesmo que os pais esperarem pelos filhos.**

## 7. ATITUDE E ESFORÇO

Aptidão é a capacidade ou disposição para algo. Atitude é a postura do corpo, especialmente a determinada por um estado de espírito. Há uma grande diferença entre os dois termos, muito bem refletida na história dos três pedreiros que respondem de forma diferente à pergunta de uma pessoa que observava o trabalho que eles estavam fazendo:

A pergunta era sempre a mesma: "O que você está fazendo?"

O primeiro pedreiro deu a seguinte resposta: "Você não está vendo? Estou empilhando tijolos!" E continuou seu trabalho, irritado por lhe terem feito uma pergunta boba com uma resposta tão óbvia.

O segundo pedreiro respondeu: "Não está vendo que estou levantando uma parede?"

Com um grande sorriso e cheio de orgulho, o terceiro pedreiro disse: "Estou construindo o hospital infantil da cidade!"

Esses três homens não tinham aptidões diferentes, pois os três sabiam preparar cimento e levantar uma parede, mas o terceiro tinha uma atitude diferente que o fazia sentir prazer e sentir-se orgulhoso de seu trabalho.

A **atitude** é o que torna as pessoas mais felizes ou mais infelizes. E não beneficia ou prejudica apenas o indivíduo, mas também a todos os que estão à sua volta.

Diante de um mesmo fato, é possível adotar atitudes muito diferentes: raiva, interesse, submissão, confronto etc. As diferenças de atitude são maiores na forma de agir de cada pessoa para tentar alcançar algum objetivo. É muito importante estimular os filhos a terem a melhor atitude no momento de fazer as coisas, a se esforçarem para chegar o mais longe possível mesmo não tendo as qualidades mais adequadas.

Há crianças muito acomodadas que, como perturbam pouco, parecem não precisar de muita atenção. Essas crianças carecem de atitude e é necessário propor-lhes desafios e objetivos a serem alcançados. O filho deve ter a atitude de ser curioso, de estar atento e desperto, e, quando não encontra nada que o motive, os pais devem ajudá-lo a conseguir isso.

Também é possível ajudar as crianças "impossíveis" a ter uma atitude melhor. Se encontram sua atitude, podem até mudar.

*É cada vez maior o número de crianças e adolescentes cuja atitude diante das tarefas domésticas se transforma em mais uma conta a pagar.*

*Como Marina não fazia nada em casa, seus pais decidiram motivá-la com o que ela mais gostava: dinheiro. Assim, arrumar a cama valia 3 euros, ir à escola 5 euros, pôr a mesa, 2 euros, comprar o pão, 1 euro, e além disso existiam as coisas especiais, que também deviam ter "tarifas" especiais. Quando se deram conta, Marina podia ganhar num só dia cerca de 20 euros e conseguir no mínimo 600 euros no mês. O que começou como uma recompensa transformou-se em um "pedágio". As "remunerações" de Marina haviam se tornado uma despesa muito alta para os pais; além disso, começavam a ser um perigo também para ela.*

*Estavam nisso havia mais de dois anos. Como podiam mudar a atitude de Marina para com as tarefas da casa? Se havia tanto tempo estava fazendo as coisas por dinheiro, como poderiam fazer com que ela se sentisse mais "colaboradora em sua casa"?*

*Quando os pais disseram a Marina que já não podiam pagar uma conta tão alta, ela se negou a fazer as coisas. O único argumento que conseguiu operar a mudança foi falar na "mesma língua" com a filha: as despesas com o aluguel da casa, a luz, o telefone e a comida seriam divididas por três e cada membro da família pagaria sua parte. Obviamente, Marina não queria aceitar, a conta agora não estava a seu favor. Tiveram de chegar a uma solução intermediária (às vezes é preciso chegar ao extremo para conseguir um acordo). Marina ficou com uma mesada mensal de 100 euros em troca de participar de todas as tarefas da casa. O valor foi estabelecido entre todos, e Marina entendeu que aquela era sua casa e que devia participar.*

À atitude positiva deve juntar-se o **esforço**; com ambos é possível conseguir quase tudo.

Atualmente, a mensagem dada pela sociedade é que o sucesso é sinônimo de dinheiro (muito e fácil). Carros de grande potência, hotéis de luxo, roupas de marca, academias, culto ao corpo, tecnologia de última geração, férias exóticas... Em vez de ganhar a vida trabalhando, o que se quer é ser rico sem trabalhar. Existem jovens que pensam: "Vou viver à custa dos meus pais até poder viver à custa dos meus filhos." Parece piada, mas o que querem dizer é que acham os pais uns bobos. Outros dizem a seus pais: "Você trabalha tanto porque quer"; acham que o importante é aproveitar a vida, sem pensar em deixar nada para os outros, nos postos de trabalho que podem ser criados, ou na contribuição à sociedade.

É muito difícil lutar contra tantos meios de sucesso fácil. Existem até teorias pedagógicas triunfalistas que propõem uma educação lúdica, sem esforço. Quando se ensina que só se deve fazer o que é divertido, aquilo de que se gosta, estamos colaborando com a construção de uma sociedade voluntariosa. Se as crianças recebem tudo o que querem simplesmente abrindo a boca e pedindo, sem exigirmos delas nenhum esforço, estamos ensinando a elas que o sucesso é o resultado de abrir a boca, e, se precisarem abri-la mais, assim o farão. Se, para conseguir o que querem, em vez de se esforçar, precisarem brigar, brigarão; se precisarem se fazer de vítimas, serão vítimas, e, se precisarem ser carrascos, se transformarão em carrascos.

Quem não sabe valorizar o que conseguiu com esforço, seja ele muito ou pouco, também não saberá desfrutar dele.

*Felipe adorava telefones celulares. Sempre tinha o último modelo porque os perdia com muita facilidade, era roubado, ou os celulares deixavam de funcionar. Mas ele sabia que seriam repostos imediatamente.*

*Os pais, já cansados, decidiram deixá-lo sem celular. Tiveram de aguentar o mau humor do filho durante bastante tempo, mas isso serviu para educá-lo: o garoto, com seu esforço, conseguiu um celular novo que durou anos.*

Mas a batalha não está perdida. Não se é feliz por ter muitas coisas, mas por usufruir aquelas que se tem quando foram conseguidas com trabalho. No entanto, o trabalho não produz um resultado imediato, necessita de constância e perseverança, e isso também é possível aprender em casa.

Não é bom que os filhos se transformem em crianças preguiçosas e voluntariosas. Devem aprender a se esforçar e a ser constantes, apesar das dificuldades. E para aprender é necessário treinamento.

O treinamento educativo adequado deve basear-se em duas estratégias: ensinar a resistir e ensinar a empreender.

Ensinar os filhos a **resistir** significa ensiná-los a perseverar, embora a tarefa seja cansativa ou desagradável. O cansaço é incômodo de aguentar, a dor é difícil de entender, mas é preciso aguentar e é preciso sofrer. Nessa linha, para atingir a maturidade, os filhos devem poder viver as experiências desagradáveis com que deparam na vida, seja por acaso, seja como consequência de seus atos. Ainda que, na medida do possível, seja recomendável dosar as experiências, não é bom ficar com pena deles e eliminar todo o sofrimento.

*A menina perdera sua cachorrinha e, logicamente, estava muito triste. Imediatamente a mãe pensou que devia fazer alguma coisa "para que a filha não tivesse de sofrer tanto, coitadinha". Então foi correndo comprar outra, pensando que o carinho ou o afeto por um cachorro devia ser o mesmo que por outro. Ledo engano.*

*Ao ver a nova cachorrinha, a menina disse para a mãe: "Você acha que, se eu perdesse você, minha tristeza passaria se eu procurasse outra mulher para chamar de mãe?"*

E tudo isso com a precaução de não abandonar os filhos, acompanhando-os enquanto se esforçam para resistir. Nossa companhia e nosso interesse devem servir de estímulo ou consolo para eles, e também de acompanhamento.

Ensiná-los a **empreender** significa ensiná-los a assumir boas metas e a persistir para alcançá-las encontrando os meios necessários.

*Naquele ano, os pais de Sérgio, um garoto de 12 anos, haviam permitido que ele mesmo organizasse seu tempo e seus objetivos. "Este ano o deixamos sozinho para ver o que acontecia." No final do ano, arrependeram-se de tê-lo feito.*

*Aconteceu o que tinha de acontecer, Sérgio não estudou nada, seus resultados escolares foram um desastre e o que o garoto fazia não coincidia com o que os pais queriam dele. Não seria muito novo para se organizar sozinho? Os pais não demoraram a se dar conta da situação?*

*Depois de estabelecer novas regras para o jogo, adaptadas e aceitas por todos, a autonomia de Sérgio começou a ser mais proveitosa.*

Para isso é necessário passar pelas diferentes fases do seguinte processo, como se fossem elos de uma cadeia; pular um pode significar o fracasso de toda a estratégia:

1. Indicar-lhes **boas metas** em função dos valores pessoais, sociais e religiosos. Para tanto, os pais precisam explicar

e ilustrar sua validade dando eles mesmos o exemplo. E devem fazê-lo de forma coerente.

2. Fazer com que os filhos assumam **acordos** ou **compromissos** explícitos, especialmente sobre os estudos e o comportamento. É possível consegui-lo através da negociação, ajudando-os a avaliar os prós e os contras, e os meios para alcançar aquilo a que se propõem.

3. Ajudá-los com nossa **exigência** a persistir em sua decisão. Exigir significa verificar que estão usando os meios e os esforços apropriados para alcançar seus objetivos. Significa também avaliar sua conduta, mostrando aprovação sempre que possível, e desaprovação quando sua falta de esforço e dedicação o exigirem. Também é preciso mostrar esperança na melhora ou alegria pela perseverança do esforço.

4. Manter nossa exigência com **constância**.

Os filhos devem aprender a resistir e a perseverar para serem pessoas felizes e não escravos de suas vontades.

**Lembre-se...**

É a atitude (o estado de espírito) o que nos torna mais felizes ou mais infelizes.

A felicidade não consiste em ter muitas coisas, mas em usufruir as que foram obtidas com esforço.

Ensine seus filhos a resistir (ao esforço, à dor) e a empreender.

# 8. TER RESPONSABILIDADES

Enquanto não nos dão responsabilidades, não nos tornamos responsáveis. O grande problema da responsabilidade é não saber que a temos. Os pais devem **dar** responsabilidades aos filhos.

Em casa, nos esquecemos da importância que ela tem. "Você está um ano mais velho e, a partir de agora, pode ficar na rua até as dez da noite, mas também vai ter de limpar o banheiro todos os sábados." Os pais têm muitas oportunidades para dar responsabilidades aos filhos, adequadas à sua idade e capacidade, transmitindo com **clareza** o que se espera deles.

Não é raro escutar uma mãe reclamando que seu filho não move uma palha "enquanto eu não viro um bicho". Porém não foi dito ao filho claramente o que ele deve fazer: o quê, quando e como. Pode ser que num dia o mandem "arrumar tudo" e no dia seguinte digam "coitadinho, você deve estar cansado". As crianças não podem viver observando o rosto de seus pais para saber se é dia de "coitadinho" ou de "hoje é a sua vez de fazer tudo". Ninguém espera que em seu trabalho, dependendo do humor do chefe, seja necessário trabalhar ou descansar. Seria difícil se acostumar com tal despropósito.

A cada idade corresponderão diferentes responsabilidades. Elas podem variar conforme as famílias, mas em todos os casos há:

- horários de verão e de inverno, os dos dias da semana e os de fim de semana, a hora de chegar em casa, de ficar no computador ou de ver televisão (sem horário, eles podem viver na frente da televisão ou do computador)...
- trabalhos em casa: pôr a mesa, tirá-la, guardar os brinquedos, arrumar o quarto, comprar o pão, levar o lixo para fora...
- obrigações da escola: frequência, pontualidade, estudo, aproveitamento...
- e muitas outras coisas.

O importante não é quais são as responsabilidades, mas que os filhos as tenham e saibam disso. Se necessário, como lembrete, além de dizê-las, pode-se escrevê-las e até assinar embaixo: "o que está escrito deve ser cumprido".

Para lembrá-las, use a **pedagogia da geladeira**, um recurso pedagógico importantíssimo. A geladeira é um dos lugares mais visitados pela família e, renovando os lembretes para que chamem a atenção, sua porta sempre estará disponível para consulta, em caso de dúvida. Se na prática diária as responsabilidades não forem cumpridas, o lembrete na geladeira pode ajudar a **fazer da regra um hábito**. Uma vez interiorizada a regra, o lembrete já não será necessário.

Desempenhar nossas responsabilidades na família, na escola, no trabalho, na vizinhança **aumenta nossa autoconfiança**, além de proporcionar a satisfação do dever cumprido.

Quando faltamos com nossa responsabilidade, precisamos saber as consequências disso: pedir desculpas não é suficiente.

Da mesma forma, nossos filhos precisam adquirir essa confiança e também saber as **consequências** do não cumprimento das responsabilidades.

A responsabilidade **aumenta** quando temos de responder perante mais pessoas. Ela é maior quando precisamos prestar contas aos avós ou aos tios, e não só aos pais. A tarefa pode ser delegada, a responsabilidade nunca.

*Ser reprovado era a pior coisa que poderia ocorrer a Santi. E sabia exatamente o porquê: "Não só por causa do meu pai e da minha mãe; também pelos meus primos, que vão rir de mim, e por minha vizinha, que vai me dar uma bronca. Todo o mundo vai ficar sabendo."*

*Falou de forma tão convincente que seu coordenador lhe perguntou: "Mas isso o assusta?"*

*Ele respondeu: "Não, isso me ajuda a me esforçar mais, não quero desapontá-los."*

A responsabilidade é **pública**, não privada. Nos pátios das escolas, as crianças falam bastante sobre seus direitos, mas não sobre suas obrigações. E tomara que, em alguma ocasião, se comente em aula sobre suas responsabilidades.

*Uma conversa entre dois garotos:*

*– Este ano meus pais aumentaram minha mesada, mas agora tenho de comprar o pão e levar o lixo para fora.*

*– Não sei do que você está reclamando, eu tenho de guardar a louça que está lavada na máquina e arrumar a cozinha.*

Tentarão "se esquivar", não farão as coisas direito, porém é mais fácil cumprir com as responsabilidades quando se sabe claramente em que consistem.

**Lembre-se...**

Se os pais não derem responsabilidades aos filhos, eles não se tornarão responsáveis.

A cada idade, os filhos devem ter responsabilidades e saber quais são.

A responsabilidade deve ser claramente conhecida, bem como as consequências de não cumpri-la.

As crianças tornam-se mais responsáveis quando precisam responder perante várias pessoas.

# 9. SOMAR OS SINTOMAS: 1 + 1 + 1 = 4

As crises não são desencadeadas por um único episódio. Elas são o resultado de não se resolverem as coisas a tempo, de não se encontrar a ajuda necessária e esperar que passem por si sós.

Pode-se aproveitar as crises pessoais para **crescer**, mas elas só servem realmente quando as enfrentamos e refletimos sobre o que aprendemos.

É preciso aprender a olhar os filhos não com os olhos de pais, mas do ponto de vista dos filhos, dando valor ao que é importante para eles. É necessário tentar compreender as crianças não a partir da altura ou da idade dos pais, mas a partir do tamanho e do nível de conhecimento do filho.

Com um exame de sangue é fácil saber o que está ocorrendo na pessoa fisicamente, como está sua imunidade ou o nível do seu colesterol. No entanto, saber seu estado emocional, mergulhar em sua mente, consiste em um trabalho de investigação e espionagem sobre o que se diz e o que se deixa de dizer, sobre a comunicação não verbal, os reflexos do passado ou as expectativas quanto ao futuro, que podem responder à razão ou a uma imaginação perversa.

Para saber se está acontecendo alguma coisa com o filho, os pais devem **somar os pequenos sintomas**.

*À primeira vista, o caso de Marcos não parecia tão grave aos olhos do terapeuta. O garoto tinha 15 anos e simplesmente só se mexia se os outros pediam. Seus pais já tinham ouvido, em vários lugares, que não havia nada de errado com ele. Mas devia haver alguma coisa, pois tinham viajado 600 quilômetros em busca de ajuda.*

*Juntos, então, começaram a anotar e a somar:*

*– "Não quer ir à escola e faz de tudo para ser expulso."*
- *Ele se sente mal nessa escola especificamente?*
- *Tem medo de repetir de ano?*
- *Não tem vontade de estudar?*

*– "Ele mente."*
- *Ele tem medo das consequências da verdade?*
- *Deixa-se levar pelos outros?*

*– "Procura amigos mais velhos que ele."*
- *Quer sentir-se mais velho?*
- *Gosta de ser manipulado?*

*– "Aceita os castigos mas não lhe produzem nenhuma mudança e também não se incomoda com eles."*
- *Para ele tudo "tanto faz"?*

*– Não gosta de nada, nem de esportes, nem de televisão, nem de jogos de computador, muda muito de amigos...*

*Os pais tinham muita informação que não haviam considerado ou não souberam aproveitar. Ao vê-la reunida, a conclusão parecia evidente: seu filho não mostrava ter vontade própria, sua vontade não estava dentro dele, mas sim fora. Fazia o que os outros queriam que fizesse, sem nenhuma motivação real por nada e sem nenhuma personalidade. Era como o barro: podia ser moldado por qualquer um, do seu próprio jeito, e mudava conforme a pessoa com quem estivesse.*

*E como trabalhar a vontade? O terapeuta ajudou-os com orientação: "A vontade cresce à medida que sentimos que os outros necessitam de nós."*

*O filho precisava de um "tranco" forte para fazê-lo mudar. Para isso, a mãe "se fez de inválida", dizendo que precisava de ajuda para comprar, para fazer as coisas da casa, cuidar das refeições; o pai trabalhava e só voltava à noite para casa, portanto era o filho quem precisava ajudar.*

*Por necessidade, Marcos começou a assumir a missão de ser "a muleta" de sua mãe; parece que está aprendendo a querer fazer e a saber fazer e que está adquirindo vontade própria. Parece que, quando as pessoas precisam de nós, acordamos. A mãe terá de continuar mais um pouco com sua "invalidez" para continuar trabalhando com seu filho, ajudando-o a encontrar sua vontade.*

Muitas crianças vivem em um mundo em que tudo é resolvido para elas; quando não têm problemas para resolver, perdem a vontade e nada as motiva. Essas crianças precisam que as coisas lhes custem algum esforço para poder se sentir verdadeiramente motivadas. Os sintomas fornecem **informação** para descobrir esse tipo de situação e orientar a forma de agir.

*Com apenas 13 anos, Kevin se transformara em um perfeito delinquente. Era o filho mais novo da família e o maior de seus tormentos. Sua família já não contava com ele e na escola também não se revelara apto para os estudos. Só lhe restava sua turma, na verdade um grupo de "amigos" mais velhos que ele e com alguns delitos nas costas, que o incorporara ao grupo e que contava com ele para suas arruaças.*

*Era surpreendente ouvir sua mãe dizer: "As fêmeas dos animais têm o instinto de matar os filhos que não devem viver. Se eu fosse uma galinha ou outro animal qualquer, teria matado meu filho quando era pequeno. Teria sido melhor para todos e ele não teria estragado a vida de suas irmãs nem a nossa."*

*Nessas palavras havia muita dor, muita vergonha, muita impotência e o instinto de proteção para o resto da família; mas nada disso era útil para Kevin. A comparação com suas irmãs, o fato de ser o caçula, de receber ordens de tantas pessoas mais velhas, de nunca poder fazer nada, suas notas... havia muitos motivos que o empurravam para o mundo de "liberdade" que o grupo lhe dava.*

*Havia muitos sintomas e muito pouco tempo. Era necessário procurar uma solução rápida e tirá-lo do inferno em que estava metido. Era preciso encontrar uma oportunidade fora da família e de seu ambiente atual.*

*Kevin ainda era quase uma criança, então a idade era um fator positivo. A forma de se expressar da mãe, com tanta dureza, também significava uma força que podia ser usada a favor de seu filho, para separá-lo temporariamente de sua família e de sua mãe (apesar de suas palavras, isso nunca é fácil para uma mãe).*

*Assim, a decisão foi levar o filho para morar com um irmão de seu pai que vivia em outro país e por quem o garoto sentia bastante respeito. O mundo mudou para Kevin. Encontrou outros modelos a serem seguidos, deixou de se sentir o "caçula", encontrou seu papel, assumiu outros valores e esqueceu seus desejos de se transformar em um criminoso. E a família conseguiu um descanso sem a necessidade de os pais abandonarem seu filho.*

*Ele continua a estudar no exterior e, quando visita os pais, nas férias, agradece-lhes sinceramente por aquela decisão.*

O dia a dia proporciona muita informação aos pais. O que uma criança está vivendo hoje pode ser o peso mais pesado de toda a sua vida. O que para nós pode não ter nenhuma **importância** talvez para ela seja a coisa mais importante. Para poder ser ajudada pelos pais, ou pelos professores, é importante perceber seus sintomas. Se nada for feito, é possível que o sintoma demore a se manifestar novamente. Mas não ter febre não significa estar curado. Há coisas que, se não forem tratadas, mudam para sempre o caráter de uma pessoa e sua forma de perceber as coisas.

**Lembre-se...**

**A crise é um momento de crescimento.**

**Os sintomas fornecem dados que ajudam a agir.**

**O que não tem importância para pessoas mais velhas pode ser muito importante para a criança.**

# 10. AS HABILIDADES SOCIAIS

Quase sempre agimos primeiro, sentimos depois (não necessariamente algo positivo, nem negativo) e por fim racionalizamos. A pessoa não muda porque não quer, mas porque não reflete sobre o que quer mudar. E tem muita dificuldade em aceitar ajuda, em perguntar "O que devo mudar?". Ou melhor, os comentários e os conselhos não raro são encarados como uma crítica pessoal.

Muitas mudanças requerem o **desenvolvimento das habilidades sociais**. Por isso os filhos devem **aprender a usar** suas habilidades sociais. Eles devem **aprender** a:

- **escutar**

  Há pessoas que ouvem, mas não escutam. A maioria procura alguém que escute sem julgar. Quem sofre, quem tem dúvidas, quem está inquieto por alguma razão quer ser escutado e muitas vezes, mais que encontrar uma solução mágica para seu problema, só precisa disso. Se uma pessoa não é escutada, sente-se desvalorizada, e procurará qualquer meio, até mesmo a violência, para chamar a atenção dos outros.

- **pedir um favor**
  Estamos sempre necessitando algo dos outros: um objeto, um serviço, um conhecimento, sua companhia. Algumas pessoas têm medo de pedir e, se não o fizerem, nunca terão o que precisam. Outras exigem, mas a exigência não predispõe ninguém a colaborar e muito menos a fazê-lo plenamente. Adultos e crianças precisam de favores de outras pessoas e é melhor poder contar com os outros.

- **elogiar e desculpar-se**
  Elogiar o que está benfeito supõe reconhecimento e também proximidade entre as pessoas. O mesmo ocorre quando se pede desculpas por algo malfeito. Algumas vezes as pessoas não elogiam nem podem se desculpar por timidez ou por orgulho; alguns se desculpam com agressividade e provocam uma nova discussão; e muitas vezes não se desculpam por não terem consciência do mal que fizeram ou do dano acarretado.

- **fazer e receber uma reclamação**
  Fazer reclamações é mais fácil que recebê-las. Vivemos um momento de reclamações em que a prioridade está no que é "meu": meu salário, minhas necessidades, minhas vontades. É frequente esquecer o outro e é preciso aprender a olhar a partir de outro ponto de vista, a compreender o bem comum e a não abusar do individualismo.

- **discordar**
  Algumas pessoas às vezes não concordam com uma situação, mas se calam e sorriem; outras preferem expressar cinicamente sua concordância e rir por trás. Não querer magoar alguém na sua frente pode significar magoá-lo mais pelas costas, ou expô-lo ao risco de que outras pessoas o façam. Na maioria das vezes as críticas mostram o que realmente sentimos pelo outro. Isso é para ser pensado. Quando a crítica vem da pessoa de quem mais gostamos, ou admiramos, é pos-

sível que ela não seja encarada como uma reprimenda. De qualquer forma, porém, criticar por costume mais cedo ou mais tarde termina tendo um efeito negativo.

- **negociar**
  Os conflitos que não são resolvidos se arrastam para sempre: se um pai não fala com seu irmão, deixará como herança ao filho um tio com quem não se fala. Se não negociarmos, os inimigos perturbarão nosso sono e dormirão em nossa cama. É sempre mais produtivo procurar a aproximação, chegar a um acordo com quem temos alguma desavença. Saber negociar é a principal habilidade social, a mais difícil.

- **expressar os próprios sentimentos**
  As pessoas têm medo de expressar seus sentimentos e medo de que os outros o façam. É preciso se expor e enfrentar o medo, o ridículo ou o fracasso.

*Os pais de Eduardo estavam cansados de falar com ele, e suas palavras, ou melhor, seus gritos, não surtiam nenhum efeito. Esse caminho só levava a piorar a relação com o filho e a tornar a convivência mais insuportável, então decidiram fazem um esforço para melhorar suas habilidades sociais com o filho:*

- *Começaram abaixando o tom de voz. Quando falamos baixinho, quem escuta precisa fazer mais esforço para nos escutar. Falavam com menos palavras, mas de forma que as "regras" fossem claras, simples, breves e sem explicações. Mas Eduardo continuava não escutando.*
- *Começavam as conversas com algum dos assuntos pelos quais Eduardo se interessava: filmes, jogos, futebol. Tentavam começar com elogios antes de fazer as advertências. E Eduardo atendia e escutava, até perder o interesse pelo assunto ou começar a se sentir incomodado.*
- *Colocavam por escrito os assuntos que eram importantes para seu filho e pediam uma resposta por escrito. Eduardo lia os bilhetes, mas se esquecia de responder.*

*– Também deixaram de conversar com ele por alguns dias; quando necessário, outro membro da família fazia isso por eles. Mas Eduardo não se incomodou; o "silêncio" também não funcionou.*

*Os pais de Eduardo continuaram a combinar todas as ferramentas e a insistir, mas, acima de tudo, não deixaram de dizer o que precisava ser dito. Já não se escutam gritos, e Eduardo, como adolescente que é, algumas vezes responde e outras não; mas ninguém disse que a mudança seria rápida. Às vezes temos a impressão de que nossas palavras não penetram fundo, mas de alguma forma elas quase sempre tocam.*

Ter habilidades sociais é ser uma pessoa. Usá-las ajuda a nos relacionarmos bem com os outros, a sermos assertivos e autênticos. Nada menos que isso.

Os filhos precisam **usar** as habilidades sociais: elas têm diferentes aplicações no dia a dia. Precisam aprendê-las com os pais, que por sua vez devem ensiná-las, embora para isso seja necessário que os filhos as escutem e queiram aprendê-las. Os adolescentes ouvem, mas não costumam escutar, sobretudo quando escutar significa uma mudança em seus modelos de convivência, ou quando queremos convencê-los de que o que estão fazendo responde às suas vontades e não às suas responsabilidades ou ao que precisa ser feito. Por isso, uma forma de ensinar essas habilidades é levar os filhos a ver que **os pais**, com exemplos claros e cotidianos, **as utilizam**: ver é mais fácil que escutar.

**Lembre-se...**

**As habilidades sociais ajudam a operar uma mudança.**

**Os filhos devem saber usar as habilidades sociais.**

**É possível aprendê-las vendo os pais fazendo uso delas.**

# 11. ESTIMA PARA A AUTOESTIMA

Quando nos dizem que não conseguiremos fazer alguma coisa, é provável que nem tentemos fazê-la. E, se tentarmos, provavelmente nos custará muito trabalho. Quando acreditamos que somos capazes de fazer algo, a possibilidade de conseguirmos é muito maior do que quando não acreditamos em nós mesmos. Além disso, não nos importa tanto o que os outros pensam.

Se a criança nunca recebe o incentivo dos outros ou, o que é pior, se escuta mil vezes que não serve para nada, certamente não encontrará motivos para aplaudir a si mesma e provavelmente pensará: "Se ninguém acreditou em mim, eu mesma não tenho motivos para acreditar."

A adolescência é uma das épocas mais difíceis do ser humano. Os adolescentes são capazes de subir ao ponto mais alto da montanha e descer ao inferno várias vezes por dia. E procuram respostas para duas perguntas: quem sou eu? e que valor eu tenho? Somente pelo conhecimento de si mesmos poderão ser capazes de se projetar no futuro e decidir seu caminho.

É nessa etapa que precisam mais que nunca da **estima**, de ser valorizados por alguma coisa, entendendo-se esse "alguma coisa" por uma ação ou conjunto de ações que demonstre, para eles mesmos ou para os outros, o que são capazes de fazer. Podem ser coisas muito diferentes: pintar, consertar uma porta, escrever, saber escutar, saber correr, tocar violão, sonhar em ser um grande médico, cantor ou ator...

Todos eles têm algo que pode ser valorizado. Se não lhes é dada a oportunidade de demonstrar o melhor de si mesmos, então demonstrarão o que têm de pior. Talvez por terem os sentimentos à flor da pele, podem fazer as maiores loucuras da vida. Nossa missão como adultos é tornar suas loucuras (ou o que talvez consideremos loucuras) o mais positivas possível.

*Numa tarde de final de verão, Juan estava conversando com seu filho sobre o próximo ano letivo.*

*Juan lhe perguntou: "E depois, filho, o que você vai querer fazer?"*

*Mostrando-se bastante decidido, seu filho respondeu: "Quero ser ator."*

*O pai não demonstrou surpresa, embora isso fosse diferente de médico ou bombeiro, respostas que ele ouvira em outras ocasiões. Nesse momento, pensou que isso devia ser normal em uma época de mudanças como a adolescência. E queria transmitir ao filho seu apoio da forma mais positiva para o seu futuro.*

*O pai lhe disse: "Certo, filho, você será um bom ator, mas primeiro deve terminar seus estudos para depois decidir. Por enquanto, pode ensaiar durante os fins de semana e eu irei aplaudi-lo quando se apresentar."*

Muitas das crianças que são mais "difíceis" acreditam não ter nada de bom e por isso procuram fomentar o que têm de ruim. Afinal de contas, todos precisam se destacar em alguma coisa, chamar a atenção dos outros, ser importante para alguém, ainda que seja causando algum dano. À sua maneira, as crianças procuram a estima dos outros.

*Todos sempre disseram a Arturo que ele nunca seria nada, que a única coisa que conseguira na vida era fazer seus pais sofrerem. Naturalmente, ele acreditara nisso e correspondia a todas essas expectativas.*

*Era rebelde, briguento, especialista em fugas, mentiroso e até já cometera alguns furtos. Mas também tinha qualidades positivas: sabia conversar, era um bom esportista e muito criativo.*

*Os que estavam à sua volta haviam se concentrado totalmente no que ele tinha de ruim e por isso, mais do que em outros casos, era preciso trabalhar com o que ele tinha de bom.*

*Quando queremos reconhecer as qualidades de alguém, não basta comentá-las, é imprescindível que a própria pessoa perceba que as tem. Por isso, pediu-se a Arturo que escrevesse num papel dez coisas boas que ele tinha ou que fizera na vida. Era importante que ele pudesse reconhecer que, além das coisas ruins, também havia coisas boas; depois ele poderia escolher.*

*Depois de uma hora, entregou uma folha com uma só qualidade: "Sei como roubar um carro." Era uma senhora qualidade para um garoto de 12 anos! Pouco a pouco, foi preenchendo a folha: "Sei arrumar o quarto, já fiz um gol, li um gibi inteiro, hoje não ofendi ninguém, como de tudo, sou alto, gosto de música, aprendi a mexer no computador etc."*

*Sua atitude mudou porque o ambiente em que estava não procurava suas atitudes ruins, mas sim as boas; ele não precisava demonstrar o quão ruim era, não era pressionado para ser uma pessoa diferente, mas para encontrar dentro de si mesmo as coisas boas.*

Os filhos precisam da estima, quaisquer que sejam suas qualidades. A estima deve incluir o **reconhecimento**, ou seja, é preciso demonstrar-lhes o valor que têm como pessoas para seus pais, para o resto da família, ou para o grupo mais próximo.

O reconhecimento pode ser transmitido de diferentes formas:

- Com o elogio: pelo esforço realizado, pelos progressos obtidos...
- Com o "obrigado" sincero.
- Com o respeito pelo que são ou como são.
- Nas decisões que oferecem oportunidades.
- Com pequenos gestos que são muito significativos.

Sem a estima dos outros não podemos conseguir nossa própria autoestima. Com o reconhecimento, a criança pode perceber que a estima é real, e isso a levará a se sentir autoconfiante. Se o filho não acredita em si mesmo, não pode pedir que os outros o façam e vice-versa. Se o filho percebe que os pais confiam nele, isso pode ajudá-lo a ter autoconfiança.

É possível gerar **confiança** com a tarefa educativa.

Se a criança tem um comportamento difícil, é provável que inicialmente os pais não confiem nela. Mas, se permanecerem nessa etapa, o filho nunca conseguirá sair de uma disciplina autoritária e intervencionista. A obrigação dos pais é passar por três pontos imprescindíveis:

1. Ajudar o filho a adquirir **autoconfiança**, a ser capaz de acreditar em si, levando-o a encontrar seus valores e talentos e valorizando-os. É possível que sua confiança resida em saber que é aquele que corre mais, que grita mais alto ou é mais forte. Uma vez descoberta sua confiança, devemos aproveitá-la em algo positivo: "Como você consegue correr mais que todos, será o primeiro a atender o telefone, ou quem vai pegar o pão."

2. Conseguir que tenha confiança **na tarefa** que desempenha para que, com mais confiança, possa assumir também mais responsabilidade. O filho deve ter tarefas que estejam a seu alcance, que possam ser realizadas por ele; caso contrário, a confiança desaparece rapidamente: "Se me pedem para pintar alguma coisa, mas não sei pintar, não vou demorar a perceber que na verdade eles queriam me entreter, mas não confiavam em minha habilidade."

3. Ensiná-lo a trabalhar **em equipe**, a dividir a confiança para depois multiplicá-la: "Se confiam em mim, confia-

rei nos outros, aumentarei minha confiança pessoal e crescerei."

A falta de confiança é, sem a menor dúvida, o motivo mais importante para deixar de cumprir uma tarefa. Além disso, sem confiança não pode haver futuro, pois a pessoa se torna reticente, desconfiada e com vontade de desistir.

Quando pequenas, as crianças precisam de muitos empurrões: Você consegue andar! Você consegue nadar! Você consegue voar!... Precisam da estima dos outros. Quando mais velhas, precisam de seus próprios empurrões: Eu consigo passar de ano! Vou conseguir esse trabalho! Sou capaz de fazer isso direito!... Precisam de **autoestima**.

*Iker, de 16 anos, procurou voluntariamente nosso consultório por sugestão de seus pais. Ele queria nos contar que estava se sentindo muito mal. No fundo, não se encontrava pior que em outras ocasiões, mas desta vez nenhuma das soluções sugeridas por seus pais ou seus amigos eram satisfatórias. Não encontrar uma solução é muito pior que ter problemas.*

*Iker estava pensando que o único remédio para seu caso era o suicídio. Sua namorada o deixara e o garoto não conseguia imaginar a vida sem ela, que era tudo para ele: o motivo de seus estudos, de suas saídas, o centro de tudo. Além disso, não podia sequer imaginar que outra garota pudesse substituí-la; cada minuto sem ela, ele nos contou, era uma eternidade de sofrimento. Ela fora sua única namorada, e ele já ouvira todos os argumentos que nos dão quando alguém nos deixa: "Logo você vai encontrar outra pessoa", "Você é muito jovem", "Há coisas mais importantes que isso". Mas nada o fazia se sentir melhor.*

*Porém, o principal foco de sua conversa, o verdadeiro motivo de sua visita, eram perguntas sobre o suicídio: "Vocês acham que é melhor cortar os pulsos ou tomar calmantes? Se eu me jogar do alto de um prédio de cabeça, é possível ficar inválido em vez de morrer?"*

*Quando nos sentamos para conversar com um adolescente, nenhum detalhe pode ser desperdiçado. O que para os adultos é uma bobagem, para ele é o mundo inteiro. Aquelas perguntas eram preocupantes, era necessário procurar alguma solução para ganhar tempo.*

*A solução foi dar-lhe uma razão para lutar:*

*– Iker, você acredita que poderia recuperar sua namorada?*

*– Como? – perguntou ele.*

*– Talvez esperando até ela descobrir que os outros garotos não são tão inteligentes, tão divertidos ou tão trabalhadores como você.*

*Sua mente parecia estar repleta de ideias, e nós queríamos que ele as verbalizasse: "Em que você está pensando?"*

*E a verdade é que ele encontrou mil razões.*

*Havíamos conseguido ganhar tempo; agora era preciso ganhar a batalha contra a decepção.*

*Continuamos em contato, mas não fomos nós que mais o ajudamos. Uma segunda namorada foi quem o fez descobrir que era possível gostar de outras garotas.*

*Aproveitamos suas visitas posteriores para conversar com ele sobre como poderia enfrentar outras derrotas na vida, preparar saídas de emergência para quando houvesse outros incêndios e fortalecer sua autoestima.*

É necessário ensinar aos filhos que o importante não é o que acontece em suas vidas, pois isso muitas vezes não está em suas mãos. O que importa de fato é a capacidade de escolher a reação, que é pessoal e intransferível.

O conceito de "crise" para os chineses é dividido em dois subconceitos: um significa perigo e o outro, oportunidade. Não é muito difícil identificar os perigos, mas, quando também é possível reconhecer que na crise existe também a oportunidade e que todo acontecimento pode ter algo de positivo, embora não seja possível vê-lo, temos melhores condições de vencer as preocupações.

Nas crises da adolescência, os pais devem aceitar e saber transmitir a seus filhos que toda situação amarga tem um lado positivo, desde que tenhamos condições de procurá-lo.

**Lembre-se...**

Quando pequenos precisamos da estima dos outros; quando grandes, de nossa própria autoestima.

A estima deve incluir o reconhecimento.

Quando não se dá aos filhos a oportunidade de demonstrarem o que têm de melhor, eles usarão o pior de si mesmos.

Aproveite a tarefa de educar para gerar confiança em seus filhos: confiança em si mesmos, no que fazem e nos outros.

## 12. O DIREITO DE FICAR TRISTE E ABORRECIDO

A maioria dos pais faz de tudo para que os filhos não sofram.

Quando uma criança está triste ou aborrecida, os pais não devem se sentir culpados e muito menos tentar resolver imediatamente a situação. Quando consolamos as crianças depois de repreendê-las com razão, a repreensão perde todo o valor e não damos a elas o tempo necessário para assumir sua culpa.

As crianças têm o direito de **ficar aborrecidas** com os pais. Os responsáveis por elas devem exigir que cumpram suas obrigações e elas tentarão se rebelar, procurarão qualquer motivo para não cumpri-las e para fazer o que têm vontade. Isso faz parte do processo educativo.

Não deixar uma criança chorar é impedi-la de usar seus mecanismos de defesa. A resposta mais lógica diante de um fracasso ou de uma discussão é irritar-se ou ficar triste, e não há nada de mal nisso, é até mesmo bastante saudável, pois se trata de responder a uma situação.

Na realidade, quem não suporta ver o filho triste são os pais. Todo pai quer que seu filho seja feliz e tenta poupá-lo de qualquer dor, qualquer esforço, qualquer aborrecimento. É possível que isso traga tranquilidade e satisfação aos pais, mas dessa forma eles não estão ajudando seu filho a ser mais feliz. No final, ele tropeçará, cairá, e a força para se levantar dependerá das ferramentas que tiver adquirido desde pequeno para superar a frustração.

Quando o filho chora por uma boa razão, é preciso deixá-lo chorar, ele tem o **direito de sofrer**. Caso se recuse a falar com seu pai durante uma tarde porque este o repreendeu, o pai não deve se sentir mal por ter feito o que tinha de fazer.

Já sabemos que ser pai não é apenas dar beijinhos e passar bons momentos, também é preciso ser firme. Toda criança precisa de um adulto amorosamente firme ao seu lado.

*"Meu filho precisa urgentemente de tratamento, seu melhor amigo brigou com ele e ele não consegue superar isso." Os pais de Jorge iniciaram a consulta com essas palavras.*

*É sempre conveniente conhecer os pontos de vista dos adultos em questão e também obter sua concordância com as medidas a serem tomadas. Os pais afirmavam que nunca haviam visto seu filho triste ou irritado.*

*A vida sempre sorrira para Jorge durante seus 15 anos. Bom aluno, obediente, sem nenhum obstáculo acima de suas possibilidades e, portanto, quase sem "nãos" na vida. Consequentemente, mais fraco e indefeso diante de qualquer contrariedade, Jorge não sabia como expressar sua dor, seu sofrimento, não sabia como superar as contrariedades, não estava treinado para aceitar a rejeição, é como se tivesse vivido sempre num conto de fadas ou numa redoma de vidro.*

*Usando um conto, uma metáfora, ou uma situação imaginária, em vez de palavras técnicas, fica mais fácil entender o que acontece. Nesse caso, poderíamos imaginar que do coração nascem muitas ideias que por determinado canal chegam primeiro à boca ou aos olhos e depois à cabeça, e que esse canal, no caso de Jorge, só funcionara com sentimentos positivos; estava meio entupido para os negativos. Talvez fosse preciso um pouco de tempo e um pouco do direito a ficar triste ou aborrecido para "desentupi-lo".*

*Para que todos ficassem tranquilos e para que o problema não terminasse em depressão (esta palavra é utilizada com muita facilidade), pedi-*

*mos que Jorge escrevesse uma carta por semana, como se estivesse falando com o amigo que o deixara. Na terceira semana, ele mesmo decidiu não escrever mais: os canais já estavam funcionando perfeitamente.*

Desde bem pequenas, as crianças aprendem a se divertir, a rir, a ter prazer. Os brinquedos, a televisão e até a escola repetem sem cessar um lema muito poderoso: "Estar bem é divertir-se." Estar magoado, chorar, sofrer parecem ser coisas que não devem estar presentes na vida. Até quando querem alguma coisa, basta chorar ou se fazer de vítima; causar pena parece muito mais eficaz que apresentar argumentos.

O mundo é diferente. Não é por passar fome que conseguimos despertar a consciência dos poderosos, não é fazendo birra que conseguimos passar num concurso e também não é chorando que conseguimos diminuir os juros de um empréstimo. Então, por que em casa não se ensina a **saber sofrer**, quando se sofre tanto na vida? Talvez a resposta seja que tendemos, com excelentes intenções, a proteger quem é mais fraco, mas sem pensar que no caminho, além de bons momentos, também teremos decepções.

É um grande desafio ensinar que a dor existe, que baterá à nossa porta muitas vezes e que mesmo assim, com decepções e perguntas sem respostas, precisamos continuar caminhando. Quando temos a sorte de ter contado com alguém que nos ensinou a sofrer, além de nos dizer como nos divertir, podemos entender mais facilmente as alegrias e as tristezas: são os dois lados da mesma moeda.

Com isso não queremos dizer que seja necessário machucar para fortalecer, ou decepcionar para mostrar como a vida é cruel, nada disso. O que queremos destacar é que, quando a dor chega, é preciso saber vivê-la e tirar o melhor proveito dela.

Esforçar-se é uma palavra que também não está na moda; costuma estar associada ao inconveniente do cansaço, do sacrifício e até da insatisfação pelo que não foi conquistado. É mais cômodo encontrar tudo feito, é mais fácil desistir, é mais simples se dar por vencido. Mas sem esforço não se consegue superar a dor, sem esforço também é pouco provável alcançar os objetivos pessoais, e não alcançá-los pode ser, por sua vez, motivo de sofrimento.

Ao longo da vida, há contínuas perdas e separações: sair de casa, terminar um namoro, a morte de pessoas queridas, mudar de escola ou de cidade... É necessário aprender a superar esse tipo de situação, estar preparado para não fugir de um problema sem resolvê-lo, para enfrentar um problema que muda a vida de repente, para superar um sentimento que poderia nos desgastar pouco a pouco.

O mais sensato é enfrentar a dor, a ausência, entender essa parte obscura da qual ninguém quer falar. Costumamos procurar os motivos para suportar um sofrimento, mas geralmente não fazemos o mesmo quando se trata de uma alegria. O mais simples é saber que existe dia e noite, frio e calor, vida e morte. Que não somos deuses para alterar nada disso. E que o dia e a noite, o frio e o calor, a vida e a morte, a alegria e a tristeza estão no mesmo barco.

A educação dos filhos deve incluir o **ensinar a sofrer**, sem pressa mas sem pausa, com coisas mais suportáveis, antes de chegarem outras mais difíceis. Educar é preparar para o futuro, desenvolver mecanismos de defesa, preparar-se para superar as frustrações. Essa aprendizagem também deve influir nas decisões tomadas pela criança, preparando-a para suas consequências ou descartando as decisões para evitá-las.

*Sempre se diz que os pais devem proteger seus filhos, mas nunca se diz que devem empurrá-los.*

*O pai de Paco pagara um preço muito alto por aquela decisão: seu filho não conversava com ele e sua mulher o deixara. Diariamente, a solidão e a incompreensão o acompanhavam. Ele, e somente ele, denunciara seu filho havia dois anos, porque a última coisa que queria era que se tornasse um marginal.*

*O filho conseguira a cópia das chaves do mercado em que seu pai trabalhava e numa noite, com um grupo de amigos, entrou ali para roubar. Na manhã seguinte, quando o pai foi trabalhar, soube que havia sido seu filho. Não tinha provas, mas sabia que poderia encontrá-las facilmente.*

*Foi para casa e comentou o caso com a mulher, mas ela não quis nem ouvir falar do assunto e tentou convencê-lo a se calar, a não investigar nada. A mulher só falava de como eram os reformatórios e de todas as coisas ruins que ele poderia aprender ali. Só pensava no que poderia acontecer ao filho e ameaçou deixar o marido se ele contasse alguma coisa sobre o caso.*

*O pai passava os dias sem saber o que fazer. Apesar da possibilidade de perder tudo, a denúncia poderia ajudar o filho e por isso ele precisava fazê-la. O pai de Paco decidiu que, se seu filho se "perdera", precisava ajudá-lo a "se encontrar", apesar do sofrimento de todos.*

*Ele não denunciou o filho por ódio, fez isso para educá-lo, para que o rapaz deixasse de causar danos e para melhorar, embora para isso o filho tivesse de sofrer. Mesmo assim, o sofrimento do pai durará a vida toda.*

Não podemos deixar os adolescentes acreditarem que nunca terão de chorar nem sofrer. Do contrário, quando não conseguirem o que querem, procurarão qualquer método, inclusive a violência, para obtê-lo. O desafio a ser proposto é muito simples: saber sofrer.

**Lembre-se...**

**O direito de ficar aborrecido é educativo.**

**Não devemos nos esforçar para nosso filho não sofrer, isso não o ajuda a ser feliz.**

**Ensine seu filho a aprender a sofrer.**

# 13. FRACASSO ESCOLAR

O "fracasso escolar" propriamente dito é o abandono dos estudos. Tecnicamente, é o fato de não concluir determinada etapa escolar com notas satisfatórias, o que se traduz na não conclusão do ensino obrigatório.

É preciso tirar da cabeça dos pais e dos professores que a única fórmula de sucesso no plano profissional passa pela universidade, mas há algo muito grave acontecendo no sistema educacional quando a porcentagem de alunos que não conclui o ensino fundamental aumenta a cada ano, chegando a níveis preocupantes.

Não conseguiremos chegar a um consenso sobre os fatores que mais influem no fracasso escolar: o sistema educacional (as aulas, o currículo), os professores, os alunos, as famílias? Cada parte tem uma visão particular sobre o assunto, e enquanto isso os garotos e garotas sofrem as consequências.

Um baixo rendimento escolar pode reduzir a autoestima da criança ou do adolescente, a ponto de repercutir em sua personalidade, fazendo-o conceber uma imagem negativa de si mesmo que, por sua vez, será aquela que os outros terão. Da mesma forma, a falta de aceitação pessoal pode afetar a confiança em si mesmo na hora de enfrentar os estudos.

Diante desse tipo de situação, os pais também podem atuar em três frentes: consigo mesmos, diretamente com o filho e, também, com os professores.

- Como **pais**

  Os pais devem refletir sobre o que significa para eles a reprovação do filho: em alguns casos, significa desgosto; em outros, abandono total ou uma grande indiferença pelo que acontece com o filho.

  De qualquer forma, os pais devem aprender a **exigir** dos filhos **segundo as aptidões** que eles tenham. Os pais devem saber diferenciar o esforço realizado pelo filho das capacidades que ele tem. Muitos conseguem ser aprovados sem estudar, e precisariam estudar, e outros são reprovados apesar de se esforçarem muito, o que não significa que não estejam se aplicando.

- Com o **filho**

  Também podem ajudar o filho a aprender a estudar. Algumas orientações para isso podem ser:

  – proporcionar um **ambiente de estudo** adequado: local para estudar (silencioso, iluminado e sem distrações), horário, priorizar as horas de estudo e não as atividades extraescolares e incluir pausas para descanso;
  – ajudá-lo na **organização do estudo**, agindo como pais e não como professores de apoio (ajudar não é dar a resposta, mas sim fazer com que a encontre): começar estudando o que é mais necessário, não aquilo de que mais se gosta; o mais difícil no início, quando costumamos estar mais concentrados; ensinar formas de estudar (resumir, sublinhar, fazer quadros, anotações à margem), a organização, a apresentação e o cuidado com o material escolar;
  – saber **reforçar os bons resultados**, sem deixar a criança se esquecer de que essa é sua obrigação.

- Com os **professores**

  A família e a escola estão sofrendo um divórcio crescente: os pais ficam em cima exigindo tarefas e responsabilidades que vão além do âmbito escolar. Querem que a escola ofereça mais e mais atividades, porque eles não têm tempo para ficar com os filhos. Mesmo assim, é importante conquistar uma aproximação dos pais com os professores: podem ser excelentes aliados e mais necessários quanto mais geniosos forem os filhos.

  Talvez os profissionais de ensino possam parecer um pouco conservadores e pouco inclinados a inovações, mas eles dependem dos recursos e dos currículos, que condicionam sua atualização ou reciclagem.

  Seja como for, a verdade é que as escolas, em geral, não avançam no mesmo ritmo que a sociedade e não têm, portanto, plenas condições de oferecer resposta às necessidades e demandas sociais.

  Os alunos não querem frequentar uma escola em que se sintam entediados, desmotivados, uma escola distante de seus interesses, de suas realidades, da realidade social existente. São os novos inimigos do esforço e aprenderam muito bem que o prêmio é imediato e o castigo, negociado. Sabem que a lei do mínimo esforço funciona.

Apesar desse panorama, ainda existem muitos Professores, com "P" maiúsculo. Os pais devem **incentivar esses professores** a aplicar ideias educativas inovadoras, menos padronizadas, e a tornar a aprendizagem mais atrativa para as crianças. Sem esse esforço conjunto, logo chegará o dia em que professores com "P" maiúsculo também desaparecerão.

*As crianças que precisam ficar em instituições para menores têm um programa educacional concebido de acordo com suas características, para não abandonarem totalmente sua escolarização.*

*A chave está em encontrar o ponto de máximo interesse do menor. Esse ponto é necessário para fazer chegar até ele todo o conhecimento necessário para ser aprovado. É como encontrar o fio da meada: quando o encontramos, o novelo sai inteirinho. Se a criança gosta de informática, aprende matemática e inglês por esse meio. Se gosta de automóveis, relaciona-se a aprendizagem de geografia com o local em que os automóveis e seus componentes são projetados ou fabricados. Alguns aprendem a somar contando as letras de suas canções favoritas, e outros se esforçam para aprender inglês a fim de entender as dicas do último jogo para computador.*

*Alterar o local de partida não significa não conseguir alcançar um objetivo como o dos demais.*

É fácil falar dos problemas sem oferecer alternativas, mas há ocasiões em que a única solução é procurar essas alternativas para não condenar os "menores" que não se encaixam na educação padrão. Deve haver algum meio de educar, o melhor possível, os jovens que chegam às instituições de menores, os garotos e garotas que se distanciaram das alternativas educacionais convencionais ou vivem em ambientes socialmente desfavorecidos. O conhecimento é acessível a todos se encontrarmos um elemento motivador que incentive a criança a buscá-lo.

E, se encontramos soluções para essas situações, isso também deve ser possível quando os pais estão dispostos a tentar e a escola colabora.

**Lembre-se...**

**As exigências devem ser proporcionais às aptidões de cada um.**

**Ajudar não é dar a resposta, mas fazer com que seja encontrada.**

**É preciso incentivar os professores a serem inovadores.**

# 14. ESTÁ RUIM!

É muito difícil uma comida estar ruim. Talvez não gostemos dela, mas isso não significa que esteja em más condições.

Os gostos provêm da infância: muitos de nós devem se lembrar de como era gostoso o pão com manteiga que a mamãe nos preparava com tanto carinho. Se é verdade que somos o que comemos, também é verdade que o que deixamos de comer influencia na educação. Os pais têm a responsabilidade de dar a seus filhos os alimentos necessários ao seu desenvolvimento, mas também a obrigação de ensiná-los a **dar valor à comida**, ao trabalho necessário para obtê-la e às necessidades dos demais.

Se refletirmos um pouco, é muito desagradável essa história de "coitadinhos dos que passam fome, quem dera pudessem comer isso que você não quer!" Faz a criança pensar: "mande para eles, então!" Não convém utilizar as crianças necessitadas para assustar os filhos. Contudo, é bom se lembrar delas para ensinar os filhos a **compartilhar** e a dar não apenas o que sobra.

Em muitas famílias a hora das refeições é uma batalha campal: gritos, irritação e broncas que não servem para nada. É possível encontrar uma alternativa aos gritos e irritações; basta dizer, sem se alterar, que quem é grande come verduras, ou que quem não comer o peixe vai tê-lo novamente no jantar. É possível dizer muitas coisas, mas **sem gritos** nem broncas.

Há **casas** que parecem **restaurantes**, com um cardápio diferente para cada um e em diferentes horários. Se ser uma família é compartilhar o mesmo pão e o mesmo teto, essa é uma boa ocasião para demonstrar isso; do contrário, estaremos transformando o lar em uma pensão.

Outra razão para o "eu não gosto disso!" é a comida rápida ou *junk food*. Sabemos que é ruim, porém é mais prática, embora aumente o colesterol. Muitas crianças têm um problema de **controle com a comida**, sobretudo com a desse tipo; tornam-se "viciados" nela, em refrigerantes, em sorvetes. Não se soluciona esse problema pondo cadeados em todas as portas. Com os cadeados só conseguiremos que procurem na despensa dos avós, que gastem a mesada com guloseimas ou tentem conseguir uma cópia da chave. Basta estabelecer um limite nas quantidades (desde que não haja uma patologia mais grave). Não se trata de dizer: "Você come muitos biscoitos" ou "Você toma muito refrigerante", mas de dizer: "Sua cota é uma Coca-Cola por dia", "Você pode comer cinco biscoitos por dia", ou "Aos sábados você pode comer uma barra de chocolate". Muitos pais optam por não comprar essas coisas; às vezes funciona, mas isso não ajuda no controle; isso só ajuda a não comer o que há em casa. Os limites a esses "alimentos" estimulam o autocontrole e ajudam até a esquecer as obsessões: os números resolvem mais problemas que muitas filosofias e explicações.

Sempre haverá coisas de que se gosta mais e outras de que se gosta menos, mas é preciso comer de tudo. Na vida, por acaso, fazemos só o que gostamos? Na vida, da mesma forma que com a comida, é melhor fazer com gosto o que é necessário, ainda que seja difícil. É importante experimentar de tudo, para ir acostumando o paladar aos diferentes sabores da vida.

*Para Mikel nada estava bom, exceto as batatas fritas, os hambúrgueres, o macarrão e os doces. Cada refeição era um autêntico suplício, e ele sempre terminava conseguindo que preparassem a "sua comida".*

*Todo dia os pais cediam, simplesmente queriam evitar o confronto. (Evita-se o confronto na hora da refeição por não se ter tempo nem vontade de discutir, ou por não saber as consequências de evitá-lo.)*

*Os resultados de alguns exames médicos na escola levaram os pais a refletir sobre a possibilidade de haver razões mais profundas para ele comer só o que gostava. Mas, ao não encontrá-las, aceitaram que era um problema estritamente comportamental, uma batalha que Mikel vinha ganhando havia mais de dez anos.*

*A solução estava nas mãos dos pais. Seria muito mais difícil para eles estabelecer normas que para Mikel aceitá-las.*

Muitas crianças não comem certas coisas e dizem que é porque não gostam, sem nunca terem provado; os pais devem enfrentar essa situação. A comida não deve ser utilizada como prêmio ou castigo. A comida é uma **necessidade** e assim deve ser considerada. E não acontece nada se uma criança, um dia, não quiser comer, ou fizer cara feia. É possível comer de tudo, é obrigação dos pais fazê-las comer de tudo, por sua saúde e por educação. O filho lhes será grato por toda a vida.

Diante da necessidade, os gostos ficam sempre em segundo plano. Em orfanatos, muitas crianças pequenas comem tudo o que está no prato. Para essas crianças, não existe "Eu não gosto". Sentam-se ao redor de uma mesa redonda grande, a cuidadora começa servindo o primeiro e único prato e, quando termina de servir a última criança, o primeiro prato servido já está vazio para ser retirado. Não há discussões, só vontade de comer ou de não comer; e, se não almoçarem, terão de esperar até o jantar.

A refeição é um dos **melhores momentos** para ser aproveitado com as crianças: é bom que participem do preparo da comida, aproveitem para falar de outras coisas, não interrompam a comunicação ligando a televisão.

Se comer é importante, o **ambiente** pode ajudar a realçar e a desfrutar mais esse momento. Até em situações insólitas, a "experiência" pode ser maravilhosamente surpreendente.

*Durante uma crise séria em uma instituição para garotos e garotas com transtorno de comportamento, aconteceu uma coisa surpreendente: um jantar se transformou no bálsamo milagroso.*

*A agressividade dos garotos tornava muito difícil assisti-los. Vários educadores haviam saído nos últimos meses, inclusive o diretor. Naquela noite a tensão passara dos limites, sete garotos tomaram o controle da instituição, a polícia teve de intervir e isolar o prédio.*

*Era preciso entrar lá, e era melhor que isso fosse feito por uma pessoa (terapeuta) sozinha. A ira e a força lhe dariam coragem diante dos "amotinados" e, além disso, o fato de o "inimigo" encontrar-se indefeso poderia fazer algum oponente se compadecer.*

*Foi pedido aos menores que eles deixassem o mediador falar com eles e a solicitação foi aceita; mas, como diziam eles, "sem depor as armas". Antes que os menores tentassem negociar, ele lhes disse: "Estou aqui para convidar vocês para jantar num hotel cinco estrelas. Não há nenhum truque, não admito negociação e isso também não evitará as consequências do que vocês fizeram. Mas acho que todos estão cansados e famintos, já não é possível usar a cozinha porque vocês a destruíram, e também não temos cozinheira, vocês não têm nada a perder. Na volta, deixarei vocês onde e como os encontrei. A polícia não nos acompanhará. Vocês têm dez minutos para se arrumar. Quem quiser que venha, mas dentro de dez minutos eu vou sair para jantar e, se vocês não quiserem vir, voltarei depois de comer."*

*Cinco minutos depois, alguns já estavam na porta, e um deles foi verificar se a polícia havia ido embora. Decorridos dez minutos, todos estavam prontos.*

*A atmosfera durante o trajeto estava tensa: só os garotos, o mediador e uma educadora dirigindo o segundo carro. Mas, ao entrarem no hotel, alguma coisa começou a mudar. Conforme iam passando pela recepção, pelos salões, era como se tentassem mimetizar-se ao ambiente. Muitos jamais haviam ido a um restaurante caro e ficaram fascinados com o lugar.*

Durante o jantar não deixavam de observar o mediador para saber que talher usar ou como falar com o garçom. Não se falou do que havia acontecido, só se perguntavam se poderiam voltar alguma outra vez, se a pessoa que os convidara ia ao lugar com frequência, se algum dia teriam dinheiro suficiente para pagar aquilo etc.

Ao voltar para a instituição, os mesmos oito comensais voltaram a se reunir e o mediador lhes perguntou: "Vocês querem continuar como antes ou querem chegar a levar algum dia sua família para jantar em um hotel?" A atitude dos meninos havia mudado. Foram dormir e na manhã seguinte consertaram o que haviam destruído e, seguindo as normas da casa, arcaram com as consequências do que haviam feito.

É preciso confessar três coisas:

– primeiro, a polícia não deixou o grupo sozinho em nenhum momento; sem que soubessem, foram seguidos à paisana;
– segundo, o hotel não cobrou pelo jantar;
– e terceiro, o mediador sentiu medo, muito medo.

Mas só era possível alcançar o objetivo levando-os a um lugar onde não se sentissem tão confiantes, onde pudessem ver outra forma de resolver os problemas.

**Lembre-se...**

Os pais têm a responsabilidade de dar a seus filhos o alimento necessário e a obrigação de ensiná-los a valorizar o que comem.

É preciso ensinar a comer de tudo, aquilo de que gostamos e de que não gostamos, como na vida.

O momento da refeição é muito proveitoso, e em seu ambiente muitas coisas podem ser resolvidas.

## 15. A ROUPA

Devemos deixar o filho adolescente se vestir como quiser? Por que o filho muda a forma de se vestir dependendo da pessoa com quem se relaciona?

A roupa, ainda que isso possa surpreender, não tem muito a ver com os transtornos de comportamentos. Há garotos que têm os mesmos problemas, seja vestidos como mauricinhos, seja como roqueiros. É muito provável que, ao se vestirem de uma forma ou de outra, apenas se identifiquem com a ideologia que está por trás de sua roupa, embora em muitos casos a desconheçam. Não fazem isso por convicção ideológica, mas para se adaptar ao ambiente, para buscar sua forma de se integrar a um grupo, ou para tentar encontrar sua própria identidade.

No entanto, há regras na família que não devem ser contestadas, e não serão se forem conhecidas desde o início.

*Em nossas casas, como em algumas escolas, não se permite o uso de* piercings.

*Informalmente dizemos aos garotos que eles sairão da instituição com os mesmos buracos com que entraram e apresentamos duas razões para isso: a primeira por saúde (temos medo de que contraiam alguma infecção), a segunda é por segurança (a qualquer momento alguém, mesmo brincando, pode arrancar-lhes os* piercings.)

*Mas acima dessas razões, que quase nunca os convence, existe a regra que obriga a todos, e todos somos iguais diante dela.*

Muitas mães compram a roupa de seus filhos e até a separam para eles todas as manhãs. Na realidade, não é porque os filhos não saibam ou não sejam capazes de aprender a fazer isso, mas por causa dessa necessidade que muitas mães têm de se sentir imprescindíveis. O que esse pequeno detalhe nos mostra é que a mãe não quer cortar o cordão umbilical. Certamente, se outros detalhes forem observados, é fácil encontrar uma mãe que quer seu filho precisando sempre dela, o que não é biologicamente possível e educacionalmente é pouco favorável. É melhor **ensiná-los** a preparar a roupa que vão vestir e a cuidar dela; indiretamente, eles também estarão aprendendo a dar valor ao que têm.

A maioria dos jovens hoje presta muita atenção à roupa e para algumas famílias é um verdadeiro **sacrifício** seguir o ritmo da moda. Valoriza-se mais o que se aparenta ser do que o que se é. Quando isso ocorre, o mais conveniente é que utilizem "seu" orçamento, a mesada, ou os presentes. Fazendo isso, o jovem só gastará o que pode gastar e dará mais valor ao que está vestindo. A idade ideal para o filho se vestir sozinho será dada por sua maturidade e pelos "empurrões" que receber da família.

Convém levar os filhos a solenidades de adultos, vestindo-os da forma apropriada. Se ele só andar com gente de sua idade, não conseguirá entender de forma natural algumas obrigações futuras em sua vida com relação à vestimenta. Nesse item deve-se fazer uma observação sobre as cerimônias e seus rituais: a ceia de Natal, um aniversário, um casamento. Para essas cerimônias, convém deixar muito claro que não se trata de um jogo de futebol, ou de um lanche com os amigos, mas de rituais que têm suas próprias **regras**: quando comparecemos a elas, devemos aceitar as **regras** quanto à forma de se vestir e de se relacionar.

*Apesar de o pai se cansar de comprar-lhe roupa de marca, ela estava decidida a se vestir de preto da cabeça aos pés, e quanto mais os outros se empenhavam em convencê-la, mais ela se negava. Mas, quando precisava acompanhar os pais a algum evento social, vestia-se corretamente. Sua família a proibira de fazer tatuagens ou outras coisas que pudessem permanecer para toda a vida e ela as substituíra por pulseiras cheias de pontas (que tirava ao entrar em casa, como as moças faziam antigamente com o tamanho da saia) e colares combinando. Não que os pais fizessem vista grossa, mas souberam diferenciar o que era supérfluo do que era verdadeiramente importante.*

*Lúcia, atualmente com 22 anos, estuda Direito e se veste como as outras garotas de sua idade, um pouco patricinha, mas com muito gosto. E, quando agora lhe perguntamos: "Por que você fazia aquilo?", sua resposta é clara e muito sincera: "Não sei."*

As regras são muito úteis para resolver os problemas da vestimenta nos ambientes cotidianos. Os uniformes escolares são muito práticos, usar uniforme ajuda a aceitar outras regras no futuro e a perceber quando se pode e quando não se pode fazer determinadas coisas. E, quando não existem regras, sem saber por que fazem as coisas, os filhos põem à prova o limite dos pais, em fogo baixo e depois mais alto: isso também faz parte da adolescência.

**Lembre-se...**

**A roupa não pode significar um sacrifício desproporcional para a família.**

**É preciso haver regras com relação à roupa: orçamento, uso adequado em cada situação...**

# 16. A MESADA

Dar mesada aos filhos não é uma obrigação. Entre os direitos da criança **não** consta o **direito** de receber semanalmente algum dinheiro, **nem** é **obrigação** dos pais dar-lhe esse dinheiro. Não é bom que as crianças aprendam a receber em troca de nada. E há algo pior: ao receber por suas obrigações, elas acabam se tornando egoístas: se eu quiser, faço e recebo; e, se não quiser, não recebo, mas também não faço. Assim, as obrigações se transformam em meros assuntos econômicos.

É comum ouvir os filhos falarem do dinheiro que seus pais lhes dão no fim de semana, reclamarem o pagamento da mesada e até pedirem empréstimos por conta da mesada. Quanto devem receber a cada idade? Não é possível falar em quantidades, porque elas dependem da idade, do nível econômico, do ambiente social, ou simplesmente do critério dos pais. De qualquer forma, deve-se tentar fazer que a mesada seja educativa para quem a recebe.

A mesada não pode ser, de forma alguma, um pagamento pelas obrigações dos filhos: estudar, ajudar em casa ou obedecer. Deve ser apenas uma quantia de dinheiro como pagamento por algum trabalho extra. É preciso definir na própria casa quais são as obrigações e quais são os trabalhos extras, e, para alguma eventualidade, os filhos devem ter isso claro.

Cada família terá obrigações diferentes, mas todos os seus integrantes devem conhecê-las. O mais importante é que nunca pode ser considerado um trabalho extra o que na realidade é uma obrigação, porque então os filhos poderão encontrar fórmulas perversas como: "Se você não aumentar minha mesada, eu não estudo", "não obedeço", "não respeito você", "vou roubar" etc.

Todas as obrigações dos filhos como filhos estão fora de qualquer pagamento. Eles conhecem bem seus direitos, mas sabem muito pouco de suas obrigações.

É muito recomendável que cada família, conforme os próprios critérios, defina o que é obrigação e o que é trabalho extra. Tratar os pais com respeito é uma obrigação, isso é claro, mas o que fazer com a roupa suja? Quem vai tirar a mesa? Que tarefas domésticas devem fazer pelo simples fato de serem filhos e viver sob o mesmo teto? Alguma coisa terá de ser feita por obrigação e não por dinheiro.

Há crianças entre 10 e 15 anos que recebem mesadas semanais de 150 euros; isso é um exagero. Talvez o pai consiga manter isso hoje, mas está criando certas "necessidades" no filho que este não conseguirá satisfazer no futuro.

*O filho transformara a mesada em uma chantagem com os pais: "Se eu não receber a mesada que quero, vou começar a quebrar as coisas mais valiosas da casa."*

*Tudo havia começado de forma simples. Passaram a lhe dar uma mesada para que ele se acostumasse a administrar seu dinheiro, algo muito educativo.*

*Mas pouco a pouco a mesada passou a subir: era o lanche na escola, o cinema, sair com os amigos, um livro (que nunca aparecia em casa), o metrô, uma excursão (à qual não ia), um curso, uma dívida com algum amigo.*

Por que precisava de tanto dinheiro? Por que se tornava tão agressivo para obtê-lo? A cada dia parecia mais disposto à violência, chegando mesmo a demonstrar isso e a fazer os pais se sentirem realmente amedrontados.

Não era difícil suspeitar para que o filho usava tanto dinheiro: às vezes os sintomas de um transtorno de comportamento grave podem se confundir com um momento de "fissura". Mas, por alguma estranha razão, os pais geralmente são os últimos a descobrir, ou a aceitar, o que está acontecendo com o filho. Resistiram, mas finalmente concordaram em fazer um exame para verificar se o filho usava drogas.

O garoto não queria fazer, mas, sob muita tensão e suportando as ameaças, conseguiram convencê-lo: deu positivo. Graças à mesada, o problema fora detectado a tempo. Nesses casos, é melhor a mesada ser pequena até tudo se ajeitar.

**Lembre-se...**

Paga-se pelo que é extraordinário, nunca pelo que é obrigatório.

A mesada não pode ser muito alta e deve incentivar a economia.

## 17. O PRÊMIO IMEDIATO...

As crianças gostam de receber prêmios e presentes, e quem não gosta! Os pais e os familiares mais velhos também gostam de dá-los.

As crianças querem ter o prêmio nas mãos quanto antes. Convém não se deixar influenciar muito por isso.

1. O prêmio deve ter seu momento. Não se pode premiar tudo, todos os dias, e cuidado para não dar o prêmio antes da hora!

2. Os prêmios não podem ser, de forma alguma, recompensas por frustrações: "Como estava viajando e não pude ficar com você, trouxe este presente." Os filhos desejarão que os pais estejam sempre viajando.

3. Os prêmios não devem ser compras ou chantagens, mas o resultado de seu próprio esforço, considerando que nem tudo pode ser premiado. Há crianças que recebem um prêmio por se comportar bem no supermercado! O que a criança aprende com essas ações está claro:

"Quando eu quiser um prêmio, começo a me comportar mal e então eles terão de comprar meu bom comportamento." Não é preciso sentir vergonha porque o filho "faz birra" duas ou três vezes, nem se preocupar com olhares recebidos ou com os comentários ("coitadinha da criança") ouvidos a cada passo. Educar bem o filho é mais importante que ficar bem com os outros.

4. Não confundir o prêmio do filho com o dos pais: quando uma mãe "premia" o filho deixando-o dormir na cama com ela porque o pai está viajando, o filho, pouco a pouco, desejará que o pai não volte e pode terminar pensando que o pai, ao voltar para casa, tira o lugar dele.

5. Cuidado ao dar sempre prêmios materiais! Em nossa sociedade, as crianças podem chegar a ser muito materialistas, porque são as mais indefesas. E não é preciso se sentir mal por não comprar o último jogo que saiu.

As crianças podem receber muitos prêmios, e eles nem sempre são educativos. Estamos nos esquecendo de que a melhor **recompensa** é ver o resultado **do esforço realizado**. Equivocadamente, os pais podem acostumar os filhos a receber recompensas materiais por quase qualquer esforço que façam.

*Um pai quase não tinha tempo livre para ficar com seus filhos. No entanto, estava muito preocupado com a formação e o rendimento escolar das crianças, apesar de não estar próximo para acompanhar de perto seus estudos. Assim, ofereceu a cada um deles 100 euros para cada nota maior que oito que conseguissem.*

*O trato funcionou e muito bem. Mas havia um detalhe nessa forma de educação que estava sendo menosprezado: as crianças não tiravam notas boas para aprender, nem para esperar um reconhecimento externo e, o que é ainda pior, não trabalhavam para se sentir orgulhosas por seu esforço. Estavam se acostumando a se esforçar somente por dinheiro. Era educativa essa recompensa? Poderia continuar assim toda a vida? No mundo empresarial, pode ser que sejamos recompensados economicamente por nosso esforço, mas no mundo pessoal não é assim.*

*Na realidade, ele estava privando seus filhos de aprenderem que vale a pena se esforçar sem esperar recompensa econômica.*

Devem-se acrescentar aos prêmios os muitos **presentes** que as crianças recebem. Costumam ser muitos e caros, como se procurássemos no material algo mais que demonstrar o apreço, como se fosse uma guerra para ver quem pode mais: Papai Noel, os três reis magos ou os reis da casa dos avós .

Essas crianças estão sendo acostumadas a ver estes e outros reconhecimentos como uma forma de transmitir carinho: "Quanto mais presentes nos dão, mais nos amam", "Se nos dão muitas coisas é porque nos amam muito." Trata-se de um grave problema: o amor não deve ser expresso em quantidade.

As crianças ganham tantos presentes que não conseguem lembrar o que ganharam há cinco anos, há três, ou mesmo no ano passado. Não há memória suficiente para todos eles, e muitos são abertos só uma vez na vida.

E, se o presente não corresponde às expectativas, alguns até choram ou ficam bravos, sem compreender que o fundamental é o gesto, é saber que alguém se lembrou de nós, que somos importantes. Se ficam restritos ao objeto, e isso se chama materialismo, não pensam no esforço que custou pensar, escolher e procurar pelo presente, o que também faz parte dele. Talvez isso ajude a entender por que agora os presentes vêm com o "selo presente" que possibilita a troca em caso de não agradarem. Desde quando é possível trocar o afeto? E o tempo usado pela pessoa para procurá-lo? Pode ser muito prático, porém mais uma vez estamos nos atendo apenas ao material.

Gasta-se dinheiro como se fosse imprescindível gastá-lo para ser feliz. Com tantos presentes, as crianças estão aprendendo a obter tudo gratuitamente, sem esforço, sem sacrifício. A vida não é assim para a maioria dos mortais. Não é essa a melhor educação para os filhos.

Com tantas "recompensas", geralmente fáceis, são muitas as crianças que têm de tudo: telefone celular, *videogame*, mp3, aparelho de som, e tudo sem ter feito economia, e às vezes até sem ter desejado o presente. Crianças que esquecem em qualquer lugar suas jaquetas, seus jogos, relógios ou suas bolas, porque, no fundo, nada disso lhes custou alguma coisa, e o que não custa nada não é valorizado.

É mais educativo **ensiná-las a apreciar** o que recebem. Também estamos educando quando não deixamos que todo o mundo lhes dê presentes, e, se isso acontece, é preciso ensiná-las a compartilhar. As crianças devem ser administradoras do que recebem.

*Fui convidado para uma festa de primeira comunhão dessas que mais parecem um casamento, mas minha presença se devia a um gesto que nunca vira antes em um garoto na mesma situação. Ele convencera os pais de que não queria presentes, todo o dinheiro que conseguissem seria doado à Fundação Internacional O'Belén.*

*Eu pensei (nós, os adultos, somos assim mesmo) que, apesar de seu desejo, ele também ganharia algum presente. Mas seu empenho e entusiasmo foram suficientes para convencer todos a lhe darem apenas dinheiro.*

*Na segunda-feira seguinte ele fez uma doação de mil euros. Esse garoto me deu uma grande lição: as crianças são até mais generosas que muitos adultos. Ele doou tudo, não ficou sequer com um euro para comprar chiclete.*

Os pais devem ajudar os filhos a terem consciência de que seus atos servem para alguma coisa. É preciso estar disposto a suportar o esforço a curto prazo e obter a recompensa só depois, sem pensar que apenas o que é pago em dinheiro vale a pena. Muitos grandes inventos não foram descobertos em troca de dinheiro, mas pela recompensa de um trabalho bem feito.

De qualquer forma, é preciso estar atento. Às vezes a recompensa por um trabalho bem feito, quando formulada equivocadamente em nossa mente, pode nos destruir.

*Dizer a uma família que não podemos ajudá-la é duro e difícil, mas o "não" pode ser mais útil para todos quando há outras soluções mais eficazes. O caso dos pais de Lira, uma garota anoréxica, foi assim. Não que fosse um caso difícil, mas seria mais eficaz ela ser tratada por um especialista nesse grave distúrbio de autoimagem, que é acompanhado de rejeição à comida, negação da fome e por importantes riscos depressivos e suicidas.*

*Esse caso pode servir para ilustrar quão importante é a recompensa ao esforço: o que Lira precisava fazer para se privar de alimento era impressionante, mas o resultado valia a pena para ela.*

*Os pais de Lira se sentiam culpados pela situação e constantemente se lamentavam por não terem estado atentos. Mas atentos a quê, se eles não conheciam os sintomas da anorexia?*

*Como em muitos casos como esse, foi a filha quem decidiu ser melhor que seus pais: mais bonita, mais magra, mais inteligente. Era ela quem tinha um problema de identidade, e era ela quem orientara seus esforços para conseguir uma recompensa muito prejudicial.*

*É certo que os pais precisam saber alguma coisa a mais para poder prevenir. Quando lhe diziam alguma coisa sobre a comida, ela respondia que ia muito bem nos estudos e que isso era o importante, não o comer. Lira se refugiava nos estudos como desculpa. No entanto, aquele não era o momento de se lamentar, mas de agir.*

*Lira está nas mãos de um grupo especializado, com profissionais, métodos e tratamentos adequados. Espero que continue se esforçando simplesmente pela satisfação do resultado obtido, embora tenha de aprender a perseguir objetivos que não sejam prejudiciais.*

**Lembre-se...**

Premiar deve ser algo educativo.

O esforço não requer sempre um prêmio material.

É preciso ensinar a apreciar os presentes.

O resultado pelo esforço realizado é a melhor recompensa.

# 18. ... E O CASTIGO NEGOCIADO

Os castigos, assim como os prêmios, devem ajudar a educar a criança. Quando usados da forma certa pelos pais, dão satisfação e, sobretudo, orgulho de educar o filho.

Crianças são crianças. Tentarão de todas as maneiras fazer das suas e encontrar nossos pontos fracos. Elas sabem que o castigo pode ser negociado e por isso convém levar em conta algumas recomendações:

1. Nunca devemos dar castigos motivados pela raiva. O melhor é que os castigos sejam reparadores; devem ter um porquê. Se a criança é quem se deixa levar pela raiva, não devemos entrar no jogo dela. Podemos pedir-lhe que vá para o quarto e escreva o que quer dizer.

2. O castigo deve ser cumprido, do contrário estaremos ensinando que as ações ruins não têm consequências.

3. Não se deve recorrer a castigos tão longos que possam ser esquecidos ou não possam ser cumpridos. As crianças sabem que "um mês sem televisão" será, quando muito,

uma semana e que "todo o verão sem sair" serão três ou quatro dias.

4. Não abusar do castigo. Se a criança fica todo dia durante três horas de castigo no quarto, ela aprenderá a se divertir durante esse tempo. Os castigos são para corrigir más ações, não para o pai se sentir mal e a criança se divertir. A duração do castigo deve aumentar com a idade.

5. Tentar ser justo e assertivo. Quando tratamos todos os filhos da mesma forma, muitas vezes seremos menos condescendentes com o menos problemático que com os que nos dão mais problemas. É comum sermos mais tolerantes com os mais geniosos.

Algumas crianças ficam tanto tempo sofrendo as consequências de um castigo, que se acostumam a viver dessa forma e ele deixa de ser útil. Nesses casos, a estratégia do **"estou lhe devolvendo tudo"** pode ser eficiente.

Com essa estratégia, pretende-se começar de novo para que a criança tenha algo a perder.

*Carla era uma garota de 16 anos que já não tinha nada a perder: não podia usar o computador, não podia sair com as amigas, não tinha telefone celular, não podia ver televisão e todo dia devia estar em seu quarto às 10 horas da noite. Os pais acreditavam seriamente que com esses "limites" podiam conseguir que sua filha obtivesse boas notas e mudasse seu comportamento.*

*Mas para Carla era mais cômodo não se esforçar, mesmo não tendo nenhum privilégio.*

*Foi proposto que os pais lhe devolvessem todos os "seus direitos" e que estes fossem sendo retirados pouco a pouco se ela não cumprisse as regras estabelecidas (na verdade, deveriam deixar pelo menos uma semana entre a devolução e a primeira retirada).*

*Quando a filha percebeu como era divertido sair com as amigas, usar o computador ou ver um filme na sala no sábado, se deu conta de que não tinha a menor vontade de perder nada disso e começou a lutar para que isso não acontecesse. Uma luta de esforço e outra de persuasão com os pais, o que também é bom. Transformou-se em uma grande negociadora e ela mesma ia procurando ganhar "mais privilégios".*

Para alguém que não sabe o que é desfrutar de seus "gostos ou caprichos", ou não se lembra do que é isso, é impossível que ficar um ano sem tê-los signifique uma mudança em sua atitude. Pode-se dizer que aprenderá a "se virar" sem eles.

Ocorre o mesmo com um aluno que vive tirando notas ruins; uma a mais não significa nada, nem sequer o surpreende. Mas se um professor lhe diz que ele tirou um 10 e que na sua matéria a avaliação consiste em não perder pontos? Para ele, ter um 10, algo que nunca tivera antes, se torna um elemento motivador que pode funcionar.

Não convém usar os castigos para **negar-lhes alguma coisa** que pode lhes resultar **proveitosa**, como, por exemplo, relacionar-se com os outros. Embora possamos ter errado em outros aspectos, essas restrições devem ser usadas com precaução. No mínimo, convém avaliar as possíveis consequências e considerá-las no momento de decidir.

Também não se trata de sempre "tirar" coisas, é possível também **"introduzir"** algumas, usando as que podem ser mais importantes para o filho, ou combinando-as com as que podem parecer mais necessárias aos pais. Um método efetivo de construir positivamente.

*O pobre Miguel já estava havia seis meses sem nada: sem televisão, sem sair com os amigos, sem usar a internet, sem o videogame, sem celular e, mesmo assim, seu comportamento continuava, segundo os pais, "horroroso". Miguel sabia que já não tinha nada a perder, portanto qual o problema de dar mais um escândalo, brigar com a irmã ou não estudar?*

*Os pais aceitaram a "loucura" de "devolver-lhe tudo". Miguel recuperou tudo e deixou de ter "motivos" para fazer escândalo, para brigar com a irmã... além de encontrar bons "motivos" para estudar. Ele não queria deixar de sair com os amigos, por exemplo.*

*Nesse sentido, aproveitaram para acrescentar uma "ida ao acampamento de fim de ano, se ele fosse aprovado". Miguel ficou de exame em uma matéria, mas seus pais aceitaram negociar. Levaram em consideração que o acampamento seria importante para ele e permitiram sua ida, contanto que recuperasse a nota vermelha no exame. E dessa vez, como em muitas outras, a confiança deu certo.*

A essas estratégias se pode acrescentar **mais um elemento**: perguntar à criança que será castigada que castigo merece.

Por experiência, sabemos que as crianças costumam ser muito mais radicais consigo mesmas na aplicação dos castigos. Por exemplo, se em uma aula, por culpa de um deles, todos ficam sem uma excursão, ao pedir que eles, em assembleia, imponham um castigo ao infrator, este pode ser muito severo: um trimestre sem recreio, um ano sem excursões..., o que é realmente um exagero. As crianças têm menos paciência e um senso de justiça muito mais estrito. A finalidade de pedir a opinião delas é fazer que vejam como seu castigo é desproporcional, que aprendam níveis de justiça.

E se pedirmos que a criança, com certa maturidade, diga os privilégios que deve perder como castigo? É possível que pense naquilo que realmente lhe custe menos abrir mão; contudo, como o que se pretende com essa estratégia não é incomodá-la de verdade, mas simplesmente levá-la a mudar e a ser justa consigo mesma e com os outros, sua participação será sempre interessante. Sabendo o que pode perder, não tentará defendê-lo ou recuperá-lo com mais afinco? E, caso se prefira, sua participação pode não ser a decisão definitiva.

Estratégias como essa baseiam-se na surpresa (a mudança), procurando os elementos fortes que a criança tem escondido e desenvolvendo nela outras capacidades diferentes para alcançar os resultados desejados.

**Lembre-se...**

Castigos justos e reparadores devem ser cumpridos.

Considere a possibilidade de “devolver tudo”, começar de novo e “introduzir coisas”.

Pergunte ao castigado que castigo merece receber.

# 19. CUIDADO COM AS "JANELAS"!

As crianças veem na televisão homens e mulheres que parecem não trabalhar, mas têm carros grandes e muito dinheiro. Veem personagens recebendo dinheiro para destruir a honra de outras pessoas. Veem jovens ganhando dinheiro só para ficar algum tempo em uma casa repleta de câmaras. Assistem a uma guerra em seu sofá, comendo pipoca e bebendo Coca-Cola. É como se lhes disséssemos continuamente: a vida é fácil, passem seus companheiros para trás, deixem os outros saberem de sua vida ou a guerra não causa danos.

Dizem que a televisão é a "nova babá", mas uma babá que ensinasse todas essas coisas seria despedida, e a televisão não é. A televisão ocupa um lugar de destaque na casa e pode ocupar nossas melhores horas. Há tantos canais de televisão que não sabemos o que ver e passamos muito tempo selecionando; durante o *zapping* com certeza alguém entrará com uma loja dentro de nossa casa e é possível encontrar algum canal pornô. Não podemos ser tão ingênuos a ponto de acreditar que a televisão não influencia. Ela o faz e, além disso, negativamente, mesmo que essa influência se restrinja ao tempo que passamos na frente dela.

Se as crianças assistem televisão (é impossível evitá-lo!), devem fazê-lo em um horário limitado e sempre acompanhadas. Em outras palavras, é necessário **menos televisão**. Se queremos evitar que a criança se torne "difícil", não devemos deixá-la ver televisão à vontade. Se não quiser que seu filho aprenda coisas ruins e feias, não o deixe ver tudo o que ele quiser.

Muitos acreditam que a televisão relaxa, e isso não é verdade. A televisão excita e faz isso para nos manter atentos, para não mudarmos de canal, para nos incitar a comprar ou a ver mais horas de programação. Já há crianças viciadas em séries de televisão (melhor não citá-las), e depois de vê-las e gravá-las, tornam a assisti-las várias vezes, até quatro ou cinco horas por dia. E dessas séries elas copiam comportamentos, palavras e até projetos de vida que, de uma perspectiva educacional, geralmente só podem ser qualificados, quando muito, como de recomendação duvidosa.

Em muitos lares há quase uma televisão por cômodo, o que significa menos comunicação familiar. Se comemos vendo televisão, conversamos menos. É bastante aconselhável não haver televisão no local em que as refeições são feitas, nem nos quartos das crianças. Para eles isso não é um privilégio, mas um grande prejuízo.

*O nome mais correto para definir a situação de Amador, de 15 anos, seria viciado em televisão. Amador ficava até de madrugada vendo todo tipo de programa, tinha uma televisão em seu quarto e não incomodava ninguém. Nos dias em que não ia à escola, tomava o café da manhã e ia para a sala assistir à televisão. Se o tiravam dali, ia vê-la em seu quarto, almoçava e subia para assistir à televisão, jantava e ia ver televisão (em alguns dos países considerados avançados, muitos pais levam a comida para as crianças no quarto enquanto elas continuam jogando no computador). No geral, não era de muitos conflitos, embora seu rendimento escolar deixasse bastante a desejar e os coordenadores insistissem para que seus pais tomassem alguma providência.*

*Como com qualquer produto consumido de forma abusiva, o mais eficaz é sempre cortar de imediato sua ingestão e, se possível, substituí-lo por um produto alternativo.*

*Mas os pais de Amador, sobretudo o pai, só viam problemas em duas coisas:*

- *O pai estava preocupado com a questão de tirar a televisão da casa: "E onde vamos guardá-la? Por quanto tempo? Além disso, por que toda a família vai ter de se sacrificar? Como vou assistir a meus jogos?" Havia sete televisores na casa: um na cozinha, um na sala, um no quarto dos pais, um no quarto de Amador e outros três nos quartos de seus irmãos. Se necessário, o pai só estava disposto a tirar o do quarto de Amador.*
- *Quanto à substituição da televisão por outras coisas (esportes, acampamentos, grupos de teatro, música...), sua atitude era igualmente surpreendente. "Onde, como e por que nós é que vamos procurar outras atividades para ele se o problema é dele? Além disso, não achamos que o problema seja tão grave."*

*Os pais achavam que havia sido um bom presente de aniversário cada filho ter uma televisão. Mas com isso estavam abrindo mão de controlar o tempo que os filhos passavam diante dela, o que viam, ou a que horas. Não ter controle era como autorizar o descontrole.*

Para os pais, às vezes o remédio dá mais trabalho que a doença. Conformam-se com ela, ou a distorcem para não parecer tanto uma doença. É preocupante que os pais queiram resolver um problema e não saibam como fazer isso. O mais preocupante, porém, é quando sabem o que fazer, mas se recusam a fazê-lo.

Cada vez há mais **"janelas" abertas** para o mundo: televisão, internet, jogos, telefones celulares, literatura fantástica e todo tipo de filme. As crianças dirão que precisam estar atualizadas, que precisam acompanhar tudo, porém o perigo não está só no que se vê, mas também em com quem se vê. Assistir sozinho não é o mesmo que assistir acompanhado.

Nem todos podem **ver de tudo**, há coisas que não são adequadas nem para adultos, e também não são necessárias para uma vida normal. Embora alguns possam criticar, seria melhor censurar certos *chats*, páginas pornográficas, páginas que ensinam a construir uma bomba, a cultivar uma planta de droga em casa ou a enviar as imagens de uma briga pelo celular. Há coisas que só servem para prejudicar, "as janelas não devem se abrir para lugares malcheirosos".

É preciso poder **ver as janelas** que os filhos têm. É muito perigoso que, por falso respeito à intimidade, as crianças tenham a seu alcance, de forma privada, todas essas janelas. Aquilo que uma criança esconde, ou sobre o qual mente, começa a ser perigoso. Outra coisa diferente é ela não querer que vejam as mensagens que troca com uma amiga. Isso é pudor e é respeitável.

Os adultos, embora pareçam chatos, têm a função de expressar **juízos de valor** sobre o que a criança está vendo. Hoje, em nome do dinheiro, vale tudo e tudo pode ser difundido por esses novos meios que custam tão pouco. Por isso os pais devem ver televisão ou acessar a internet ao lado dos filhos, junto com eles. Não nos surpreende que uma criança tenha pesadelos após assistir a um filme de terror, trata-se de algo possível de prever. Da mesma forma, os pais deveriam ter consciência sobre o que pode acontecer se a criança conversar com pervertidos pelo computador, se ficar sabendo que é possível cultivar cogumelos alucinógenos no banheiro de casa, se passar quatro horas por dia brincando com um jogo de luta etc. Além disso, eles deveriam ter bem claro o limite do que a criança pode ver ou saber com a idade que tem.

Sabemos que a vida de uma pessoa influencia a vida dos outros. Mas, para poderem ter influência sobre a vida de seus filhos, os pais precisam conviver com eles, precisam emitir juízos de valor e opiniões. Não podem ser meros companheiros de viagem; são guias que orientam o olhar e os sentimentos dos filhos que viajam com eles.

Um acompanhamento no qual há tempo para o lazer e o descanso. E é melhor jogar ludo, baralho, xadrez, passear, ler, conversar ou assistir juntos a um bom filme. É melhor, muito melhor, que seu filho não se transforme em um viciado em televisão, que não queira levar para a vida real tudo o que vê. Definitivamente, menos televisão e **mais jogos de tabuleiro**.

Há alternativas de lazer que são mais formativas e que parecem estar desaparecendo. Os **contos infantis**, por exemplo. Com Pinóquio aprendemos que o nariz cresce quando contamos uma mentira. Com Branca de Neve, que os bem pequenos também podem ajudar. Com Cinderela, que as meninas são princesas, e com Chapeuzinho Vermelho, que não se deve falar com desconhecidos. Os contos infantis e as pessoas que os contavam para nós ficavam gravados para sempre em nossas mentes e corações. Agora é mais cômodo para os pais não contar histórias e que as crianças vejam filmes, ou o que for. O lamentável é que ainda não se fazem filmes que criem laços afetivos entre os pais e os filhos como os criados pelos contos infantis. Os pais deveriam recuperar o **poder educativo** dos contos antigos.

Agora não são os protagonistas dos contos que vivem aventuras, mas são as próprias crianças que devem chegar ao limite. Vive-se de sensações, mais que de pensamentos ou reflexões. É preciso subir à montanha mais alta para descarregar adrenalina, dirigir a 200 quilômetros por hora, tomar dez doses numa noite, experimentar todos os lançamentos, comprar até o infinito ou brincar de matar com tamanho realismo que um garoto, quando estamos dirigindo, pode nos dizer: "Se você atropelar essa velha, são 20 pontos." Com certeza ele não sabe o que está dizendo, mas por acaso isso não estabelece um padrão? Não indica desprezo pela vida? Um menino (ou um homem) sem medo contraria o instinto de sobrevivência e costuma morrer mais jovem, seja por acidente, seja por autodestruição.

Os contos infantis foram substituídos por desenhos animados com pais gordos, bebedores e vagabundos que são engraçados e fazem rir. É muito bom rir, mas não é bom ser crianças grosseiras e grotescas, crianças malcriadas, violentas, cruéis, cuja missão é enganar os pais e os professores.

Estudos realizados na Europa e nos Estados Unidos demonstram que os menores com propensão à violência não se especializam em uma única forma de ataque aos outros; quando estão emocionalmente ativados, a resposta deles pode variar, porém sempre com um denominador comum: o desejo de prejudicar o outro. O mais estarrecedor é que foi comprovado que as crianças que haviam sido muito agressivas aos 9 anos, em 40% dos casos continuavam sendo aos 17, e que 14% delas haviam sido acusadas de algum delito antes de completar 21 anos!

Talvez os contos infantis tenham acabado e tenham começado os **filmes de horror**. Quem não corrige e não protege seu filho de tudo o que possa provocar violência muito provavelmente terá um **filho violento**.

Alguns dizem que os filmes e os contos infantis têm a mesma linha argumentativa, mas esses "contos animados" já não ajudam a ser melhores, nem a escutar os pais, nem a querer passar mais tempo com eles. E a comunicação e o diálogo com os pais são uma fonte abundante para enriquecer a educação dos filhos.

O importante é manter vivo o diálogo e saber diferenciar o diálogo familiar de outros tipos de diálogo. Muitos pais deixaram de conversar com seus filhos por questões ideológicas, religiosas ou futebolísticas. Uma família não pode fazer sua unidade depender dos processos políticos, do sucesso nos estudos ou do resultado do Campeonato. Cada membro da família tem direito a um microclima próprio dentro do clima familiar.

**Lembre-se...**

Menos televisão e mais jogos de tabuleiro.

Os filhos não podem ter suas "janelas" abertas a tudo.

Os antigos contos infantis têm grande poder educativo.

Evite expor seus filhos à violência para que não se tornem violentos.

# 20. SAIR À NOITE

Para os pais de adolescentes é muito comum que as noites não sejam um descanso prazeroso como para o resto dos mortais, e sim noites em claro. São as noites do fim de semana que cada vez começam antes, as festas, depois as férias, e mais alguma comemoração: cada vez há mais motivos para **"sair à noite"**.

Os jovens acreditam que é à noite que ocorrem os momentos mais divertidos. Acontece que eles não dão as mesmas oportunidades ao dia para encontrar esses momentos, porque utilizam o dia, fundamentalmente, para se recuperar.

Depois de uma noite "fora", precisam tirar a manhã para dormir. Não há tempo para conviver com a família ou para realizar alguma tarefa em casa. Quando se levantam, mal têm tempo de comer alguma coisa e logo já estão prontos "para a noite". Se fizermos as contas, durante um fim de semana "aproveitado", restam aos filhos adolescentes somente três ou quatro horas em que estão acordados junto à família.

A noite produziu um **novo comportamento**, caracterizado principalmente por:

– Não arcar com as consequências do que se faz. Nenhum adolescente normal pensaria, em plena luz do dia, em deixar uma praça cheia de garrafas, quebrar a lâmpada de um poste, enrolar um baseado ou andar bêbado pela rua. A noite tornou-se um espaço sem justiça nem lei

– Ficar na rua em grupos, mas não só por economia (os jovens atualmente têm mais dinheiro que antes, têm carros, motos e roupas melhores que nunca); a maioria faz isso para seguir a moda.

– Incomodar os moradores. No fim das contas, incomodá-los pode até ser divertido e não tem consequências (quase sempre procuram lugares em que não são conhecidos).

Os pais pouco podem fazer contra esse costume tão difundido. Mais, muito mais, podem fazer o poder público e suas forças de segurança, mas, embora esse mau costume prejudique muitas pessoas, também não agem tanto quanto necessário, como se temessem a capacidade de resposta dos jovens e quisessem evitar sua reação.

Apesar de tudo, o que os pais podem fazer é estabelecer **limites** claros: estabelecer os dias em que filhos podem e não podem sair, a hora de chegada, algumas regras de segurança e o compromisso de no dia seguinte, mesmo depois de dormir pouco, estarem prontos para cumprir seus compromissos, realizar as atividades normais ou ficar com a família. As consequências por ultrapassar os limites também devem ser claras.

É contraproducente deixar o jovem dormir tudo o que ele quiser durante o dia seguinte porque "o coitado chegou muito tarde". Com isso, estamos ajudando-o a aumentar sua capacidade de resistência para continuar repetindo esse comportamento dia após dia. Aqui vale a máxima: "Se você é **grande o bastante para sair**, também é **grande o suficiente para cumprir** suas obrigações", e nessa idade ninguém é afetado por dormir apenas quatro ou cinco horas por dia algumas vezes.

Os jovens que sempre tiveram de obedecer a alguns limites têm mais facilidade para cumpri-los que aqueles que nunca os tiveram. Todos querem sempre obter um pouco mais, e os pais devem saber lidar com esse "um pouco mais", que dependerá do nível de tolerância que os pais tenham à noite e da capacidade do filho de assumir as consequências.

A constância dos pais é fundamental para evitar que o "pouco mais" aumente de forma desmesurada e rápida. E o conhecimento que podem ter de seus filhos, de suas qualidades, do que gostam, também pode dar dicas sobre como orientá-los a usar melhor seu tempo de lazer. Quando os limites foram ultrapassados, é possível encontrar um "ponto fraco" nos filhos que se torne o **"ponto de apoio"** para mudar seu estilo de vida.

*Quando os pais de Rosa (15 anos) se levantaram, já sabiam que, em vez de chegar às duas da manhã, a hora combinada, ela havia chegado às cinco. Não era a primeira vez, na verdade isso começava a se tornar um hábito.*

*Seus pais estavam desgostosos com esse comportamento, mas já não os surpreendia. Já estavam cansados de discutir com a filha sobre isso: para eles era uma batalha perdida. Ultimamente não se atreviam a acordá-la, temendo suas manhãs de mau humor. Preferiam ter uma manhã tranquila e sem sobressaltos a brigas absurdas por causa de qualquer coisa.*

*Rosa se levantou às quatro da tarde. Estava com fome e, como de costume, viu que havia comida pronta para esquentar no micro-ondas. Comeria sozinha, mas não se importava, quase preferia isso a ter de suportar "as conversas" de seus pais.*

*Não se podia dizer que Rosa estivesse muito feliz com sua vida. No entanto, comprovara que podia repetir esse comportamento quantas vezes quisesse. Ninguém mais lhe dizia que chegar depois da hora estabelecida teria alguma consequência para ela. Poderíamos dizer que Rosa estava contente por haver "aprendido" essa lição.*

*O horário do fim de semana foi se estendendo para os outros dias. Os pais acreditavam que essa predileção pela noite acabaria com o tempo, mas com 17 anos Rosa parecia viver somente para a noite.*

*Quase não ia à escola. A família, os professores e até psicólogos haviam tentado inutilmente conversar com Rosa, recuperar os limites, falar do futuro... Rosa não causava grandes problemas, mas estava desperdiçando sua vida e a situação era motivo de uma preocupação cada vez maior para os que estavam ao seu redor.*

*Mas Rosa tinha um ponto "fraco", ou melhor dizendo, forte. Era uma excelente amiga e muito solidária. Era preciso tentar aproveitar esse fato para mudar seu estilo de vida.*

*Foi sugerido aos pais que, visto que ela já perdera o ano letivo, propusessem a Rosa uma ida à Índia como voluntária por um período mínimo de três meses. Apesar de temerosos, eles acabaram concordando em lhe fazer essa proposta. E, felizmente, a garota achou que era uma boa ideia.*

*Quando regressou, depois de ter vivido e compartilhado tanto, depois de ter cumprido horários e tarefas muito mais árduas que aqueles que tinha na Espanha, Rosa não deixou de sair, é claro, mas ela mesma estabeleceu seus horários e encontrou um trabalho pelo qual lutar.*

*Rosa está agora se preparando para ser enfermeira e quer morar na Índia. Pode ser que no final seus planos não saiam exatamente como ela pensa agora, ou talvez sim. A experiência da viagem ajudou-a a encontrar um objetivo, a ter contato com esse sentimento e, sobretudo, fez com que ela mudasse seus maus hábitos noturnos. Agora ela parece feliz.*

A noite, como os instintos, baseia-se no "nível de tolerância": à medida que vamos tendo contato com alguma coisa, com a bebida, por exemplo, para chegar ao mesmo ponto de satisfação precisamos ingerir uma quantidade cada vez maior. Mas, graças a Deus, esse nível de tolerância também existe nas coisas boas: nos estudos ou no trabalho. A verdadeira missão dos adultos é mostrar aos jovens outros caminhos que sejam mais enriquecedores e para os quais eles precisam estar despertos.

**Lembre-se...**

Estabeleça limites claros.

Se o filho é grande o suficiente para sair, também o é para cumprir suas obrigações.

Encontre um "ponto de apoio" que ajude a mudar o estilo de vida do seu filho.

# 21. VENCER PELO CANSAÇO

Para alcançar seus objetivos algumas pessoas se fazem de vítimas para que sintam pena delas. Outras utilizam o humor, enviam os amigos como intermediários, transformam as boas notas da escola em motivo de barganha, oferecem coisas em troca, tornam-se muito chatas ou tentam o confronto. Há muitas formas pelas quais os filhos procuram vencer os pais, e os mais velhos em geral, pelo cansaço.

Seja qual for a forma utilizada por eles, a finalidade é sempre a mesma: **conseguir um sim**. Examinando o fato de forma objetiva, é uma tática acertada. Quem não insistiria se soubesse que aumentariam seu salário não por ser o melhor, mas por ser o mais insistente?

Quando os filhos comprovam que sua tática funciona, o lógico é usá-la sempre que necessitam. Não podemos culpá-los: se sabem que sendo insistentes conseguem o que querem, é porque os pais os estão "ensinando" a ser insistentemente chatos.

É fácil o pai terminar derrotado. Se o pai perdeu porque encontraram seu calcanhar de aquiles, ou por causa de seu riso amarelo ou de seu cansaço diante da insistência, deve verbalizar isso: **"Você me venceu pela insistência."** O pai deve fazer isso por duas razões. Primeiro, para ter consciência de sua fraqueza; e segundo, para o filho saber que ele vai procurar reforçar essa frente. Os filhos ajudam os pais a crescer e os pais ajudam os filhos; esquecer a primeira parte é um erro muito frequente dos pais.

Os filhos podem até acrescentar mais "munição" a seu ataque, fazendo comparações entre o pai e a mãe e usando-as quando está sozinho com um deles. É comum escutar: "O papai (ou a mamãe) é mais legal e deixa, e você não." Um ataque que pode ser adulador ou impiedoso e que procura o confronto dos pais. É o "divide e vencerás" que os filhos aprendem naturalmente.

É fácil ser derrotado com essa "munição", mas seria um erro o pai ou a mãe caírem nessa armadilha, mesmo que para algum deles isso seja motivo de satisfação.

Às vezes a insistência pode não provocar riso, mas dor, e ser fruto do mau gênio. Esse tipo de comportamento do filho pode ser bastante ocasional e ser, simplesmente, uma brincadeira de mau gosto. Mas também pode tornar-se crônico e transformar-se em um distúrbio de comportamento. Podem parecer casos extremos, e são, mas chegam a afetar 7% da população juvenil. Não são, portanto, casos isolados.

Não é incomum que a educação dos filhos seja motivo de divisão de opiniões entre os pais. Quantas vezes um casal se distancia por causa dos filhos? "Você agiu errado", "Você nunca está em casa", "Você cede o tempo todo". É preciso aprender a separar os problemas do casal dos problemas com os filhos.

Os pais devem dialogar entre eles sobre as questões que podem afetar os filhos. Têm de falar e escutar, não de forma defensiva, mas trabalhando em comum e decidindo juntos. O filho não deve se sentir desorientado com a disparidade de critérios e também não pode utilizá-la indevidamente para escolher a opinião de que goste mais.

A **união** dos pais fortalece a educação. Essa união também dá força aos próprios pais, algo bastante conveniente quando precisam proteger seus pontos fracos dos filhos. E, se o ataque vem de um filho genioso, é ainda mais útil a fortaleza da união entre os pais.

Todo o mundo tem um ponto fraco, só é preciso encontrá-lo. Os pais têm, mas os filhos também; e talvez os pequenos tenham mais ainda.

São os pais que devem decidir quando querem se deixar vencer. Também não é uma boa tática fazer isso sempre. Precisam **procurar** o ponto fraco dos filhos. É provável que os pais saibam vencer os filhos pela insistência quando são pequenos, mas assim que eles crescem um pouco passam a achar que isso já não é possível: é preciso não desistir até **encontrar o ponto fraco deles**.

Mesmo que os anos passem, não se deve deixar de continuar procurando o ponto fraco dos filhos. Ele precisa ser encontrado antes de a situação chegar a fazer parte daqueles 7%. E, se chegar a esse extremo, os pais devem saber que seu filho pode ser vencido pelo cansaço para poder ser ajudado.

**Lembre-se...**

**Os filhos devem saber que ganharam pelo cansaço.**

**A união dos pais fortalece a educação.**

**Os filhos também podem ser vencidos pelo cansaço.**

# 22. MUTISMO ELETIVO

Mutismo é a ausência de linguagem falada quando ainda se preserva a capacidade de falar. E pode ser um mutismo "eletivo", quando a pessoa fala só com um círculo de pessoas escolhidas por ela.

Quanto aos filhos, há fases da vida e circunstâncias em que o mutismo se instala neles, sobretudo nos adolescentes. É um sacrifício arrancar-lhes uma palavra, saber o que está acontecendo, o que pensam ou o que querem; como se a pior coisa que pudesse lhes acontecer fosse alguém entrar em sua vida.

*Pode-se dizer que em muitas famílias existe um diálogo habitual entre pais e filhos, não há um mutismo propriamente dito. Porém existe um mutismo no que se refere ao âmbito "pessoal": pode-se falar de tudo, menos do que diz respeito às suas questões pessoais, particularmente dos relacionamentos.*

*Após uma tarde inteira com os amigos, ou de quinze dias fora de casa, esta parece ser a "típica" conversa entre pais e filhos adolescentes:*

*Pai: "Como foi com seus amigos?"*

*Adolescente: "Legal."*

*Mãe: "O que vocês fizeram?"*

*Adolescente: "Conversar, ficar junto. Não seja chata."*

*E normalmente se muda de assunto.*

*Não que tenham feito algo de ruim, ou que não queiram contar o que fizeram, simplesmente acham que somos espiões, que não vamos entendê-los, ou optaram por um mutismo pessoal com os pais.*

Esse mutismo, por si só, não é preocupante. No entanto, há outros cada vez mais comuns que o são. Pode ser o caso de crianças com as quais parece **nunca acontecer nada**, que nunca têm frustrações, ou não as manifestam, que nunca se aborrecem, nem se alegram, como se não tivessem emoções.

Muitos filhos dizem "Não tenho nada" como forma de amar os pais, porque assim eles ficam tranquilos. O filho passa a ser uma preocupação a menos na lista normalmente tão grande dos pais: trabalho, financiamento, dinheiro... E é verdade que alguns não sofrem diante de nada, tornam-se imunes a qualquer tipo de agressão externa: "Para que preocupar os pais com bobagens?", "Para que falar com os amigos ou com os tios se ninguém vai me entender?"

**Não contar** nada para ninguém já é um problema.

O único motivo que leva as crianças pequenas a não quererem falar de determinadas coisas é o **medo**. Ainda não se conhece nenhum outro. Muitas crianças podem não falar por se sentirem chantageadas, intimidadas e até maltratadas ("Se contar aos seus pais que dá dinheiro para a gente, você vai ver a surra que vai tomar"). Outros podem imaginar que contar o que está acontecendo pode envergonhar os pais, ou que não terão mais o afeto deles ("Se eu contar que roubei o brinquedo do meu amigo, nunca mais vão confiar em mim, vão sentir vergonha e vão deixar de me amar"). Nos dois casos há medo, e seria um mutismo com razão, verdadeira ou inventada, mas uma razão. Os pais devem começar tentando descobrir o que está acontecendo, através da criança ou de outros, depois transmitir-lhe confiança e, por fim, oferecer alternativas para ela se defender, sempre que possível, ou protegê-la. E, se ela cometeu algum erro, ajudá-la a reparar a falta ou a pedir desculpas. O medo não pode destruir a confiança do filho nos pais.

Quando chegam à adolescência, também começam a aparecer o pudor, a insegurança, a imagem que querem transmitir aos demais e a educação recebida. Assim, uma criança educada com confiança e liberdade tem menos motivos para ser geniosa quando adolescente.

Os pais têm razão quando dizem "Preciso tirar as coisas do meu filho com saca-rolhas", mas eles precisam usar o "saca-rolhas". Não é aconselhável deixar a criança pensar que não tem nenhum problema, nem achar que a solução que pensou é a única possível. É preciso ajudá-la a ampliar seu leque de soluções.

Os filhos acreditam que, se contarem o problema a seus pais, eles ficarão bravos ou, o que é pior, tentarão resolvê-lo. Os pais devem deixar a criança encontrar a solução, escolher alguma, mesmo que não seja a que eles escolheriam; aprender a pensar que tem problemas e a encontrar mais de uma solução. Os pais podem dar toda a ajuda que puderem, mas a solução tem de ser a **solução do filho**.

A solução deve ser pensada. Diante de um problema é possível encontrar duas ou mais soluções possíveis, mas todas podem ser ruins ou umas piores que outras. Aprender a pensar significa procurar todas as soluções possíveis, ver o que pode acontecer em cada uma delas e escolher alguma, assumindo as consequências da escolha.

O filho não deve encontrar nos pais um juiz ou um amigo da vizinhança. Ele deve encontrar nos pais pessoas que o façam pensar e que lhe permitam formular suas próprias respostas para perguntar como estas: "O que acontecerá se eu escolher essa alternativa? Não há outra? Tenho força suficiente para levá-la adiante? Serei capaz de assumir as consequências dessa decisão?"

*Raul era um garoto de 17 anos cujo único desejo era completar 18 para poder sair de casa. Seus pais sabiam dessa decisão e até o que a moti-*

*vara: o profundo e radical confronto com seu pai. Raul achava que só saindo de casa os conflitos acabariam.*

*Nem o filho nem o pai falavam dessa situação. Cada um tentava causar menos dano possível ao outro, mesmo não conseguindo.*

*A mãe sofria muito e, embora não pudesse obrigá-los a conversar contra a vontade, podia pelo menos fazê-los pensar, perguntando-lhes: "O que aconteceria se Raul saísse de casa sem solucionar esse problema? O que aconteceria se não o deixássemos ir embora? De onde sairiam os recursos para seu sustento fora de casa?"*

*A mãe poderia servir de ponte para que as duas partes voltassem a conversar.*

Vislumbrar um futuro um pouco mais negro pode fazer o pensamento mudar. E mesmo que os adolescentes tenham resposta imediata para tudo, basta deixá-los descansar alguns dias para eles mesmos perceberem que há alguma coisa absurda em suas ideias.

Os pais também podem sofrer de mutismo eletivo, mas o silêncio não é sinal de que não está acontecendo nada. Eles também não devem tomar as decisões pelos filhos (que têm idade razoável para fazê-lo).

Talvez os filhos queiram nos poupar de preocupações ou evitar que fiquemos bravos, mas eles precisam aprender a pensar, e geralmente é isso o que querem, embora não o expressem.

**Lembre-se...**

**Quando diz "Não tenho nada", o filho pode estar tentando proteger os pais.**

**Se o filho não conta nada aos pais, isso é um problema.**

**Crianças pequenas só se calam por medo.**

**É o filho quem escolhe a solução, não o pai.**

**Se necessário, tente "tirar as coisas deles com saca-rolhas".**

# 23. BULLYING

Estão surgindo **novas formas de violência** impensáveis até agora. Não se luta para ser o mais forte, mas para humilhar o outro e torná-lo mais fraco. Não se luta pelo território, por alguém ou por um troféu; luta-se sem sentido, pelo prazer de prejudicar, por notoriedade, poder e até sem nenhum motivo. Quando perguntamos a crianças que agridem os motivos que as levam a fazer isso, a maioria responde que não é preciso ter um motivo para maltratar o outro. Não é porque o outro seja o mais alto, o mais bonito, o mais bobo ou quem eu menos suporto, nem por ser imigrante ou negro, mas simplesmente "porque me deu vontade".

A palavra *bullying* deixou de ser um termo em inglês para se tornar um anglicismo que designa de forma genérica o fenômeno de intimidação, maus-tratos ou "vitimização" velada entre iguais, que está surgindo no ambiente escolar e que vem crescendo a cada ano.

O *bullying* é uma manifestação da violência exercida com intencionalidade maldosa. A violência é exercida entre iguais que são alunos e companheiros, é exercida por um agressor (ou vários) e, muitas vezes, conta também com o beneplácito ou a indiferença de um grupo de espectadores.

O aluno que se converte em vítima é exposto, de forma reiterada e durante um tempo, às ações maléficas de seu algoz e sofre suas consequências negativas, tanto físicas como psicológicas e/ou morais.

É possível que, devido à novidade do fato, a família ou a escola não estejam preparadas para reagir e coibir o *bullying*, mas todos concordam que alguma coisa não está bem e que é muito preocupante o surgimento desse tipo de comportamento. Além de se preocupar, não terá chegado o momento de começar a se ocupar com isso?

O violento pode ser uma criança extraordinária em casa, é possível que não tenha nenhum trauma de infância, que tire boas notas, talvez pertença a uma gangue ou não: há muitas suposições, poucas explicações e nenhuma justificativa.

É difícil entender a violência, especialmente quando ela não persegue nenhum fim. Mas não se pode ignorar os jovens violentos. Não dar a devida importância a seus atos, olhar para o outro lado, encobri-los ou defendê-los são atitudes que evitam o conflito direto com o agressor mas que não o ajudam. A escola, a sociedade, a família e também os pais devem ser **totalmente intolerantes** com essas atitudes violentas.

Ao mesmo tempo, os violentos são menores que **precisam de ajuda**. A verdadeira ajuda será fazê-los ver que sua atitude é inadmissível, ensiná-los a reconhecer que têm um transtorno e ajudá-los a procurar outras formas de sentir satisfação consigo mesmos.

Os violentos são garotos e garotas com transtornos que podem ser graves, mas também podem ser recuperáveis. São garotos e garotas que podem ter **aptidões** e habilidades valiosas que podem ser aproveitadas para sua **recuperação**.

*Cristina, de 14 anos, estava participando de uma mesa-redonda sobre "violência na escola" juntamente com psicólogos e educadores. Foi um excelente exemplo e testemunho.*

*Ela mesma resumiu seu "histórico": "Eu era muito briguenta, respondia em casa, gritava com meu professor, brigava. Bem, no meu colégio havia muitas brigas e eu sempre levava a melhor: sempre ganhava todas. Mas me inscrevi para ser mediadora em meu próprio colégio e foi a melhor coisa que poderia ter acontecido na minha vida. Já não brigo; bem, desde que existe a mediação, as brigas estão desaparecendo de meu colégio. Neste último ano só houve duas."*

*Contava tudo isso fascinada. Um grupo de professores que estava trabalhando com mediação foi até o colégio. Passaram de sala em sala explicando em que consistia ser mediador e procurando voluntários para fazer o curso. Cristina se inscreveu.*

*Sem pensar muito, ela apostou em fazer do seu defeito uma virtude. Ao se tornar mediadora, aprendeu não só a agir com os demais e a fazer isso de forma efetiva: a influência que os adolescentes têm entre si é muito maior, sem necessidade de tantas razões como os adultos. Ela aprendeu a confidencialidade, a neutralidade, a não se considerar juiz, a saber quando um perdão significa alguma coisa e a enfrentar um conflito do qual ela fazia parte anteriormente. Além disso, aprendeu a lidar consigo mesma: "Agora eu penso antes de agir."*

O que não está sendo bom é o excesso de divulgação desse fenômeno na mídia. Tanta informação pode evitar que alguns ajam de forma tão condenável, mas também pode incentivar outros a "experimentar esse poder".

Com o *bullying* o agressor pode causar dano físico (tapas, empurrões, socos...), verbal, de exclusão (isolar a pessoa) ou psicológico (ações destinadas a provocar insegurança). Às vezes, a violência é exercida de forma direta (diretamente do agressor para a vítima) ou recorrendo à intimidação indireta (convencer outros colegas a não brincar com a vítima, espalhar boatos...).

O *bullying* acaba deixando **rastros** e pistas: ferimentos ou manchas roxas, mensagens de ameaça, medo de ir para a aula... Ao detectá-los, os pais devem considerá-los seriamente. Não se deve dar o alarme sem fundamento, mas é preciso agir com

**diligência** para **verificar** os fatos e, se necessário, avisar a escola e informar as autoridades para proteger e ajudar a vítima, antes que seja **tarde demais** e as consequências sejam irreparáveis.

> *Não pôde mais resistir à pressão dos seus colegas de escola e se suicidou. Tinha só 14 anos.*
>
> *Podia ter acontecido com outro, mas ele foi o escolhido. Tudo começou com uma bobagem no início do ano; o motivo é o que menos importa, o fato é que a partir daquele momento ele se converteu em objeto de gozação dos amigos e colegas. Da gozação passaram a quebrar suas coisas, a fazer-lhe maldades, a bater nele e até a surrá-lo.*
>
> *Era impossível esconder tanta violência: além da vítima e dos agressores, todos da mesma idade, professores e outros colegas também viviam a situação. No entanto, apesar de tanto público, a vítima teve de passar o ano letivo suportando maus-tratos de seus agressores. Naquele ano ele resistiu.*
>
> *No verão teve a oportunidade de ir para um acampamento. A experiência também não foi muito feliz: os monitores encontraram alguns do seu grupo fumando maconha e, rapidamente, ele foi apontado como dedo-duro, inclusive por alguns pais.*
>
> *Um novo ano letivo começou, mas os maus-tratos não mudariam. No primeiro dia de aula receberam-no lembrando o incidente do acampamento; no segundo dia atacaram-no com boladas no ginásio; no terceiro, outra surra cruel; no quarto não conseguiu ir à aula. Após alguns dias voltou ao colégio, depois de seus pais e da professora terem combinado que ele andaria com um celular, para o caso de ter problemas. No fim desse dia, de madrugada, ele se suicidou.*

Cada vez se tem mais consciência de que o *bullying* pode ocorrer de diferentes formas e onde menos se espera. Por isso, é preciso estar atentos e reagir com rapidez e quanto antes: não se trata de uma briga entre iguais, trata-se de agressores e de espectadores que ou estimulam ou se deixam levar.

Os filhos que são vítimas de *bullying* devem encontrar o melhor apoio em seus pais. Dessa forma, os pais estão obrigados a proteger adequadamente seu filho, com todas as medidas legais a seu alcance. Espera-se que a escola seja a primeira interessada em ajudar a resolver o problema, mas para isso também existem a polícia e a justiça.

E, se ainda assim não for possível conseguir a proteção necessária e a tempo, será melhor mudar o filho de colégio ou não deixá-lo frequentar a escola. Tudo isso antes que o medo persiga a criança por toda a vida, antes que ela pense em suicídio, antes que tente se suicidar.

A vítima sempre sofre. Sofre pela **dor** que o agressor lhe causa. E seu sofrimento se dá rodeado de pessoas que assistem a tudo de forma passiva e não solidária. O fato é que quase sempre é a vítima que muda de lugar, de escola, quando o lógico seria pensar que o agressor é quem deve sair. Parece que o bom-senso não se aplica a essas situações, que não podem deixar de provocar a indignação da vítima e de quem está ao seu redor.

**Não é nada fácil** ajudar uma criança que sofreu *bullying*, mas a vítima precisa superar todos esses sentimentos.

*Luís Fernando tinha 12 anos. Ele achava que merecia tudo o que lhe estava acontecendo e que mudar de colégio não adiantaria nada, pois o próximo poderia ser muito pior.*

*O garoto aguentava as provocações, as zombarias; também suportava os beliscões, empurrões e um machucado ou outro, mas nunca reclamava. Os professores achavam que não estava acontecendo nada e alguns, inclusive, por ingenuidade ou ignorância, também riam com os outros alunos.*

*Seus pais não conseguiam entender por que ele estava cada vez mais sozinho e por que nunca acusara aqueles que tornavam sua vida escolar tão difícil. Quando lhe propunham mudar de escola, ele se mostrava irredutível e não queria nem ouvir falar do assunto. Sua atitude parecia suspeita: era claro que o garoto precisava de ajuda, mas ele não se deixava ajudar. Sem saber o que fazer, os pais buscaram a ajuda de alguém.*

*Então, descobriram que a autoestima de seu filho era quase inexistente e que a solidão era sua melhor companhia. Aceitaram convencer o fi-*

*lho a ingressar em um grupo de lazer e tempo livre em que fosse verdadeiramente reconhecido, e no qual pudesse descobrir que não tinha motivos para ser alvo de todos os ataques. Como isso era muito difícil para o filho, um primo foi com ele, para evitar que a participação no grupo fosse considerada um castigo. Ao voltar, Luís Fernando, por iniciativa própria, pediu para mudar de escola.*

Se o filho for o agressor, os pais devem deixar de defendê-lo e tentar ajudá-lo. E, se for a vítima, devem ajudá-lo a superar o desprezo, a dor, a indignação e a passividade.

Essas situações são vividas e sofridas na escola. Os professores são espectadores e também vítimas: alunos que ridicularizam seus colegas, brigas entre grupos... e também falta de respeito com o professor, ameaças e agressões de alunos ou de pais.

Uma maioria crescente solicita que haja mais disciplina nas escolas; os próprios alunos pedem isso. E também muitos concordam que a presença de alunos "valentões" seja um estopim para a violência: na adolescência, o mais importante é o grupo. E se nesse grupo existe um líder **transgressor**, que desrespeita, que se torna o mais "valente", veremos que muitos tendem a segui-lo.

Nessa dinâmica só é possível agir em duas direções: se ainda houver tempo, trabalhar com o grupo para dirigir sua "energia" para outros caminhos, como solidariedade, debate, bons objetivos, imaginação, valores... A alternativa é trabalhar à parte com o novo "liderzinho".

Uma escola de ensino regular, atualmente, não possui meios para tratar desses meninos mais "difíceis" que o comum. É preciso entender o professor que está diante de uma sala com 25 ou 30 alunos e com um ou dois alunos "valentões"! Dessa forma, os alunos transgressores têm sucesso garantido se não forem usados os meios para ajudá-los a pensar, a mudar, a não prejudicar seus colegas nem a si mesmos.

O modelo de escola atual não é adequado para esse tipo de aluno. Não os ajuda nem consegue evitar sua influência sobre os demais. Não se trata de pensar que eles têm uma doença contagiosa e que devem ser separados, trata-se de pensar que seu transtorno precisa de outro tipo de ajuda e que para isso é necessário dispor de recursos especializados.

**Lembre-se...**

Seja totalmente intolerante com o "agressor" e tente ajudá-lo com seu transtorno.

É preciso encontrar nos violentos qualidades que possam ser aproveitadas para sua recuperação.

Quando o *bullying* existe, é preciso agir com rapidez, antes que seja tarde demais.

Não é fácil, mas a "vítima" precisa de ajuda para superar a dor, o desprezo e a indignação.

A escola precisa de recursos especializados para lidar com a "liderança" de alunos "valentões".

## 24. CRIANÇAS RESERVADAS

Muitos pais acreditam erroneamente que o fato de o filho ser inteligente é suficiente para ele ser feliz e ir adiante, mas há muito a refletir sobre essa crença. A inteligência, entendida como passar de ano na escola, ter capacidade de memorizar, dominar alguma arte etc., não é o bastante. E não o é porque vivemos com outras pessoas, porque é preciso conhecer a si mesmo, conhecer os outros e relacionar-se com eles. A escola é o lugar do conhecimento, mas também é o lugar dos relacionamentos.

As crianças reservadas não costumam causar preocupação a quase ninguém, com elas aparentemente **não existem problemas**. São extremamente caladas, não têm amigos, não saem de casa, cumprem as coisas na medida de suas possibilidades e costumam ver muita televisão ou ficar no computador. Essas crianças parecem indiferentes, mas é necessário dizer que elas guardam tudo para si. Nunca têm nada, mas parecem estar tristes. Seus colegas costumam dizer que ainda não saíram da casca do ovo (todos sabemos que as crianças podem ser muito cruéis).

*Manolo era um menino bom, estudioso e tinha boas notas na escola, mas não se mostrava especialmente satisfeito com isso. Sua mãe estava co-*

*meçando a ficar preocupada com ele: "Não sei o que acontece com meu filho, não fica contente por nada. Quisera eu ter tido as notas que ele tem."*

*Era obediente e até um pouco submisso. Não saía de casa nem tinha amigos. Não demonstrava alegria, mas também não reclamava de nada. A mãe resumia a situação assim: "Dá tão pouco trabalho que não parece que existe."*

*Manolo, aos 13 anos, aprendera a passar despercebido por todos e sua vida estava concentrada em dormir, ir à escola, estudar, comer, ver televisão e ler. Não gostava de brincar com os outros, nem de sair, ver o mundo, ir ao cinema.*

*A mãe sempre respondia por Manolo. E, quando ele ficava sozinho com alguém, não conversava, ou dava respostas monossilábicas: "sim", "não", quando muito um "bom" ou um "pode ser". Sua atitude não era muito diferente quando alguém o provocava, ou quando ficava bravo.*

*Manolo é uma criança introvertida? Precisa de ajuda? Será possível ajudá-lo? Será que em seu mundo interno não precisa de nenhuma ajuda? Será que ainda não sabe como pedi-la? Será que está bem como está?*

*Em algum momento ele terá de se manifestar.*

Por sua forma de ser, essas crianças não chamam muita atenção. Nunca interrompem o professor, nem brigam em sala, os pais nunca recebem reclamações sobre elas. Não há estudos sobre crianças assim; dá mais visibilidade analisar os que batem ou são mais inquietos.

Geralmente não são levadas a um consultório porque seus pais acreditam que logo acordarão para a vida. Não reclamam, tudo parece estar bem para elas, mudam para não desagradar aos que têm pela frente, deixam-se levar. Sofrem e não sabem manifestar o que lhes acontece; quando alguém se acostuma com essa situação, consegue suportar tudo sem nunca dizer nada.

Considera-se que um filho "deu certo" quando respeita os outros, estuda, esforça-se, é boa pessoa, mas as "boas pessoas" estão isentas de ter outros problemas? A resposta muitas vezes é sim, mas não devemos nos deixar levar pelas aparências. Sobretudo se essa aparência é a dos filhos que parecem "não existir", que não causam nenhum problema: o fato de a criança **não causar** problemas nem sempre significa que ela **não** os **tenha**.

Júlio acabara de completar 40 anos. Seus irmãos e seus poucos amigos achavam que ele era assim mesmo: calado, lento, a quem nada incomodava, sem muita sorte com as garotas e muito trabalhador.

Júlio tivera uma infância de muita disciplina, seu pai agia em casa da mesma forma que no quartel e seus próprios filhos o tratavam de senhor. Os horários eram exatos, quase sem variação entre dias comuns e feriados. Ele jamais se atreveu a contestar o pai nem sequer lhe ocorria a ideia de dirigir-lhe uma pergunta. Também nunca lhe confidenciou nada e chegava a suportar as dores que tivesse para o pai não saber de nada. Júlio somente obedecia e, quando não sabia com muita clareza o que devia fazer, entretinha-se com um livro ou passava o dia deitado, qualquer coisa menos incomodar.

Tinha dois irmãos mais novos que ele. Os três tinham o mesmo pai e as mesmas regras, no entanto seus dois irmãos eram extrovertidos e até divertidos. Diferentemente deles, Júlio tomava ao pé da letra o que o pai dizia: "Meninos não choram", "Um homem não demonstra seus sentimentos" ou "Não existe nada que você sozinho não possa resolver".

Júlio nunca se expunha, era obrigado a agir assim "para seu próprio bem".

Ao completar 40 anos, começava a se sentir incomodado com essa fama de que "nada o afetava", estava descontente com sua maneira de ser, sentia que faltava alguma coisa em sua vida. Na necessidade de encontrar um culpado, encontrara a figura do pai, já falecido. Sentia que ele continuava a atormentá-lo e que o respeito infantil ao pai estava se transformado em ódio.

Júlio fora uma criança reservada não por vontade própria, nem por genética, mas por imposição de seu pai.

E sua grande dúvida era por que seus irmãos não eram como ele. Estavam casados e pareciam felizes. A diferença era que seus irmãos haviam encontrado uma forma diferente de se adaptar às regras do pai: burlando-as às escondidas e sem sentimento de culpa, entre outras coisas.

Foram precisamente os irmãos que mais o ajudaram. Júlio também descobriu que eles tinham o mesmo ressentimento com o pai e que não se sentiam mal por causa disso. Os três conversaram sobre sua infância sem barreiras nem falsidade, tal e qual cada um a vivera. Pela primeira vez na *vida Júlio conseguiu mostrar-se a seus irmãos como era, e não como o pai queria que fosse. Os irmãos pediram-lhe que nunca mais voltasse a se calar sobre nenhum sentimento e hoje reclamam porque Júlio liga demais para eles.*

São chamadas de conformistas, invisíveis e até de sem graça, simplesmente. É como se necessitassem da personalidade de outro para caminhar, mas fazem isso sem protestar, sem incomodar e sem causar problemas.

É preciso ajudar essas crianças que não se expõem para que elas não se fechem em si mesmas, para que os hábitos adquiridos na infância ou na adolescência não as impeçam de ter sua própria personalidade. Os pais devem ensinar seus filhos a ter seus **próprios critérios** e não só os de seus pais ou amigos.

O filho deve sentir **confiança** suficiente nos pais para conversar sobre suas coisas. Os pais precisam transmitir aos filhos essa confiança, para que o respeito por eles nunca se transforme em ódio.

As crianças reservadas falam pouco. E sobre elas também se fala muito pouco, pois não causam problemas, apesar de tê-los e bastantes (às vezes nem mesmo elas sabem que os têm). Mas precisam ser levadas em consideração, ser ouvidas, e elas mesmas precisam falar. As crianças reservadas precisam de **ajuda** para se exporem.

**Lembre-se...**

Não mostrar problema não significa não tê-los.

Os filhos precisam sentir confiança nos pais e obter ajuda para elaborarem seus próprios critérios.

Precisam começar a se expor.

# 25. FILHOS TIRANOS

Há filhos que maltratam os pais física ou psicologicamente. Infelizmente trata-se de um fenômeno cada vez mais frequente no mundo mais desenvolvido.

Podem agir assim por reação ao sofrimento ou por se sentirem frustrados, como forma de desabafar ou de se rebelar contra a autoridade dos pais, ou trata-se simplesmente de uma forma de conduta. Há muitas teorias que tentam explicar a origem dessa violência, mas elas ajudam pouco os pais que precisam conviver com um filho tirano.

A convivência com um filho tirano torna a família agressiva sem querer. Talvez isso seja uma defesa, ou simplesmente um vírus que ataca todo o mundo, confunde-os e não os deixa ver as coisas objetivamente. Porém, não se chega a uma situação assim do dia para a noite. Na verdade, trata-se de um processo, no qual as relações pessoais vão se deteriorando.

Viver com um tirano é uma prova difícil de suportar. Há pais que não têm mais remédio senão passar por ela. Mais vezes do que seria desejável, os pais terminam se acostumando com essa forma perversa de relação para "não perder o filho". Mas não é bom **se acostumar** a viver em situações de maus-

-tratos com a falsa crença de que a resistência (ou o sofrimento) dos pais é para o bem de toda a família. Também não se pode pensar que o tempo consertará a situação. **Sozinho**, o **tempo não cura** os tiranos.

O filho torna-se um tirano quando maltrata os pais de forma **contínua** (pode aumentar cada vez mais), não sente remorso nem se arrepende (**não pede desculpas** aos pais).

Quando o filho é um tirano, os pais devem obter ferramentas para se proteger (a vida deles pode estar em perigo). E a **única solução** para se proteger, por mais dolorosa que seja, é **denunciá-lo** à polícia e pedir proteção, quantas vezes for necessário, até o filho poder ser internado em alguma instituição.

As denúncias de pais contra filhos estão crescendo. Embora haja poucos meios para resolver esse problema, terão de ser tomadas certas medidas antes que pais sejam mortos pelos filhos. Pois a justiça, os serviços sociais e os especialistas não encontraram outra forma melhor de intervenção que separar o "carrasco" de sua família.

A maioria dessas denúncias corresponde a maus-tratos físicos, talvez porque seja o que mais facilmente se reconhece (golpes e coisas quebradas, ou golpes e ferimentos nas pessoas). Mas também existe o filho tirano que emprega maus-tratos psicológicos com os pais.

O castigo psicológico é menos conhecido, entre outros motivos porque não é tão alarmante quanto a presença de sangue ou de objetos quebrados para avisar do perigo. Nessa forma de maus-tratos, os filhos manipulam seu afeto, negando-o aos pais para que estes cumpram suas exigências (que pai não se sentirá mal se o filho não demonstrar nenhum afeto por ele?). Esses tiranos não precisam da luta física, porque possuem muitos outros recursos: mentem, não respeitam nenhum limite, não mostram nenhum respeito pelo que lhe dizem, nem pelos sentimentos, nem pela família, nem pelas pessoas. Contradizem os pais em tudo, é impossível manter uma conversa com eles, nunca admitem seus erros, pondo a culpa nos outros, podem passar horas na frente do computador, vendo televisão ou na rua, ninguém consegue impor-lhes um horário. Podem ser esbanjadores, costumam viver mais durante a noite, estão sozinhos a maior parte do tempo possível, não fazem nenhum esforço na casa e muitas outras coisas.

A ausência de "alarmes" físicos torna os perigos menos evidentes e talvez por isso pais e filhos acostumem-se a viver dessa maneira. No entanto, convém lembrar que os maus-tratos físicos costumam começar com os psicológicos. Por isso é necessário detectá-los quanto antes e procurar soluções para evitar males maiores.

Quando os pais percebem que o filho se afasta completamente da vida deles, que este deixa de ter vontade de ficar com eles, preferindo ir para outro quarto, que os rejeita ou menospreza, que se dirige a eles com exigências, mentiras ou desprezo, têm diante de si sintomas claros de que estão sendo vítimas de maus-tratos.

Da mesma forma que os pais precisam saber que não podem se deixar agredir, também devem saber que **não podem permitir** serem tratados com desprezo, com insultos ou com "maus modos".

Os pais que sofrem qualquer tipo de maus-tratos de seus filhos não sofrem só como pais, sofrem também como pessoas e como casal. É um sofrimento que deve ser dividido, que não pode debilitar a união do casal ainda que o tirano procure rompê-la para alcançar seus objetivos.

Um dos piores maus-tratos psicológicos é a tentativa do filho de transformar um dos cônjuges em seu **aliado**; esse é um perigo que os pais devem **evitar**.

*Tudo o que a mãe de Laura estava dizendo contra seu marido não eram as queixas comuns de qualquer casal, mais parecia que era Laura quem estava falando pela boca de sua mãe. A relação do casal estava muito* deteriorada e talvez por isso Maria (esse era o nome da mãe de Laura) não percebia que estava se comportando mais como filha que como esposa.

Laura fora uma menina bastante difícil: quando pequena não parava de chorar, a hora de comer era uma luta, e suas ações sempre atraíam a atenção de todos. Era capaz de engolir uma moeda ou uma pilha para ser levada ao hospital e cuidada. Não que ela fosse o centro da família, ela queria ser a família inteira e não ter concorrência.

Queria sobretudo monopolizar a mãe. Não estava disposta a ver a mãe também como mulher de seu pai. Cada vez que a mãe tentava se comportar como esposa, Laura literalmente se atirava sobre ela colocando-se no meio de seus pais. Desde que a menina completara 10 anos, os pais nunca mais puderam sair sozinhos para nenhum lugar; a reação dela era tão insuportável que era melhor nem tentar mais.

Maria parecia não perceber que Laura a estava separando cada dia mais de seu marido (Antônio).

Aos 15 anos, a garota já conseguira quase tudo e o grande perdedor era seu pai, Antônio. O casal dormia em quartos separados; também assistiam à televisão separados, num quarto a mãe e a filha, e o pai em outro. Se iam ao cinema, não era raro que elas terminassem vendo um filme e o pai outro (Antônio estava cansado de ceder sempre). Não faziam nada os três juntos e, além disso, elas "o afastavam" de suas atividades. Também não esperavam por Antônio para comer, e ele tinha até de lavar sua própria roupa "para não estragar a roupa das meninas".

Antônio estava tentando não terminar seu casamento, mas, cada vez que o casal tentava se reaproximar, surgia algum problema novo na filha que mandava pelos ares qualquer esforço de reconciliação. Antônio se sentia cada vez mais distante, mas aguentava. Para isso contribuía o negócio que montara com o dinheiro de Maria: corria o risco de ficar sem nada, como ele dizia, "se colocassem as cartas na mesa".

Maria começava a perceber que, quando discutia e atacava seu marido, a garota parecia ficar mais contente: aproximava-se mais dela, ficava mais obediente, estudava e até melhorava seu comportamento com a mãe. Mas Maria entrara em uma espiral de ceder para não sofrer e se conformara com isso. Ela se dava conta do que estava acontecendo, mas decidiu *espontaneamente continuar assim "pelo bem de sua filha". Laura manipulava completamente a mãe, e as duas achavam que todos os problemas eram causados pelo pai.*

*Laura decidira que seus pais estavam bem como estavam, que não havia nenhum problema, que sua mãe devia continuar sendo sua amiga íntima, seu pai devia trabalhar mais e ela controlaria toda a situação. A menina não queria que seu império acabasse, mesmo que fosse à custa dos pais.*

O cônjuge aliado muitas vezes não é capaz de perceber nem de saber o alcance da manipulação a que está submetido por diferentes medos: medo de perder o filho, medo de sofrer sanções ou medo das consequências de não lhe dar importância.

Quando um dos cônjuges torna-se aliado do filho tirano, este se fortalece. A **unidade** dos pais deve ser mantida para combater os maus-tratos.

Os pais não podem admitir nenhuma forma de comportamento que signifique maltratá-los. Precisam detectá-la quanto antes e agir. Deixar o tempo passar, nada mais, não elimina os maus-tratos físicos. Também não se solucionam os maus-tratos psicológicos assim, e o tempo pode transformá-los em maus-tratos físicos.

**Lembre-se...**

**Não é bom se acostumar a viver em situações de maus-tratos. O tempo por si só não cura os tiranos.**

**A única solução para o tirano é denunciá-lo e interná-lo.**

**Os maus-tratos psicológicos são tão inadmissíveis quanto os físicos.**

**A união dos pais é o que combate os maus-tratos. Tornar-se aliado do filho é um perigo a ser evitado.**

## II. PARA OS PAIS

**1.** Pais para sempre
**2.** Ser pais
**3.** Tempo dedicado aos filhos
**4.** O sal
**5.** Sonhos de adolescente
**6.** Ir mais devagar
**7.** Cuidado com o dinheiro
**8.** Os pais são o alicerce, não as paredes
**9.** Herança genética ou ambiente?
**10.** Aprender a desaprender
**11.** Meu filho não me entende
**12.** A força do diálogo
**13.** Bom humor
**14.** Demonstre seu amor
**15.** Discussão e provocação
**16.** Negociação sim, chantagem não
**17.** Diga-me com quem anda...
**18.** Onde está o lado bom?
**19.** Não julgar os filhos
**20.** Escolher hora e lugar
**21.** Ter vergonha do filho
**22.** Síndrome de *burnout*
**23.** Resiliência
**24.** Mesmo que eu não mereça, me ame
**25.** É possível ser bons pais

# 1. PAIS PARA SEMPRE

Convém dar **tempo ao tempo**: sejam os filhos geniosos ou não, o mau gênio muda e acaba por desaparecer.

O tempo reserva surpresas. Às vezes, temos a impressão de caminhar para trás e não para a frente e, pouco depois, nos enchemos de otimismo. Quando há mais filhos, às vezes temos a impressão de que um deles vai muito bem, ao passo que o outro vai muito mal, mas, depois de algum tempo, aquele que estava bem passa a ser motivo de preocupação. Há ocasiões em que é preciso chamar a polícia devido ao mau comportamento do filho (a polícia sabe que essas coisas existem) e depois, de repente, tudo começa a mudar. Aconteça o que acontecer, nunca podemos perder a esperança: **sempre há uma saída quando tudo parece perdido**.

É preciso acreditar sempre no direito que os filhos têm de reinventar sua vida (e a dos pais também). Não se deve esquecer que os pais não são os únicos que sofrem. Todo filho gosta de que seus pais sintam orgulho dele, mas às vezes ocorrem "curtos-circuitos" na relação que impedem que isso aconteça. O fato de essa relação não ser possível hoje não significa que não será possível amanhã.

É difícil, quase impossível, conquistar a felicidade sozinho, sem saber que se conta com o apoio e o carinho da família, sem ter perdoado e curado todas as feridas. Por isso, muitas coisas são restabelecidas nas relações entre pais e filhos: **o tempo é o melhor remédio**.

Isso não significa que é melhor ficar de braços cruzados, nem que tudo vai se resolver de um dia para o outro. É preciso ser perseverante, procurar ajuda onde ela estiver, continuar lutando e, acima de tudo, ter muito claro que não se pode desistir.

A tarefa dos pais só termina quando eles morrem (embora sua influência ainda possa continuar). A maternidade e a paternidade são para sempre. Trata-se de uma tarefa que não admite demissão, nem aposentadoria, nem sequer um dia de descanso.

Para ser pais, é preciso estar claramente convencido disso. Quando somos pais, querendo ou não, temos de aprender a entender a tarefa como parte de nós mesmos e não como um trabalho. Temos de aprender a descansar com os filhos, aprender a semear e a regar, a saber que "a colheita" não depende só de nós, de nosso carinho e da formação dada a eles, mas depende também da natureza deles e do ambiente em que vivem. Uns são problemáticos e outros não.

Convém que os cônjuges saibam realmente em que vão se envolver antes de se tornar pais. Não se trata de agradar o outro, mas de desejar conjuntamente. Hoje nem sequer é necessário um homem para ter um filho, a família mudou, mas se há um homem deve haver um diálogo profundo sobre o papel que cada um vai desempenhar. Isso não significa que as crianças que vêm ao mundo "por acidente" não sejam crianças desejadas: o desejo de ter um filho pode surgir durante a gravidez, os pais podem encontrá-lo após o nascimento e transformar-se nos melhores pais. Os filhos precisam crescer com o desejo, o compromisso e a corresponsabilidade dos pais.

Às vezes, o comportamento dos **filhos "indesejados"** pode se ver influenciado por essa falta de desejo compartilhado dos pais.

O pai dizia: "A verdade é que nosso filho acabou com nossa vida. Nós viajávamos, íamos juntos para todo lado. Nós dois trabalhávamos, saíamos à noite... mas desde que ele nasceu somos seus escravos. Acabaram-se as viagens, as noites e até nossas finanças não estão iguais, já que minha mulher decidiu parar de trabalhar. E agora, para completar, depois de todos esses sacrifícios, ele nos paga com esse comportamento."

A visão desse pai pode nos parecer egoísta, mas a paternidade é assim. Trata-se de assumir novas tarefas, novas obrigações, novas responsabilidades, e muitos acreditam que ter um filho não vai mudar nada. Na verdade, tudo vai mudar.

O pai só parecia ver o aspecto negativo da mudança, como se rejeitasse o próprio filho, por isso era necessário perguntar-lhe: "Vocês desejavam ter esse filho? Desejavam a mudança, a responsabilidade, as novas obrigações?"

O pai confessou: "Eu não tinha consciência de tudo aquilo de que teria de abrir mão; se tivesse, teria esperado."

A criança foi desejada pela mãe, mas o pai só concordou para agradá-la. E continuava sendo assim: desejado, cuidado e protegido pela mãe e somente com o "de acordo" do pai, que sentia que seu filho lhe "roubara" a mãe e "o escravizara", privando-o de sua vida social e de lazer. A mãe arcara com tudo enquanto o pai se dedicava a sua carreira profissional, entre outras coisas porque estava mais satisfeito no trabalho, fosse a hora que fosse, ou viajando sempre que necessário.

Com uma perspectiva tão diferente de sua vida em comum o normal seria a separação, e chegaram a falar disso muitas vezes. Mas o problema com o filho voltava a uni-los.

Quanto pior seu comportamento, mais unidos o filho via os pais. Se o comportamento melhorava, eles voltavam a falar de separação. O filho não tinha consciência do que fazia, nem por que fazia. Mas será que, com seu comportamento, ele não estava cumprindo uma missão?

Antigamente dizia-se que os filhos uniam os casais, eram aceitos, faziam parte da sábia natureza. Mas agora sabe-se que os filhos também podem distanciá-los caso eles não saibam o que os espera e se recusem a aceitá-los.

Os pais sempre pensarão que poderiam ter feito mais, ou ter feito de outra forma, que poderiam ter sido mais próximos ou mais distantes. Eles sempre tendem a pensar que o que fazem está **incompleto**. Ser pais (e ser pessoas) significa viver com certa insatisfação consigo mesmos e com o que se faz aos outros.

Isso explica o frequente sentimento de **confusão** que os pais podem ter, principalmente diante de algum obstáculo, de algum problema: "O que funcionou hoje amanhã não funciona mais", "O que os especialistas dizem não funciona com meu filho", "O que deu certo com o filho mais velho não ajuda com o menor". Na medicina essas situações foram superadas há séculos, cada pessoa necessita de doses e remédios diferentes. Em educação ainda não há nada claro: passa-se de fases de autoritarismo (que não funcionam) a fases de liberdade absoluta (que também não funcionam), de um extremo para outro, de um sistema para outro, de uma solução para outra. Essas mudanças provocam confusão e os pais terminam se culpando por se equivocar e agir errado. Mas os especialistas também costumam confundir-se com seus filhos, com seus alunos e com sua família. A educação não é uma ciência exata.

E pode surgir um sentimento novo nos pais: a **oposição** aos conselhos, aos sistemas, às teorias. Isso não deixa de ser bom porque significa que eles têm critério e não vão simplesmente engolir tudo o que ouvem.

*"Não enche" era a frase preferida de Immaculada, de 17 anos. Qualquer assunto era apropriado para dirigi-la a seu pai, especialmente se sua irmã Patrícia, de 14 anos, estivesse presente. Dessa forma, Immaculada deixava bem claro que estava contra qualquer coisa que seu pai dissesse.*

*Conforme o especialista com quem falassem, os pais mudavam sua forma de agir com ela: com um, passaram da negociação ao autoritarismo; outro era mais partidário de trocarem o contrato comportamental pela ditadura; e em outra ocasião foram aconselhados até a deixar os calmantes de lado e passar para o relaxamento. Todos tinham conselhos para eles, mas ninguém se atrevia a levar Immaculada para sua casa.*

*As crises mais violentas terminavam com internações no hospital, que duravam algumas horas. Tiveram de suportar muitas suspeitas, quando Imma começou a acusá-los. Nesse aspecto estavam tranquilos: eles eram pacientes, não sabiam ser violentos e não iam aprender a sê-lo.*

*Aos 18 anos Imma foi embora de casa. Apesar de o transtorno continuar focalizado nos pais, a garota estava trabalhando e estava indo bem. Após tantos anos, a pressão em casa diminuíra e os pais aprenderam a viver sem a filha mais velha.*

*Agora só esperam que não ocorra o mesmo com a filha menor. As duas irmãs têm personalidades muito diferentes, mas agora os pais já sabem bastante sobre o problema. Sabem que devem tentar reduzir a influência da irmã mais velha ao mínimo possível, talvez permitam que ela estude fora, e esperam que a mais velha não se transforme em um exemplo a ser seguido.*

Todas essas situações se misturam quando os filhos se rebelam contra os pais. Muitos pais de direita têm filhos de esquerda; pais muito religiosos, filhos ateus... Que desgosto! Em vez de se aborrecer, os pais devem aprender a entender o que seu filho está tentando dizer: "Quero **ser eu mesmo**, mesmo que para isso cometa erros." Opor-se aos pais significa querer romper o cordão umbilical, ser autônomo, ser independente. Os pais precisam entender que mais cedo ou mais tarde isso vai acontecer e devem ajudar seu filho a alcançar seu objetivo.

**Lembre-se...**

Dê tempo ao tempo, o mau gênio acaba desaparecendo.

Os filhos precisam da aceitação, do compromisso e da responsabilidade dos pais.

Mesmo cometendo erros, os filhos querem ser eles mesmos.

## 2. SER PAIS

A Fundação Internacional O'Belén tem um lema referente às três coisas necessárias para poder atender melhor às crianças que são muito difíceis de educar: **vocação** (querer ser), **profissionalismo** (saber fazer) e **paixão** (querer saber e saber querer).

Isso poderia ser perfeitamente aplicado ao "trabalho" de qualquer pai e pode-se observar que é assim em muitos casos. Mas também há pais que não querem e não querem querer, não sabem e não querem aprender a trabalhar como pais e, em casos mais extremos, não querem ver seus filhos e os abandonam.

O trabalho dos pais implica resolver problemas, fazer opções, oferecer oportunidades que ajudem no crescimento físico dos filhos e em seu desenvolvimento como pessoas. Desempenhar essa tarefa supõe **tomar decisões**, que são mais complicadas quanto maior é a dificuldade em educar. Nesses casos em especial é bastante recomendável decidir considerando as seguintes premissas, aprendidas com o professor Manuel Segura:

1. Conhecer os detalhes do problema e da situação: **diagnóstico**.

2. Procurar o maior número possível de soluções: pensamento **alternativo**.
3. Prever as consequências de cada uma dessas possibilidades: pensamento **consequencial**.
4. Pôr-se no lugar do filho: pensamento em **perspectiva**.

Com objetivos claros, o processo de decisão pode ser mais efetivo, assim como a busca dos meios necessários para obter a solução. E convém que tudo isso seja assim, tanto quando a decisão corresponde diretamente aos pais como quando o papel deles é ajudar o filho a tomar ele mesmo sua própria decisão.

Mas as decisões não podem ser sempre as mesmas. Nem quando os pais são os mesmos e os filhos diferentes: "Eu tive quatro filhos e com todos fiz a mesma coisa, por que o terceiro saiu assim?"

É muito fácil explicar: Os outros três têm a mesma inteligência? Gostam das mesmas coisas? São todos da mesma altura? Têm o mesmo senso de humor? Também não têm por que ser assim? Têm a mesma afetividade ou a mesma personalidade? Ainda que as respostas sejam afirmativas, os "detalhes", as consequências ou a perspectiva podem variar. Além disso, nos lares não há um clima só, mas vários microclimas. Cada um é afetado de forma diferente pelo que ocorre. O grito do pai, por exemplo, pode provocar tristeza em um, medo em outro, indiferença em outro e ainda indignação em outro.

As pessoas são diferentes, somos afetados de maneira distinta pelas coisas e, dependendo do momento, reagimos de uma forma ou de outra. E, se os filhos são diferentes, é possível exigir o mesmo de todos? Não se deve generalizar e por isso é preciso falar de individualidade.

Os responsáveis pelos recursos humanos nas empresas poderiam servir de referência. Eles procuram formações, compensações e até oportunidades diferentes para cada indivíduo. Por que não fazer o mesmo em casa, ou na escola? É preciso tratar cada um conforme suas necessidades e procurando sua motivação.

*Maria tem dois filhos: a mais velha, que também se chama Maria, e um menor, José Manuel.*

*Com a filha, Maria vivia no hospital. Não lhe restava outro remédio senão acompanhá-la, pois, além de não haver outro familiar que pudesse fazer isso, ela precisava confortar a menina e ajudá-la a superar sua doença. Com o menor não tinha problemas desse tipo, mas na escola avisaram-na que o menino começava a apresentar transtornos de aprendizagem. Tudo junto era demais para ela.*

*Sugeriram que Maria se pusesse no lugar do filho mais novo, que imaginasse a perspectiva que o menino poderia ter, em que poderia estar pensando: "Como meus pais ficam mais com a minha irmã porque ela é doente, e não posso ficar mal por minha própria vontade, posso inventar um transtorno de aprendizagem para chamar a atenção. Além disso, se depois eu ficar curado, podem me considerar um herói."*

*A mãe não podia deixar de atender à menina, mas o filho também precisava de atenção, logicamente diferente. Ela precisava responder à "estratégia" do menino diante da doença da irmã. Se a aprendizagem era o problema, foi também a solução: quando o filho voltava da escola, a mãe achava um momento para se interessar por seu desempenho na aula, sua convivência com os amigos, pelas lições que tinha de fazer etc.*

*Com esforço, e com o passar do tempo, parece que a situação ia mudando para todos. Na escola percebiam que José Manuel estava muito mais interessado em aprender, em casa ele parecia mais contente e no final do ano conseguiu notas excelentes. O filho conseguira ser o herói que queria ser e dera aos pais o que precisavam: um milagre.*

O comportamento dos filhos também pode responder a estratégias montadas por eles para obter mais atenção ou simplesmente para aliviar outros problemas, sem que eles saibam o que estão fazendo.

Os filhos são **diferentes**, mas todos precisam da atenção dos pais.

No esporte dizem que não se mexe em time que está ganhando, mas quando o placar é desfavorável o conselho é exatamente o oposto. Pode-se agir da mesma forma com respeito à educação dos filhos.

*A mãe de Raquel dizia: "Faz anos que ponho essa menina de castigo porque ela não come verdura e até agora não consegui resultado." Toda noite em que havia verduras no jantar, Raquel terminava de castigo em seu quarto.*

*Estava claro que essa forma de castigo não era eficaz. Talvez Raquel estivesse acostumada ao castigo e é possível até que gostasse dele.*

*Por fim a mãe percebeu que precisava fazer alguma coisa diferente se quisesse que sua filha aceitasse as verduras e mudou de tática. Ao final de alguns meses, o que ela dizia também era diferente: "Minha filha agora come verduras. Decidi dar-lhe um prêmio se ela as comesse e obtive sucesso."*

*E depois do jantar Raquel sempre vai para o seu quarto, como se estivesse de castigo, mas agora já não está.*

Muitos pais têm dificuldade em mudar, especialmente se têm mais de um filho. Se tudo o que fizeram com o primeiro deu certo, querem repetir isso com o segundo, com o terceiro, com seus sobrinhos e até com os filhos dos vizinhos. Mas já sabemos que nem tudo vale para todos: as pessoas não são iguais, nem o local, o momento, a idade são os mesmos. Os "detalhes", as circunstâncias e as perspectivas são diferentes.

Quando nos sentimos "perdidos" na educação dos filhos, é melhor mudar. Se experimentamos algo mil vezes e não funciona, talvez seja **hora de mudar** e de experimentar outra coisa.

Porém, ao escolher uma técnica, seja ela qual for, convém dar-lhe uma margem para esperar pelos resultados, em vez de mudar todos os dias sem saber se ela é eficaz.

Os pais **não podem se dar por vencidos** e exercer sua função apenas quando os ventos são favoráveis. Distanciar-se do problema não é a solução, evitar o conflito não é resolvê-lo, não fazer nada é deixar a porta aberta para o pior. Voltar ao problema, ter um pensamento alternativo, não nos darmos por vencidos, faz parte da vitória.

O pessimista queixa-se do vento, o otimista espera que ele mude, e o realista ajusta as velas.

**Lembre-se...**

Querer ser, saber fazer, querer saber e saber querer. Aprender a querer ser pai.

Nem tudo vale para todas as crianças, mas todas precisam de atenção.

Se comprovamos que algo não funciona, precisamos fazer mudanças e esperar. Nem tudo funciona de imediato.

Não se dê por vencido.

## 3. TEMPO DEDICADO AOS FILHOS

Qualquer adulto de referência deveria saber que todo santo dia é preciso mostrar à criança que ela é aceita, aconteça o que acontecer. Só assim é possível estar perto dela, transmitir-lhe a segurança de que necessita, torná-la construtora de sua vida.

As crianças não são motores cujas peças podemos trocar quando se mostram difíceis, nem um capricho nosso que podemos devolver se não estamos satisfeitos. As crianças são como uma casa em construção: leva tempo, e, quanto mais bonita for a casa, mais tempo levará para ser construída. E, nessa casa, os pais são os arquitetos.

*O pai (P) chegou muito decidido a encontrar a solução na entrevista com o terapeuta: "Meu filho é insuportável. Você precisa fazer alguma coisa para mudá-lo."*

*O especialista (T) aproveitou que o pai era economista e alto executivo para explicar-lhe: "Se dois pedreiros demoram um ano para construir uma casa, o lógico é que oito pedreiros levem três meses. E quanto tempo demorarão mil pedreiros?" Após a pausa correspondente, continuou: "Não faça contas; eles atrapalhariam uns aos outros e não acabariam nunca. Com a educação ocorre o mesmo, muitas intervenções podem fazer com que nunca termine."*

*A conversa que se seguiu foi muito rápida:*

*P: Quer dizer que você não vai fazer nada?*

*T: Tudo o que quero dizer é que precisamos de você e da mãe. Seu filho precisa mais de vocês que de mim.*

*P: Certo, então, em sua opinião, o que poderíamos fazer?*

*T: Eu lhe devolvo a pergunta: O que você pode fazer com seu filho? Que atividades podem fazer juntos? Qual é o tempo que pode dedicar a ele?*

*E assim o pai começou a tomar nota do que ele mesmo estava descobrindo. "Posso chegar mais cedo às sextas, quanto a isso não há problema. Posso ajudá-lo à noite com as lições. Nos fins de semana podemos fazer compras juntos. Ele pode viajar ao exterior comigo quando estiver de férias. Podemos construir uma maquete juntos. Podemos pescar juntos..."*

*O comportamento do garoto não tinha importância, era o pai quem tinha um "problema". O pai se revelou um bom terapeuta e percebeu que cabia a ele mudar a situação.*

Os filhos **precisam diariamente dos pais**, de seu sustento, de sua presença e de seu afeto. E sabem disso.

É fato que os pais tendem a sentir rejeição pelos filhos quando eles, de alguma forma, os decepcionam. Mas essa rejeição deve ser reprimida em favor de algo muito mais importante: o **afeto incondicional** de que os filhos precisam. É o afeto que pode fazê-los mudar, é a arma mais importante para pais e filhos.

O amor pelos filhos precisa estar presente o tempo todo.

Quando falamos de tempo, a sociedade pensa em termos de quantidade: mais quantidade de tempo é igual a mais educação. Não é verdade: é a **qualidade** do tempo que educa.

Os pais estão muito preocupados com a questão do tempo, mas quando dispõem dele parece que não o utilizam para educar, e sim para se livrar da consciência pesada. Não importa quanto tempo seja possível dedicar ao filho, o importante é que seja realmente educativo. Há crianças que passam pouco tempo com os pais e, quando estão juntos, elas sabem que podem ir mais longe, sabem que seus pais vão fazer o que elas pedirem, sabem que não serão castigadas, que podem fazer o que quiserem. Até os menorzinhos sabem disso e transformam os pais em empregados. Os filhos sabem aproveitar essa "preocupação" dos pais; percebem que querem ser "supermães" ou "superpais", e sabem que podem ter um mau comportamento que os pais não brigarão com eles. Mas nem por isso o filho vai deixar de ser genioso e, com certeza, isso o tornará ainda pior.

Os pais não devem ter a **consciência pesada** por ficarem pouco tempo com os filhos. Seja muito ou pouco, o importante para o filho é que seja um tempo para educar, em que a diversão tenha lugar, mas também a exigência.

É preciso aproveitar o tempo que os pais estão com os filhos. Como fazer isso?

- Administrá-lo **em doses**: quanto mais melhor, mesmo que sejam pequenas. A criança não consegue assimilar o tempo que não pôde ter durante o ano. Não se deve dar tudo de uma vez, tudo junto, pois isso também não é uma demonstração de amor, mas de compensação por culpa.

- Aproveitar para **se conhecer**: para conhecer melhor o filho, e para o filho também conhecer melhor os pais. Falar-lhe sobre tudo o que puder: da infância, da família, do mundo. Todos sabemos que as conversas dos pais são uma chateação, mas com o tempo essas chateações serão as melhores lições aprendidas na vida. Aquela história de "... Quando eu era pequeno, meu pai sempre me dizia..." E escutar tudo o que os filhos têm a dizer: sobre seus amigos, suas ideias, seu mundo.

- **Não se sobrecarregar** de atividades: não é preciso ver televisão ou jogar no computador sempre; pode-se fazer muitas outras coisas: *hobbies*, coleções. É preciso permitir que os filhos participem da programação, para que aprendam a organizar seu tempo. E não fazer nada também é uma atividade.

- Fazer **coisas juntos**, pais e filhos: praticar esportes, tocar ou escutar música, cantar, plantar uma árvore, cuidar do jardim, preparar um bolo... aproveitar para lhes ensinar coisas que não vão aprender na escola ou com os amigos: a brincar com a lua, jogar burro, adivinhar palavras, medir, madrugar, comentar um filme, construir um invento, pintar seu quarto...

Para o dia se transformar numa festa, não é preciso contratar muitos palhaços; basta se propor a ser o palhaço. Quando viajam de carro, as crianças já não observam a paisagem, nem perguntam o que significam os sinais de trânsito, não cantam, nem contam histórias: assistem a um filme. Os pais dizem que assim viajam mais tranquilos, mas na verdade parece que o objetivo é fazer com que as crianças não incomodem. Seria preciso aprender que aquilo que os mais velhos chamam de **incômodo** para as crianças é **aprendizagem**. Perguntar dez vezes "quanto falta?" ajuda-os a ter paciência, a dialogar, a saber esperar, a pôr a imaginação para funcionar, a ser criativos.

Os pais precisam perceber que têm pouco tempo para ficar com os filhos e para ser "incomodados" por eles. Dentro de muito pouco tempo, o filho vai preferir ficar com seus amigos. Se aproveitarem bem essa etapa, podem fazer com que o filho depois continue a querer ficar com eles e encontre tempo para isso. Os pais devem ser capazes de proporcionar aos filhos entretenimentos melhores que uma garrafa de cerveja ou provocações recíprocas. Eles precisam **dedicar tempo** aos filhos.

O importante é a qualidade e a intensidade do tempo que estamos com os filhos. Mas essa não deve ser uma justificativa para limitar a quantidade. Às vezes dedica-se tempo a coisas muito menos necessárias. Não vale a pena trocar "por dinheiro" o tempo que os pais podem estar com os filhos. Mesmo que estes às vezes sejam geniosos, é muito importante despender tempo com eles.

**Lembre-se...**

Os filhos precisam do tempo que os pais lhes dedicam.

O que educa é a qualidade do tempo, não sua quantidade.

O tempo em que se está com os filhos deve ser usado para se conhecer, estar e fazer coisas juntos, sem pressa.

O que para os pais é incômodo para os filhos é aprendizagem.

O tempo dedicado aos filhos não deve ser substituído por dinheiro.

## 4. O SAL

Quando uma comida tem sal, ninguém repara, mas, se está insossa, todos reclamam. O sal, que parece uma coisa insignificante, é muito importante porque dá sabor; sem sal, tudo fica sem graça.

Com a **espiritualidade** ocorre algo parecido. Não somos feitos apenas de razão e de sentimentos; também temos alma. A razão nos fornece explicações e os sentimentos nos levam a exercer nossa sensibilidade, mas a espiritualidade conduz a outra dimensão, muda tudo.

**Não está na moda** falar de religiosidade ou confessar-se católico, apostólico, romano, mas isso não importa. A experiência nos fornece muitas evidências de que a espiritualidade significa um **grande apoio** para muitas famílias, algo que pode ajudar a suportar os problemas com os filhos difíceis e a encontrar soluções. Mesmo que o motivo fosse apenas esse, já seria suficiente para mencioná-la e recomendar que seja considerada.

*Cada vez que o filho lhes dizia: "Vocês têm de me aguentar porque são meus pais", eles se sentiam mais impotentes e mais resistentes a ter de suportar semelhante vida de tortura pelo simples fato de ter um filho.*

*Em sua espiritualidade, a única coisa que ocorria a Vitória e a Francisco era perguntar-se por quê, e esse porquê nunca tinha resposta. No entanto, essa espiritualidade os enchia de esperança no futuro e de vontade de continuar procurando soluções.*

*Precisavam recorrer a ela com frequência: quando a própria família os rejeitava, pois ninguém conseguia aguentar Manuel nem sequer por duas horas, quando eram chamados à escola para ser avisados que o filho seria expulso, quando o último especialista perguntava sobre seu passado, se haviam batido nele, ou sobre as coisas que lhe haviam comprado, quando a polícia aparecia em sua casa para procurar por ele, e até mesmo quando precisavam ir ao hospital para curar os ferimentos que o próprio filho lhes provocara.*

*Como podiam aguentar? Por que resistiam? Vitória e Francisco tinham muito clara a resposta: porque tinham fé. Estavam absolutamente convencidos de que a fé era o que os mantinha unidos e lhes dava força, não força para aguentar, mas para lutar.*

*— Por que você acha que vamos procurar a opinião dos especialistas que possam nos ajudar, não importa onde estiverem?*

*— Por que você acha que ainda não nos separamos?*

*— Por que você acha (dizia o pai) que não me suicidei?*

*— Por que você acha que ainda temos esperança?*

*— Por que você acha que ainda aguentamos nosso filho e não fugimos?*

*— Somente por nossa fé.*

*Essa é a grande lição, não comprovável para alguns, mas real. Vitória e Francisco agarraram-se à fé para poder ajudar seu filho, e também aos outros pais que frequentam a terapia com seu grupo. Muitos outros não têm essa sorte e só podem contar com o que veem.*

Sempre há uma saída quando tudo parece perdido. Há famílias que enfrentaram situações que, só de imaginá-las, poderíamos dizer: "Eu não aguentaria isso." No entanto, os pais não apenas as suportaram como também permaneceram unidos aos filhos, apesar de seu gênio difícil. Não conseguimos eliminar os problemas fugindo deles: os problemas têm o mau hábito de nos acompanhar. Eles só desaparecem quando são resolvidos, mesmo quando não os compreendemos ou não sabemos como resolvê-los. E uma forte espiritualidade é capaz de compreender o incompreensível, saber viver a esperança e procurar a solução.

A espiritualidade também **fortalece** os filhos. É preocupante que eles só consigam agarrar-se aos novos valores modernos: consumismo, prazer, poder... porque, quando estes falham, entra-se num vazio indescritível.

Hoje em dia é muito difícil falar de Deus, e mais difícil ainda falar de Deus para jovens ou para os filhos, mas da mesma forma que falamos de tolerância, solidariedade, amizade, honestidade... é preciso recordar aos pais que sua obrigação é oferecer alternativas aos filhos, mesmo que depois eles façam suas escolhas e decidam o que aproveitar.

*Quase todo o grupo fizera a primeira comunhão, ainda que por obrigação, e havia até um sem nenhuma crença. Todos se inscreveram para celebrar uma Páscoa diferente em uma cidadezinha retirada. No grupo havia também um garoto um tanto "difícil" que os pais haviam conseguido convencer a fazer aquele retiro na Semana Santa, para poderem descansar por uns dias.*

*Nem todos sabiam por que estavam indo ou o que esperavam encontrar, mas aquela experiência fez com que muitos deles mudassem. Pode-se dizer que alguns jamais haviam experimentado sua fé daquela maneira e que outros, que não a tinham, ao ver jovens como eles vivendo essa fé, passaram a ver a religião com outros olhos.*

*O organizador do encontro já tivera experiências bastante positivas com esse tipo de grupo e terminava sempre entusiasmado com a reação dos garotos. A idade dos participantes e o próprio ânimo que um grupo assim proporciona tornavam mais forte a camaradagem, mais saudáveis os sentimentos e mais profunda a espiritualidade.*

*Foi uma experiência surpreendente para o grupo e que talvez tenha feito as atitudes dos jovens mudarem.*

Sejam os filhos geniosos ou não, sabemos como é difícil conversar com eles sobre fé, qualquer fé. Nem bem começamos, se é que conseguimos começar, e nos dizem que é uma enrolação, que há muitas falhas e chegam mesmo a fazer ataques diretos. No entanto, convém **falar** com os filhos sobre fé e espiritualidade, mesmo que o assunto seja rejeitado, e ajudá-los a procurar a sua, como um tesouro que levarão no bolso durante toda a vida, sem nem sequer saber disso, mas do qual podem lançar mão no dia em que for preciso.

Quando pequenos, podem acreditar nos "quatro anjinhos"* e no "anjo da guarda". Quando crescem, precisam buscar novas motivações. Uma boa oportunidade a ser experimentada é a possibilidade de falar sobre isso em grupo, ou de buscar a fé com companheiros e amigos. Existem muitas histórias boas a respeito de grupos de jovens, de celebrações de Páscoa ou de vivência real da Semana Santa, de uma forma que nada tem a ver com o turismo da Semana Santa ou com o folclore de muitas cidades. Há também experiências sobre fazer o caminho de Santiago ou de viagens à Terra Santa. Com o grupo adequado, são experiências que podem ajudar muito mais do que se pensa.

Esse assunto também compete aos pais que não têm fé, ou que têm outra forma de espiritualidade. Como pais, eles têm a obrigação de educar seus filhos e de explicar-lhes suas razões. Se se preocupam em fazer com que os filhos aprendam inglês, álgebra, façam esportes e muitas outras coisas que talvez eles próprios não dominem, ou não entendam, por que não ajudá-los a ter fé, mesmo que os pais não a tenham ou não a pratiquem? Aliás, por que não explicar aos filhos as razões pelas

---

* Referência à seguinte oração infantil ensinada às crianças na Espanha: "*Cuatro esquinitas tiene mi cama, cuatro angelitos que me la guardan, dos a los pies, dos a la cabecera, y la Virgen María de compañera*" (Minha cama tem quatro cantos e quatro anjinhos que a protegem, dois nos pés, dois na cabeceira, e a Virgem Maria como companheira). [N. da T.]

quais não têm fé? Os filhos terão tempo para decidir o que fazer com tudo isso.

Se cada membro da família tem uma espiritualidade, seja qual for, a família tem sal.

**Lembre-se...**

A espiritualidade é de grande ajuda.

Mesmo sem estar na moda, é possível oferecer aos filhos a fortaleza da espiritualidade.

# 5. SONHOS DE ADOLESCENTE

A palavra *adolescente* provém do latim **ad**, que significa **a, para**, e **olescere**, forma incoativa de **olere, crescer**. Refere-se ao período da vida compreendido entre a puberdade e o desenvolvimento corporal completo que marca a entrada no mundo adulto, ou seja, uma transição ou processo de crescimento.

A adolescência dos filhos é um processo de aprendizagem complicado, que exige **paciência** dos pais. Além disso, eles também precisam acompanhar seus filhos nesse processo, apesar de tudo. Não há nada pior, no momento mais difícil de nossa vida, que ter pais ausentes, que se recusam a entender e a ajudar.

*Muitos adolescentes passam por uma fase que algumas mães denominam "fase do sujinho". Nesse período, os adolescentes decidem não tomar banho, não cortar o cabelo, não trocar de roupa... e, consequentemente, deixam o rastro de seu cheiro por onde passam. Não sabem bem por que fazem isso: "Preguiça", "É da minha própria personalidade" e "Meu cheiro é minha marca pessoal" são algumas de suas explicações. Para alguns, essa fase dura mais que para outros, mas acaba passando.*

*Iñigo passou por essa fase e sua mãe não o entendia. Conseguir colocá-lo debaixo do chuveiro era um contínuo desgaste de negociação, de dis-*

cussão, de ameaças de castigo. O fato é que Iñigo era um garoto brilhante nos estudos, em seu comportamento e nas relações pessoais. Segundo sua mãe, ele tinha tudo, inclusive um cheiro insuportável.

A mãe estava procurando uma solução "para já", e muitas coisas não podem ser resolvidas imediatamente. Seu dever era continuar brigando por cada gota de água que conseguisse derramar no corpo de seu filho e esperar outra fase, talvez a do mais bonito (que também reserva dificuldades para os pais). Definitivamente, era preciso lançar mão de grandes doses de paciência e talvez tentar alguma tática criativa.

A criatividade da mãe consistiu em fazer com que, nas tardes em que Iñigo chegava em casa depois de praticar esporte, "coincidentemente" houvesse alguma garota (se possível um pouco mais velha que ele e/ou em quem estivesse interessado) que fora convidada para lanchar com eles. Isso era suficiente para que, assim que a visse, Iñigo fosse tomar banho sem ninguém pedir.

Parece que a vergonha, junto com o desejo de agradar, conseguiu amplificar o olfato de Iñigo e seu interesse pelas regras de convivência, o que foi muito mais efetivo que as explicações repetitivas de sua mãe.

Essa estratégia costuma funcionar. Porém é preciso ter cuidado para não convidar alguém do círculo de amigos mais próximo: é possível que eles já tenham se acostumado com o mau cheiro, ou ainda pior, que possam invadir a casa com outros cheiros piores que o do seu filho.

Uma das formas mais adequadas de ajudá-los nesse processo é não transmitir mensagens contraditórias que possam ser questionáveis e pôr à prova o que os pais exigem dos filhos. Para o adulto de referência, pai ou educador, é fundamental conservar o equilíbrio e a **coerência** diante do menor, do contrário os ensinamentos transmitidos serão sempre mais questionáveis e difíceis de assumir.

Muitos aspectos fazem com que a capacidade de reação dos pais seja posta constantemente à prova: a novidade da situação, a inexperiência, a criatividade e a capacidade de surpreender que os filhos têm . Todas as situações têm suas peculiaridades, e por isso os pais não podem ter a pretensão de prever e aprender tudo de antemão, mas devem tentar agir sempre da melhor forma possível em cada caso. E convém que a atitude seja percebida dessa forma pelo filho, o que tem mais probabilidade de acontecer se o pai tiver **segurança** e **confiança** em seus atos.

A adolescência é o momento mais complicado da vida da pessoa. Muitos caminhos se abrem e não sabemos qual escolher; temos muitos sonhos que não sabemos se poderão ser realizados. O adolescente tem muitas incertezas e indecisões para superar e, nesses momentos, mesmo que não peça, precisa ter alguém que lhe diga: "Estou do seu lado, você vai superar isso."

Em todo o processo, o fundamental é ter uma boa estratégia. Não se deve esperar que os adolescentes a tenham, mas os pais podem ajudá-los, e muito.

Os sonhos do adolescente servem exatamente para poderem ser descartados, ou seja, mais que para saber aonde se quer e aonde não se quer ir. É bom que os adolescentes sonhem, e é muito aconselhável que os pais os incentivem a **ter sonhos** que possam ser alcançados e, se for o caso, os estimulem a conseguir.

Um exercício prático para isso é pedir que os jovens escrevam ao menos cem de seus sonhos para depois analisá-los com os pais e ir eliminando os que se concretizaram. A maioria das vezes os sonhos não se cumprem porque não são exteriorizados, porque não os compartilhamos ou porque não os contamos a ninguém. Os filhos precisam aprender a ter grandes sonhos e a procurar fazer com que se tornem realidade.

*Quando Jacobo se interessou por informática, os pais o colocaram num curso de informática; quando se apaixonou por esporte, fizeram sua matrícula num clube; quando chegou a época da música, levaram-no para aulas de bateria, e assim sucessivamente. Os pais achavam que seu filho adolescente era muito inconstante.*

*Quando ainda era bem pequeno, o menino fora diagnosticado com déficit de atenção e hiperatividade, e tomava um remédio diariamente.*

*Na realidade, Jacobo estava agindo como qualquer outro adolescente: experimentava seu sonho e, quando percebia que não tinha capacidade suficiente ou achava que podia encontrar algo melhor, abandonava o sonho anterior. E ter sonhos era o melhor que lhe podia acontecer. Ao passar de uma coisa para outra, sem ter consciência disso, Jacobo ia aprendendo coisas que o ajudariam no futuro.*

*O problema não estava em Jacobo, mas em saber por quantos interesses ou sonhos poderia passar sem se tornar muito difícil para os pais por causa de sua inconstância. Por quanto tempo os pais o deixariam experimentar cada sonho sem sentirem que estavam incentivando sua inconstância? Eles precisavam tomar consciência de que, dessa forma, o filho talvez encontrasse o fio da meada para tecer uma vida feliz para si. Os pais só tinham de estabelecer o tempo permitido.*

*Jacobo fez música, pintura, informática, teatro e golfe. Aprendeu alguma coisa boa de cada uma dessas atividades, mas o mais importante é que cada passo dado o ajudava a se definir mais. E em cada passo contava com os pais, mais como espectadores em umas, sonhando como ele em outras.*

*Pouco a pouco foi se definindo até experimentar uma que o acompanhará por toda a vida e pode tornar-se sua profissão: escrever.*

Muitos pais acham que seus filhos são **"sua vida"**, a vida dos pais. Se essa frase for uma metáfora, expressa todo o amor que alguns pais sentem pelos filhos e é bonita, muito bonita. Mas, se aplicarmos essa frase em sua ampla realidade, trata-se de um enorme erro. Com isso só se consegue que a vida dos filhos seja uma extensão da dos pais, impedindo-os de ser eles mesmos. Não é uma prova de egoísmo querer o outro meramente por satisfação própria? As gerações anteriores já ensinaram que amar os filhos não tem nada a ver com possuí-los. Assim, por exemplo, muitos pais que queriam o melhor para os filhos, mas não tinham condições para isso, por não terem condições ou por morarem em lugares sem os recursos suficientes, colocavam seus filhos em colégios internos, mesmo que isso significasse só poder vê-los em poucas ocasiões.

Para crescer plenamente, uma pessoa precisa, desde o início, desde a mais tenra infância, ser ela mesma e não a extensão de alguém.

Alguns pais vivem qualquer situação de seu filho com um medo exacerbado: se ele come, temem que ele se engasgue; se anda sozinho na rua, têm medo de que ele seja atropelado; se dorme sozinho, acham que pode precisar de alguma coisa; se precisa fazer a lição de casa sozinho, temem que não consiga. Têm medo de que ele seja reprovado, que se apaixone por alguém, que cresça e agem como se quisessem impedir isso a qualquer custo. É como se um agricultor amasse tanto suas verduras que não quisesse que elas crescessem para não ter de vendê-las.

Quando são dominados pelo **medo de os filhos crescerem**, os pais se transformam sem querer em superprotetores, exagerando nos cuidados que dedicam a eles. Procuram fazer com que se tornem perfeitos e alimentam uma dependência que acaba impedindo o crescimento dos filhos e fazendo os pais se sentirem imprescindíveis. Os pais precisam superar esses medos, os filhos devem crescer e não podem ser tratados como bebês para sempre.

Podem correr riscos e cometer erros, mas devem **ser eles mesmos**. Permitir que o filho se engane é ensiná-lo a prever os perigos, a medir os riscos, a adquirir confiança e, sobretudo, a crescer e a ter autoestima.

Não significa deixá-los fazer qualquer coisa, mas procurar um **equilíbrio** entre tomar suas próprias iniciativas e seguir a vida que seus pais querem. Encontrar esse equilíbrio supõe resolver o **conflito** entre "ser filho", o que ele pensa, e "ser pais", o que eles consideram. Os filhos **não são "a vida"** dos pais, eles têm sua própria vida.

Não convém evitar o conflito; é melhor enfrentá-lo demonstrando ao filho a melhor disposição:

– de forma relaxada;
– com respeito: não se deve ofender o filho e também não é necessário gritar com ele;
– sem pressões: para obter o que querem, os jovens primeiro tentam vender a ideia, recorrendo até a mentiras, depois passam para a agressividade e por último para a chantagem.

Sempre dependerá dos pais "comprar" a iniciativa, deixar-se vencer, deixar-se chantagear ou continuar com a mesma atitude com que começaram, dizendo não.

Muitos jovens terminam atacando seus pais pela necessidade de sair de uma gaiola que os impede de voar, e a única coisa que podem fazer é morder a mão que entra para lhes dar comida ou para trocar a água. Os filhos querem fazer seus sonhos voar.

A alegria de alcançar um sonho é a alegria do sucesso. A palavra *sucesso*, em nossa sociedade atual, adquiriu o significado de dinheiro, fama, vida fácil, saídas..., mas o sucesso de verdade é uma coisa muito diferente. Sucesso é sentir orgulho de si mesmo, estar satisfeito por ter sabido escolher, conseguir se levantar para consegui-lo, poder desfrutar do resultado do esforço ou do sacrifício realizado, surpreender a todos, fazer valer seus valores pessoais.

O filho alcançar esses sucessos é uma excelente forma de aprender a **livrar-se de todas as desculpas**, de deixar de pôr a culpa nos outros, particularmente de deixar de culpar os pais por todas as suas "desgraças". Deixar de encontrar desculpas torna-o mais capaz de ter novas oportunidades de sucesso, de alcançar outros sonhos.

**Lembre-se...**

Acompanhe seus filhos com paciência, segurança e confiança.

Incentive-os a ter sonhos.

A superproteção impede os filhos de crescer e de serem “eles mesmos”.

O filho não é a vida dos pais, ele tem sua própria vida.

Alcançar os sonhos é aprender a se livrar das desculpas.

## 6. IR MAIS DEVAGAR

Se uma página da internet demora mais de três segundos para abrir, procura-se outra. É preciso ter tudo imediatamente. Dessa forma, como se pode observar um amanhecer ou um pôr do sol?

Na televisão, quando interrompem o filme para a publicidade, em vez de se comentar o que está sendo visto, pega-se o controle remoto e passeia-se pelos outros canais.

Já não se escrevem cartas, nem se esperam por elas, só se usa o correio eletrônico, e é preciso responder imediatamente.

Ao sair para comprar, se o cartão de crédito não passa, já se fica nervoso; se a vendedora não sabe o preço de um produto, procura-se outro. É como se o que faz esperar não pudesse ser bom, como se só o imediato pudesse ser apreciado. Passamos de "o que é bom demora" para "o que demora deve ser ruim".

Também se exige **imediatismo** dos filhos: queremos que sejam maduros quando têm meses, que sejam responsáveis com poucos anos, que sejam adultos antes da hora. Nem pais nem filhos têm tempo para refletir.

Os alunos novos da Universidade de Harvard são advertidos sobre o perigo de acumular muitas atividades. Dispor de tempo sem compromissos não deve ser um privilégio de preguiçosos. O tempo sem atividades não é um vazio a ser preenchido: ele permite pensar, ser mais criativo, reorganizar a mente, distrair-se e desfrutar o que está acontecendo.

O imediatismo provoca muitas frustrações e desilusões, faz com que se percam muitas coisas que só são encontradas com o tempo. As pessoas **precisam de tempo livre**. É necessário aprender a não fazer "nada", a desligar-se do que ocorre em volta (foi assim que grandes coisas foram inventadas), a caminhar sem rumo, só pelo prazer de caminhar, a não estar sempre preso ao relógio.

Não é imprescindível estar o dia inteiro fazendo coisas. Há crianças que têm **agendas** que parecem as de um ministro: escola, inglês, tênis, música, pintura, teatro e até golfe todos os dias. Como é possível que não tenham déficit de atenção? É impossível prestar atenção a tantas coisas. Com tantas atividades, como não ser hiperativo? E quem é o responsável por isso?

*Ao voar para a Guatemala, teve a "sorte" de se sentar ao lado de uma mãe que viajava com seu filho de 9 anos. Desde o começo a mãe não parava de fazer perguntas à criança: "Como você está?", "Quer água?", "Quer o seu gameboy?", "Quer ir ao banheiro?", "Quer uma bolacha?", "Quer um gibi?", "Ponho um filme para você?", "Quer uma balinha?"*

*O garoto estava começando a ficar cansado de tanta pressão, e os que estavam em volta também. O companheiro de assento resolveu ajudar o pequeno e começou a conversar com a mãe. Mas cada vez que o garoto começava a dar alguma mostra de tédio, ou seja, adormecer, ver um filme ou olhar para as nuvens à procura de formas de animais, a mãe já articulava uma nova tarefa.*

*Numa dessas vezes, a mãe perguntou ao filho: "O que você quer fazer agora?" E ele respondeu claramente: "Nada." Estava claro para todos, menos para a mãe, que continuava convencida de que o filho "precisava estar sempre fazendo alguma coisa". Para essa mãe a resposta não pareceu suficiente: "Como assim, não quer fazer nada?"*

*A viagem terminou pior do que se esperava: o menino nervoso, a mãe nervosa, os outros passageiros e até as aeromoças nervosos. Todos tão nervosos que foi daqueles voos em que todos tiram o cinto de segurança antes de o avião parar.*

*Quem era responsável pelo nervosismo, o garoto ou sua mãe?*

Hoje as crianças crescem mais rápido. Algumas crianças organizam sua vida social com telefones celulares e há adolescentes que fazem negócios a partir de seu quarto. A inquietação com o corpo, o sexo, as marcas comerciais e as profissões, tudo começa cada vez mais cedo. As crianças, em geral, estão mais **aceleradas** que nunca.

As crianças não nascem obcecadas pela velocidade e pela produtividade, os pais as fazem ficar assim. Entre as palavras que mais escutamos estão: "Vamos!", "Corre!" A pressão para fazer dos filhos os melhores é maior que nunca, e isso leva a um impulso compulsivo dos pais pelo aperfeiçoamento de seus descendentes, o que os especialistas chamam de **"cuidado exagerado com os filhos"**.

*Viviam na dependência de tudo o que sua filha Clara, de 14 anos, tinha de fazer. Seus pais, Marisa e José Ignácio, eram um casal jovem muito preocupado com a filha. Diziam que a menina era insuportável, e para não tê-la em casa eram capazes de procurar-lhe qualquer atividade fora.*

*A agenda da menina era a agenda dos pais: levá-la, buscá-la, comprar-lhe comida. Obrigações que pareciam normais, mas que eles viviam quase que com angústia, como se fossem toureiros no meio da arena, esperando para ver de onde viria a investida.*

*Clara transformara-se no centro de toda a vida familiar e tinha de dominar a situação.*

*Um dia Clara precisou esperar pelos pais em um consultório. Nem 15 minutos haviam passado, quando ela, sem bater na porta, entrou no consultório e perguntou: "Quando vocês vão terminar? Se forem demorar mais de 10 minutos, eu peço um táxi." Todos a olharam surpresos, e, quan-*

*do a garota fechou a porta, a mãe, um pouco envergonhada, respondeu: "O que eu posso fazer?"*

*Havia muitas coisas que os pais precisavam fazer. Se Clara devia esperar, simplesmente tinham de lhe explicar isso. Se tinham alguma coisa urgente e importante, a aula de dança de Clara teria de esperar. Podiam deixar de ficar o tempo todo atentos ao telefone para atender às ligações e mensagens de Clara, que nunca eram urgentes.*

*E por que não se aproximar mais da filha, diminuir as atividades extras e passar algum dia com ela, sem fazer nada extraordinário? O primeiro pensamento dos dois foi que "seria horroroso". Mas a situação exigia uma atitude, sabiam que ainda poderia ficar pior e decidiram experimentar. Tiraram algumas atividades, passaram dois meses muito difíceis, mas pouco a pouco conseguiram deixar de ter medo da presença da filha.*

Fazer as crianças andarem na **faixa da esquerda** quando se trata de aprendizagem costuma ser mais prejudicial que benéfico. Está comprovado que as crianças aprendem melhor quando fazem isso em um ritmo mais lento: podem ter tempo para explorar os temas mais a fundo, estabelecer relações, aprender a pensar e não só tirar nota boa nas provas. Existe até o movimento mundial do *slow schooling* (escolarização lenta), que a cada dia conta com mais adeptos: não incentiva as crianças a aprenderem menos ou a perderem tempo na escola, mas a fazerem o trabalho de forma consciente e a se apaixonarem pela aprendizagem como prazer.

Não se deveria nunca pressionar os filhos para que estudem o que quer que seja antes de estarem preparados para isso, nem para que imitem os costumes dos adultos.

É preciso mais espaço para a brincadeira desestruturada. Muitos estudos demonstram que o tempo desestruturado para a brincadeira ajuda as crianças a desenvolver sua habilidade de aprendizagem.

**Lembre-se...**

Não exija imediatismo de seus filhos.

É preciso deixar-lhes tempo livre, sem atividades.

Acelerar a aprendizagem é prejudicial.

# 7. CUIDADO COM O DINHEIRO

Nos últimos anos, muitas famílias alcançaram, como recompensa por todos os seus esforços, um nível econômico muito superior ao que seus pais tinham, e muitas querem partilhar isso com seus filhos, o que é louvável e justo. O problema é que aquilo que essas famílias conseguiram com seu esforço chega para os filhos em troca de nada, e até mesmo com direito a tudo. Para a educação dos filhos, é preciso ter **cuidado com a situação financeira próspera**.

Uma boa situação financeira dá tranquilidade, mas não impede que os filhos sejam geniosos. Os novos males do Primeiro Mundo, a depressão, a solidão, os distúrbios de comportamento... podem entrar por qualquer porta.

Se os pais alcançaram um nível econômico alto, parabéns! Mas isso não deve alterar o nível de exigência para com os filhos. Os pais não devem cair naquela história de "Nós já nos sacrificamos bastante, vamos deixá-los aproveitar". É possível que não falte nada material aos filhos, mas lhes faltará acreditar em si mesmos e em todas as suas possibilidades.

Por terem mais, seja um pouco ou muitíssimo mais, os filhos **não estão isentos** de ter o devido respeito pelas pessoas e pelas coisas, e de fazer os devidos sacrifícios. Ao ceder a todos os caprichos dos filhos, os pais não os estarão ajudando.

*Pedro morava com seus pais numa casa grande, repleta de comodidades. Logicamente tinha um quarto só para ele, com aparelho de som, televisão, uma "montanha" de canais, internet e telefone, claro. Tinha 17 anos e tanta independência que cultivava até maconha em seu quarto. Também tinha muita liberdade: mesmo com os pais em casa, ele fazia verdadeiras bacanais em que se bebia de tudo, fazia-se uso de quase tudo e na manhã seguinte o "coitado" quase não tinha forças para se levantar. Graças à boa situação financeira da família, e em nome da liberdade, havia nascido um escravo da tecnologia e do prazer.*

*Para seus pais, Pedro era um bom garoto: educado, correto, inteligente, seguro de si, corajoso, vestia-se adequadamente, era possível conversar com ele sobre qualquer assunto. Talvez fosse um pouco folgado, mas conseguia ser aprovado na escola; passava raspando, mas passava. Eles também não se queixavam de seu comportamento, consideravam que era "normal" para um garoto de sua idade.*

*Então qual era o problema que tinham com ele? O problema era que Pedro gastava por semana cerca de 300 euros, às vezes até um pouco mais, porém nunca roubava, isso é verdade. Embora eles pudessem arcar com isso, lhes parecia um pouco exagerado para a idade dele.*

*Pedro sabia argumentar:*

*"Por que você gasta tanto dinheiro?", "Meus pais têm dinheiro e me dão."*

*"Por que você fuma tanta maconha?", "Todos os meus amigos fumam e meus pais me deixam cultivar meu baseado."*

*"E você usa coisas mais fortes?", "De jeito nenhum, sei muito bem até onde posso chegar e quais são as consequências."*

*O filho respondia ao nível financeiro e ao conceito de liberdade que seus pais lhe transmitiram. Havia criado um microclima próprio na casa no qual fazia o que queria, microclima copiado do que existia ao redor de seus pais, que ele ama, respeita e quer imitar em tudo, inclusive nos gastos.*

*A verdade é que os pais quase não conheciam Pedro, eles compartilhavam uma ou duas refeições por semana, umas quatro horas semanais.*

*Com a preocupação pelo nível de gasto de seu filho, perceberam que seu filho era o resultado daquilo que eles lhe haviam transmitido.*

Uma boa situação financeira pode proporcionar mais facilidades e mais **oportunidades** aos filhos: uns serão beneficiados e outros não, alguns aproveitarão mais que outros. Ter mais também propicia a oportunidade de ensinar aos filhos, na prática, um pouco mais de **solidariedade**.

E, quando a família se considera pobre, não há por que sentir vergonha disso: a pobreza não é nenhuma doença social, ninguém pode perder a guarda dos filhos por essa razão, e não há nenhuma prova de que os filhos serão menos felizes por isso; também terão oportunidades para se desenvolver. Nem pobres nem ricos devem se sentir intranquilos pelo mau gênio dos filhos, **qualquer um** deles pode ter uma criança geniosa e nas duas situações é preciso trabalhar e ajudá-las a ser melhores.

Com as ideias modernas sobre sucesso, muitos querem associar dinheiro a felicidade, mas não há nada mais longe da realidade. Os ganhos médios da pessoa ou da família podem aumentar, mas nem por isso a felicidade aumenta. A relação dinheiro/felicidade não é tão clara; talvez nos países pobres os ganhos e o bem-estar caminhem mais juntos, porque a maior parte dos ganhos das pessoas pobres destina-se a satisfazer necessidades básicas.

O dinheiro ajuda a conseguir certas coisas, ou a trocá-las: a roupa, o carro, a casa... Conseguem-se muitas coisas e trocam-se muitas outras. Quase sem querer, ensina-se aos filhos que é necessário dinheiro para ter o que desejam. Muitas vezes parece que **tudo é dinheiro**, a única coisa importante, e não se dá valor a mais nada. Isso ocorre não só às crianças, elas também podem constatá-lo nos adultos ao seu redor.

Um executivo jovem e de sucesso passeava despreocupadamente a toda velocidade em seu Jaguar S Type 2003. De repente parou. Alguma coisa batera em seu carro. Ao descer, viu que a porta estava amassada e a pintura estragada.

Entrou no carro de novo, mas dessa vez cheio de raiva, fez um giro brusco de 180°, e voltou a toda velocidade ao lugar do impacto. Com um pulo saiu do carro, agarrou pelos braços um garotinho e, empurrando-o até o carro, gritou: "O que, diabos, você fez?", "Quem você pensa que é?", "Acha que pode estragar meu carro?" Enfurecido, quase soltando fumaça, continuou gritando: "É um carro novo e essa pedrada vai lhe custar muito caro!"

O garoto, chorando, suplicou: "Por favor, senhor, por favor. Sinto muito. Não sabia o que fazer. Atirei a pedra porque ninguém parava."

As lágrimas do menino escorriam por seu rosto e caíam no chão, enquanto mostrava algo perto do carro estacionado. "É o meu irmão. Sua cadeira de rodas virou e ele caiu no chão... e eu não consigo levantá-lo." Soluçando, o garoto perguntou ao executivo: "O senhor pode me ajudar a colocá-lo de novo na cadeira? Ele está machucado e é muito pesado para mim, sozinho... sou muito pequeno."

Visivelmente impactado pelas palavras do menino, o executivo engoliu o nó que tinha na garganta. Emocionado com o que estava acontecendo, levantou o outro garoto do chão, sentou-o novamente em sua cadeira de rodas e puxou seu lenço de seda para limpar um pouco os cortes e a sujeira que o irmão daquela criança tão especial tinha sobre os ferimentos.

Após verificar que o irmão estava bem, olhou para o menino, e ele, com um sorriso que ninguém pode descrever, disse: "Muito obrigado, senhor."

O homem ficou observando o menino se afastar empurrando trabalhosamente a pesada cadeira de rodas de seu irmão.

O executivo ainda não arrumou a porta do carro. Mantém o amassado para lembrá-lo de que não precisa andar pela vida tão distraído e com tanta pressa que seja preciso alguém jogar-lhe uma pedra para que ele possa prestar atenção.

(Anônimo da internet)

As crianças recebem cedo essa "mensagem" e entram nessa dinâmica. Algumas procuram formas "rápidas" e decidem **roubar**. Essa é uma das coisas que mais preocupa os pais dos adolescentes. Nem sempre é sintoma de um distúrbio, de maldade ou de falta de valores. Com o roubo, o filho pode estar tentando apropriar-se do que ele acredita ser seu e os pais não lhe dão, ou tentando quebrar um poder superior: "Roubando, eu os atinjo, torno-os mais fracos." Há muitos aspectos diferentes que podem interagir. O que os pais devem fazer? Denunciá-lo, trancar tudo com chave, castigá-lo ou talvez conversar?

Os pais **nunca devem fechar os olhos** ao descobrir que o filho está roubando. Se é a primeira vez, trata-se de um aviso; possivelmente ele não tem clara a diferença entre o que é seu e o que é dos outros. Convém conversar com ele e descobrir o motivo, talvez nem saiba que roubou.

Quando o diálogo não evita que os roubos se repitam, talvez ele esteja precisando do produto do roubo para algo mais grave que o próprio roubo; pode estar viciado em jogos, talvez tenha se tornado um consumidor inveterado ou esteja sendo chantageado por alguém. Então convém levá-lo a um especialista para ajudá-lo a se recuperar.

E, quando ao roubar se somam outros sintomas – desobedecer, ofender, não cumprir horários, bater, não ir à aula... –, não se deve deixar o roubo ser o **centro** do problema: é preciso admitir que o mais importante é que o filho tem um transtorno de comportamento e precisa urgentemente de ajuda.

Os psicólogos afirmam, sem nenhuma dúvida, que a riqueza nem sempre traz felicidade e com a mesma certeza descrevem os fatores que contribuem para uma vida gratificante. As **pessoas felizes** costumam ser aquelas que têm relações humanas sólidas, que sentem que controlam sua própria vida, gozam de boa saúde e têm um trabalho no qual se sentem realizadas. Com dinheiro **não se compra** a felicidade. Todos esses fatores estão cada vez mais ameaçados nas sociedades industriais com seu ritmo acelerado de vida, em que as pessoas tentam com frequência compensar com um consumo crescente a carência de motivos verdadeiros de felicidade.

Por isso é preciso voltar a **aprender a pensar**. A tristeza, a ansiedade, a solidão não se solucionam comprando, tendo ou usando coisas. As coisas não geram sentimentos em nós e, se assim parece, são momentâneos ou falsos; são as pessoas que geram sentimentos em nós.

Há coisas que se fazem por dinheiro e outras que podemos conseguir com ele, mas algumas coisas não têm preço, não podem ser trocadas por dinheiro. Existem coisas que não se trocam por dinheiro algum.

– Por quanto você trocaria aquele primeiro beijo que fez seu corpo tremer inteiro?

– Qual é o preço de ver o nascimento de um filho?

– Quanto custa ter o colo da mãe para se refugiar quando estamos tristes?

– Qual o preço do rosto de uma criança no dia de Natal?

– Quanto pagaria por aquela manhã em que seu filho aprendeu a andar de bicicleta?

São experiências únicas, intransferíveis e pessoais. São o que fazem a pessoa ser como é.

As pessoas podem trocar de coisas, mas o que faz cada uma delas diferente **é o que não é possível ser trocado**, o que não queremos deixar, nem esquecer, o que nunca se trocaria por dinheiro: os verdadeiros amigos, os princípios, as boas ações, os compromissos... Se essas coisas pudessem ser trocadas por dinheiro, correríamos o risco de nos transformar também em uma mercadoria a mais.

As pessoas são o que são pelo que levam em seu coração e em sua mente, não pela profissão que exercem, nem pelo dinheiro que têm ou deixam de ter. As coisas não fazem as pessoas, são as pessoas que fazem as coisas.

**Lembre-se...**

O que exigimos dos filhos não deve depender de nosso nível econômico.

Ricos ou pobres podem ter filhos "difíceis".

Nem tudo é por dinheiro. O dinheiro não compra a felicidade.

Se seu filho roubar, não feche os olhos.

## 8. OS PAIS SÃO O ALICERCE, NÃO AS PAREDES

Os filhos precisam reconhecer os pais como as pessoas que proporcionaram as bases para chegar aonde estão, não como uma parede pela qual subir para ter sucesso.

Os pais não devem sacrificar seus sonhos para os filhos terem os seus. Quando isso acontece, a família transforma-se em uma sanguessuga que vai chupando o sangue de seus antecedentes, e uma relação assim é perversa. Isso não tem nada a ver com os sacrifícios que os pais devem fazer por sua família; nos sonhos há tempo para tudo. Os pais precisam **crescer** e se desenvolver para algo mais que a paternidade e os filhos precisam desse crescimento.

As relações entre pais e filhos não devem ser relações de escravidão, mas de ajuda. Os pais não se importam de fazer coisas pelos filhos, mas não querem ser seus escravos e os filhos também não devem sê-lo.

Entre **dever e querer** há quase sempre uma grande **diferença**. A criança precisa comer verduras, embora queira comer pizza. Na briga entre o dever e o querer, frequentemente ganha o querer; mas isso não é bom a longo prazo. Isso pode acontecer também em uma situação familiar. O pai e a mãe também precisam usar seu tempo livre para dar apoio a algum membro da família, mas o que querem é ter tempo livre para si. Para encarar o problema, não se deve constantemente negar o que se quer fazer, mas sim dar mais valor ao que deve ser feito, para encontrar uma **boa relação** entre o dever dos pais e o que eles querem.

*Os rompantes de Pablo eram como uma panela de pressão: todas as panelas de pressão têm uma válvula por onde sai o vapor, e essa válvula vai se abrindo conforme a necessidade e o calor que vai se formando. Durante o cozimento ela se abre e se fecha várias vezes, mas o que costuma ser preocupante, quando estamos cozinhando, é se deixamos de ouvi-la.*

*Os pais de Pablo estavam muito preocupados com sua forma tão desrespeitosa de reagir. Pablo não devia faltar ao respeito com os pais, mas como muitos adolescentes, especialmente os geniosos, precisava ter seus "rompantes" para desabafar: como a panela de pressão que faz barulho, era preciso pensar que o garoto "estava sendo feito, estava cozinhando".*

*O importante não é o rompante, mas o que sai dele e por onde. Ninguém pensaria em pôr a mão no orifício da panela e, da mesma forma, o filho deve saber por onde, com quem e como deve desabafar.*

*Pablo tinha se acostumado ao fato de os pais aguentarem tudo dele e jogava-lhes na cara todo "seu vapor". Porém seus pais não precisavam aguentar esse tratamento, eles eram "alicerces" em que o filho podia se apoiar, mas não "alicerce" para aguentar qualquer peso e todos os "rompantes" ruins do filho.*

*O maior problema dos pais era encontrar a diferença entre o querer e o dever. Amavam tanto seu filho que acreditavam que seu dever era suportar tudo o que saísse de sua boca e todas as suas malcriações. Mas por muito que o amassem, isso não o estava ajudando. Podiam ajudá-lo mais sendo duros com ele e rejeitando esses comportamentos, esse era seu dever.*

*Pablo sabia muito bem que em sua casa não era permitido fumar nem beber, e que esse limite era inquestionável e obedecia a ele. Mas como Pablo não sabia ao certo o limite com relação a faltar com o respeito a seus pais, ultrapassava-o quando queria.*

*Uma vez compreendido o dever e o querer por parte dos pais, eles mesmos foram capazes de estabelecer outro novo limite inegociável. E, porque o amavam, foram capazes de estabelecer um novo dever.*

Com o tempo, ao melhorar a relação entre o dever e o querer, aumenta a satisfação que se sente na vida. Há dias em que nos perguntamos se realmente é preciso ir trabalhar, mas mesmo assim vamos. E pouco a pouco o trabalho vai nos proporcionando satisfação: o dever e o querer se juntaram.

A família é um dever que se quer, e não devemos querê-la por ser um dever. Querer a família deveria transformar qualquer dever em algo que se quer fazer: conseguir **unir** o dever e o querer. Com essa união, até os maiores sacrifícios podem se transformar em satisfações infinitas.

**Lembre-se...**

**Os filhos precisam que seus pais também cresçam.**

**Os pais precisam estabelecer uma boa relação entre o que devem e o que querem fazer.**

## 9. HERANÇA GENÉTICA OU AMBIENTE?

Estudos de genética condutista comprovaram, sem deixar dúvidas, que a **herança genética** é responsável por uma considerável proporção de variações na personalidade do indivíduo. Saber quanto se deve aos genes e quanto às experiências não tem muita importância; a questão é que não é possível ignorar o valor da herança genética. Ela é uma das razões pelas quais os pais com problemas têm com frequência filhos com problemas. Isso não significa que seja impossível solucioná-los.

Surge assim a grande pergunta: a pessoa está marcada desde seu nascimento? Existem pessoas que nascem com determinadas características que não as tornam aptas para a maioria dos trabalhos honrados disponíveis em nossa sociedade, e ainda não se sabe muito bem como lidar com elas, mas também há uma grande esperança: o temperamento pode ser anulado pela inteligência e podemos reforçar essa inteligência.

*Tim Guénard, além de amigo, é autor de um livro intitulado* Más fuerte que el odio, *no qual nos conta sua própria experiência.*

*Seus pais lhe mostraram bem cedo a herança que lhe estavam transmitindo.*

*Aos 3 anos, sua mãe o amarrou a um poste de eletricidade e o abandonou no meio de um bosque. Aos 5, seu pai lhe deu uma surra tão brutal que o desfigurou. Quando foi atendido no hospital, descobriram que ele mal sabia falar e ali começou uma longa reeducação.*

*Já longe de seus pais, aos 7 anos, vive em um orfanato cujo ambiente também não lhe sorri: sofre com os maus-tratos da instituição, o desprezo, o isolamento afetivo e termina na "casa dos loucos". Muito rapidamente aprende a brigar e a desejar que seus três sonhos possam se tornar realidade: sair da instituição correcional, tornar-se chefe de uma gangue e matar seu pai. A vingança era sua única aspiração; só o ódio o mantinha de pé.*

*Aos 12 anos, o destino o arrastará para a fuga, o roubo e as brigas. Ele era escória. No entanto, o encontro com pessoas com as quais estabelece um forte vínculo afetivo muda sua vida. Sempre existe alguém que pode ajudar na mudança. No caso de Tim, seu primeiro mentor foi um mendigo das ruas de Paris que se dedicava a recolher jornais e que, pela "profissão", ensinou-o a ler. Sem mudar o ambiente, mas com apoios como esse, desenvolveu sua sensibilidade com os que sofrem. Uma capacidade inata de superação, o amor, o perdão e a fé detiveram-no em sua queda livre.*

*Hoje Tim dirige uma instituição perto de Lourdes para crianças "problemáticas" e é feliz. Gosta de dizer que fez o destino errar e a genética mentir.*

A herança existe e pode ser modificada, se a própria inteligência do indivíduo deseja modificá-la. E o meio é **tão importante** quanto os genes. As coisas que as crianças experimentam enquanto se desenvolvem são tão importantes quanto as coisas com as quais nascem.

Crescer no mesmo **ambiente** não torna as pessoas parecidas; crescer no mesmo lar também não torna os irmãos iguais. Se realmente existem pais "nocivos", não o são para todas as crianças, ou não o são da mesma forma. Cada filho reage de forma diferente a esses efeitos nocivos.

Quando nos referimos ao ambiente do lar, não devemos entendê-lo como um ambiente homogêneo, mas como um galho com pequenas ramificações, cada uma delas ocupada por uma só criança. Os pais intervêm em todas elas, mas não tratam todos os seus filhos da mesma forma, mesmo que tentem.

O ambiente existe, porém não há só o ambiente familiar, também existe o ambiente social – o bairro ou a escola – e o ambiente geográfico – o país. Portanto, qualquer modificação do comportamento que fique única e exclusivamente no trabalho com a família fracassará. É preciso contar também com o esforço para trabalhar com o grupo de amigos, na escola, no bairro, na sociedade e com profissionais e especialistas que trabalham com crianças para que seu gênio difícil não fique insuportável.

Quando se fala do ambiente, tende-se a estabelecer algumas associações entre ele e o mau gênio das crianças que nele vivem. Muitas vezes isso é infundado ou não tem base científica. Vejamos dois exemplos: não ocorrem necessariamente mais ou menos transtornos de comportamento por se viver na pobreza, a miséria não deixa esse tipo de sequela; e entre os filhos de pessoas separadas também não há necessariamente um maior índice de problemas.

A herança existe, isso é indiscutível, e existe também o ambiente. A herança genética pode influenciar mais algumas crianças e o ambiente, outras. O importante é reconhecer as influências negativas, tanto genéticas quanto do ambiente, e trabalhar sobre elas.

Não se pode ocultar as más ações atrás da genética, ou atrás das coisas ruins que podem ter acontecido na vida; não há desculpas para ser uma pessoa má. Será preciso enfrentar o próprio caráter ou o ambiente social, com a segurança de que o caráter pode ser modificado.

Tomara que haja alguém perto que queira ajudar.

**Lembre-se...**

A herança influi, mas pode ser modificada.

O ambiente é tão importante quanto os genes.

É importante trabalhar as influências negativas do ambiente familiar bem como do geográfico.

# 10. APRENDER A DESAPRENDER

Uma **qualidade** que toda pessoa deve ter é saber desaprender.

Desaprender é ter capacidade de **adaptação** total, **esquecendo o antigo**, deixando de precisar do que sabia antes sobre o assunto. Embora não pareça, isso não é fácil de conseguir e sem desaprender é muito difícil prosseguir. Sofre-se com a mudança de moeda, de computador e inclusive no trabalho. Mas a adaptação é necessária, e é muito melhor abandonar quanto antes o "modelo anterior".

*Charly era um garoto que estava internado em uma instituição terapêutica. Ali haviam-lhe ensinado muitas coisas e ele aprendera a mudar muitas de suas atitudes.*

*Estava muito contente com os educadores e no primeiro fim de semana que teve livre trouxe-lhes de presente um radiocassete. Todos ficaram muito decepcionados com ele: o presente fora roubado de um carro. Charly não conseguia entender por que não haviam gostado; dizia: "Ainda por cima era de um Audi."*

*Não ensinaram Charly a desaprender.*

Na família ocorrem mudanças, basta perguntar a uma mãe sobre sua relação com o filho quando era bebê e aos 30 anos. No entanto, os pais parecem não querer perceber isso e tentam continuar agindo como se nada tivesse mudado.

Os pais precisam aprender a desaprender. Assim saberão **modificar** seu comportamento com os filhos (é possível fazê-lo) e **manter seus valores**. Desaprender de forma a manter o amor pelos filhos.

*Juan Luís e Lola tiveram de desaprender muitas coisas. Com sua filha mais velha tudo fora às mil maravilhas, bastava dizer as coisas só uma vez, não era preciso lembrá-la de estudar, pedia permissão para tudo, uma maravilha de menina.*

*Mas com seu filho Cristóbal era tudo diferente. Embora a diferença entre eles fosse de cinco anos, Lola e Juan Luís não entendiam por que precisavam repetir as coisas para o menino, nem por que precisavam estar atrás dele por causa dos estudos, não entendiam sua distração ou sua impontualidade. Juan Luís começou a odiar o filho que o tirava do sério e algumas vezes chegou a bater nele.*

*Da mesma forma que os pais, embora afirmem que gostam dos filhos da mesma forma, se identificam mais com uns que com outros e agem de forma diferente, os filhos amam seus pais de formas distintas, cada um se comporta do seu jeito e precisa de coisas diferentes:*

*Com a mais velha não era necessário recordar os limites todos os dias, com Cristóbal isso era imprescindível, do contrário não os enxergava nem os entendia.*

*Com a mais velha era possível ter explicações e motivos, mas para Cristóbal essas mesmas explicações e motivos se transformavam em bumerangues.*

*A mais velha era capaz de lidar com dinheiro, com Cristóbal isso se tornava furto.*

*A mais velha podia ficar sozinha em casa, com Cristóbal isso representava um perigo.*

*Lola e Juan Luís não entendiam bem a razão de desaprender, de mudar o que dera tão bons resultados com a filha mais velha. Mas entenderam perfeitamente quando receberam os resultados dos exames médicos de Cristóbal: tinha alta taxa de açúcar e precisava fazer uma dieta especial para controlá-la. Era necessário fazer algo parecido para controlar seu mau gênio: da mesma forma que a filha mais velha não necessitara dessa dieta que fariam com ele, Cristóbal precisava que seus pais lhe dessem coisas diferentes das que ofereceram à filha mais velha.*

A relação com os filhos crescidos não pode ser igual a quando eram pequenos. Não é possível falar sobre a mesma coisa com os filhos em idades diferentes. É preciso desaprender e mudar a forma de tratar os filhos e falar com eles para que sua relação se torne mais saudável, mais fácil, mais satisfatória.

A mudança está implícita no crescer. O crescimento possibilita aprender, desaprender, aprender de novo. Uma mudança à qual os pais precisam se adaptar, mesmo sendo fiéis aos valores que eles possam considerar essenciais, como o amor por seus filhos, que poderão continuar manifestando ainda que de outra forma.

Os pais compartilham com seus filhos um processo de mudança que pode ser difícil, às vezes muito, mas que estimula a capacidade de surpreender-se, descobrir, perguntar-se, pensar. Um processo em que os filhos ensinam coisas novas e até coisas para serem desaprendidas. Um processo em que os pais também **ensinam** seus filhos a aprender, e têm a oportunidade de ensinar a **desaprender** e, ao mesmo tempo, **manter valores**.

**Lembre-se...**

**É preciso saber desaprender.**

**Desaprender mantendo os valores.**

## 11. MEU FILHO NÃO ME ENTENDE

O capitão inglês James Cook descobriu o continente australiano em 1770. Quando desembarcou para inspecionar a área, viu um animal estranho dando pulos e perguntou aos aborígines como se chamava: "Kan-ga-roo", disseram. E assim o animal foi batizado como *kangaroo* (canguru). Anos depois, filólogos que analisaram o idioma dos nativos australianos chegaram à conclusão de que *kan-ga-roo* significa "não entendi". Quantos *kangaroo* existem pulando por dia na família?

É fundamental os pais falarem com **clareza** com os filhos, e mais ainda quando estão tentando conter uma situação em que o filho está "impossível".

*Os pais de Carlos chegaram muito preocupados porque seu filho, de 14 anos, não lhes pedia permissão para pegar um biscoito e achavam que seu filho estava roubando comida. Isso talvez pareça uma bobagem, mas no histórico do garoto houvera um princípio de bulimia. Um biscoito não é nada, mas para uma menina anoréxica pode ser uma quantidade enorme.*

*O terapeuta perguntou-lhes: "Vocês disseram a Carlos que ele precisa pedir permissão?"*

*Os pais responderam: "Bem, é que não queremos sufocá-lo e não dissemos nada assim de forma direta."*

*Com a lógica que o distanciamento e a experiência dão, o terapeuta respondeu: "Se estão preocupados por causa disso, Carlos deve saber e é melhor falarem claramente com ele."*

*A história do biscoito resolveu-se muito bem. Agora os pais estão prestando atenção para dizer as coisas de forma melhor, para que não haja muitos "biscoitos" sem solução.*

Às vezes é o filho que não quer entender, outras são os pais que mudam o significado das coisas. Por exemplo, em muitas casas, um "faça o que você quiser" algumas vezes significa que não deve fazê-lo e outras que pode fazê-lo. Nunca se deve usar o "faça o que você quiser", pois isso autoriza o filho a fazer o que quiser.

Se o filho não entende, é preciso tentar dizer o mesmo **de outra forma**.

*A mãe repetira mil vezes ao filho Alfredo que era totalmente proibido ficar com os dois fones do iPod na orelha quando estivesse com ela, principalmente no carro.*

*Mas Alfredo, de 12 anos, continuava com eles. Segundo ele, os fones eram seus e ele era livre, além disso não tinha nenhuma curiosidade de escutar a mãe, que não lhe "trazia" nada de novo.*

*A mãe voltou à carga na ocasião seguinte, mas de outra forma. Olhou para ele e disse: "Quando o comandante fala no avião, todos os sons, inclusive os dos filmes, desaparecem. Quero que seja assim com o seu iPod enquanto você estiver no carro comigo." Às vezes é mais fácil aprender comparando situações. Alfredo entendeu perfeitamente, mas respondeu: "Está bem, mas você não é o comandante."*

*O garoto ainda não diferenciava lei de liberdade: a liberdade está em poder fazer aquilo que não vá contra a lei, e sua mãe era a lei. Sua mãe era mais que comandante, era mãe.*

*Como essa explicação também não pareceu funcionar, a mãe teve de recorrer a um último argumento: "Alfredo, se quiser que eu leve você de carro a algum lugar, tem de deixar seu iPod em casa." E assim aconteceu. Na-*

*quele dia a mãe levaria o filho ao aniversário de um colega de escola. Alfredo se conformou em cumprir a ordem. A partir daquele dia, quando Alfredo entrava no carro, quase sempre havia "esquecido" o iPod em seu quarto.*

Com os filhos as negociações nunca dão certo na primeira tentativa. Quantas vezes é preciso dizer as coisas a uma criança até ela aprender: dez vezes, quinze, um milhão? **Quantas forem necessárias**. A constância e a paciência são características muito positivas que podem ser ensinadas aos filhos. Assim como dar explicações e, quando necessário, encerrar a questão dizendo: "Porque sou seu pai", "Porque sou sua mãe". Será que eles não encontrarão na vida chefes que dizem o que deve ser feito, até com menos explicações?

E como se deve dizer as coisas? Com muita **tranquilidade**, sem se alterar. As crianças aprendem muito mais com o que veem do que com o que escutam. Se o pai fala gritando, com raiva, o filho aprenderá a gritar. E, se gritam sempre com ele, não escutará quando lhe falarem baixo.

Quando perguntamos aos pais **de onde vem essa raiva** com os filhos, por que se alteram assim com eles, muitos se desculpam dizendo "Eu não sou assim, eu não grito com ninguém, mas meus filhos me tiram do sério". Mas muitas vezes a desculpa não é real; pensando bem, há mais pessoas que os tiram do sério: o chefe, a chata da vizinha de baixo, os clientes, e algumas outras. O que muda é sua resposta: enquanto com o resto eles contêm a raiva, com os filhos explodem. Por que será?

A pessoa adulta sabe que gritar com o chefe ou mandar o cliente passear tem consequências, ao passo que gritar com os filhos não. Mas isso não é verdade. Os pais gritarem com os filhos também **tem consequências**: é possível que os filhos não lhes contem suas coisas, que tenham medo deles, que fujam de casa, pode ser que, quando cresçam, não queiram nem vê-los ou que adquiram o mesmo comportamento e gritem também com os pais ou com os demais. Os pais não costumam pensar que dirigir-se assim aos filhos traz consequências. Só porque são um pouco geniosos, ou até muito, não devemos reagir com raiva.

A pessoa aprende na família as formas de pensamento e de comportamento que provavelmente levará por toda a vida, embora possa modificá-las ao dar-se conta disso. É comum dizer "Meu pai me ensinou isso", mas há coisas que também foram ensinadas e que no entanto ainda não foram mostradas. A vida é muito longa e nós vamos acrescentando e tirando coisas, mas fazemos isso sem perceber. Há quem diga que uma pessoa é a média das quatro pessoas com que passa mais tempo.

*Paco não suportava que ninguém gritasse com ele e, quando seu filho de 12 anos respondia mais alto do que devia, ele perdia as estribeiras. Infelizmente, isso acontecia com muita frequência.*

*Paco percebia que essa atitude não era boa para ninguém. Não sabia por que agia assim com o filho, até que um especialista ajudou-o a encontrar uma explicação: a origem estava em sua infância.*

*Tivera um pai autoritário, que conseguia tudo no grito e que nunca ninguém enfrentou. Ele sempre respeitara seu pai — "Tudo o que sou devo a ele" —, mas sempre tivera medo dele. Não conseguia suportar os gritos, que lhe causavam ansiedade, nervosismo e medo. Durante toda a sua vida ele se distanciara das pessoas que tinham um tom de voz alto e as quais não podia enfrentar mesmo que tivesse razão. Haviam ensinado um conceito de disciplina a Paco que se baseava no medo e na dor.*

*Agora percebia que, se isso não fora bom para ele, também não poderia ser para o filho. Tinha de substituir na educação dos filhos aquilo que lhe causava tanto medo do pai: os gritos e as ameaças. Não precisava bater, nem gritar com seu filho. Como mudar? Lembrando-se da origem de todos os seus males, Paco encontrou outras fórmulas diferentes para fazer seu filho manter a disciplina. Além disso, pôde enfrentar também outras pessoas que gritavam; já sabia de onde vinha seu medo e nunca mais precisou demonstrar que em casa o mais forte era ele.*

Pede-se que os filhos pensem, mas os pais pensam? Pede-se que os filhos se comportem, mas como se comportam os pais?

Os pais precisam **pensar nas consequências** de seus atos, do contrário como saberão se o que fazem com seus filhos vai torná-los mais geniosos ou não? Com certeza um comportamento alterado dos pais não é adequado, embora isso seja frequente. No entanto, não deixa de ser surpreendente que muitos pais só se sintam "fortes" para ter essas explosões quando estão sozinhos com seus filhos ou no ambiente familiar.

Algumas crianças confessam: "Não entendo meus pais, eles mudam de opinião todo dia." Também dizem: "Meu pai não é o mesmo quando está sozinho com a gente e quando há mais alguém." São duas questões a serem pensadas.

Se os pais explicam **"tudo"** para os filhos (quem é o Papai Noel, de onde vêm as crianças, quanto custa o financiamento, o segredo mais bem guardado da família...), mas fazem isso muito cedo, é provável que eles não entendam nada. Cada coisa **em seu devido tempo**. Se a criança não entende o que lhe estão explicando, é porque ainda não tem idade suficiente para isso.

*Ângela é uma menina que sabe tanto sobre o dinheiro que a mãe possui que não faz outra coisa senão perguntar à mãe por que não gasta mais dinheiro com ela. O mais grave é que seu sonho é que a mãe morra, está pensando até em matá-la sem que ninguém saiba, para gastar o que quiser.*

Saber, quando ainda não é hora, pode causar ações e situações não desejáveis.

**Lembre-se...**

**Fale com clareza.**

**Se a criança não entende, é preciso falar de outra forma.**

**Falar com raiva tem consequências negativas.**

**Explique as coisas em seu devido tempo.**

## 12. A FORÇA DO DIÁLOGO

Atualmente se dá muito valor ao diálogo e com certeza com os filhos ele tem **valor**, e muito. Quanto mais diálogo houver entre pais e filhos, melhor; em tudo o que for possível e que ele sirva não só para repreender. Se as palavras são para brigar, haverá mais motivos para estar menos tempo juntos.

Dialogar é, sobretudo, escutar, mas escutar a partir do lugar de cada um. Os filhos nem sempre estão dispostos a fazer isso. Não é necessário que eles contem tudo aos pais, nem que os pais contem tudo a eles. Antes havia conversas de adultos e conversas de crianças, pois quando elas sabem muitas coisas antes da hora podem ter preocupações desnecessárias. No diálogo, as mentiras não valem: os pais não devem tolerá-las nem usá-las.

Cada um deve cumprir sua obrigação segundo o lugar que ocupa.

Qual é o diálogo mais conveniente entre pais e filhos? Não é um diálogo entre iguais. Deve estar baseado na razão e no respeito e deve ser adequado para a idade do filho (não deve ser o mesmo aos 4 e aos 14 anos).

Os políticos tendem a nunca dar razão aos representantes de outros partidos, porque isso seria reconhecer que os outros podem governar melhor. Nunca levam em conta as propostas dos demais, por melhores que sejam, e fazem até ataques pessoais. Muitos pais agem como os políticos. Não importa o que os filhos digam, **eles nunca têm razão**. Esse diálogo baseia-se em "Eu tenho o poder e você não pode falar nada". Esses pais, se por acaso não sabem, têm **medo de perder o poder**. Mas a autoridade dos pais não está em ter sempre razão.

Os que trabalham diretamente com o público conhecem muito bem a máxima que diz "O cliente sempre tem razão" e aguentam quase qualquer coisa para não perdê-los. Essa é a forma de diálogo de muitos pais que, para não perder o filho, engolem o que for preciso, porque "o filho sempre tem razão". E o pior de tudo é que chegam a acreditar nisso. Esse diálogo consiste em **comprar afeto** com base em ceder constantemente, servilmente. Mas os filhos não gostarão mais dos pais, nem se comportarão melhor, porque os pais **lhes dão sempre razão**.

Os cientistas dialogam de forma muito mais enriquecedora. Primeiramente escutam, e quem fala baseia-se em provas, não em opiniões ou em juízos de valor. Depois, se o outro, também com provas, puder demonstrar que não é assim, o primeiro aceitará e lhe dará razão e todos sairão contentes porque aprenderam alguma coisa. Mas também há cientistas soberbos que não aceitam as provas dos demais. Alguns pais pensam ser cientistas e não aceitam nenhuma opinião que venha dos filhos. São como os cientistas soberbos e **arrogantes**. Outros veem os filhos como cientistas e rapidamente ficam **sem argumentos** diante deles. Mas um bom diálogo é sempre um bom diálogo científico saudável.

Há mil formas de dizer as coisas sem ferir o outro, mas costuma-se fazer uso daquilo que machuca mais, e esse ferimento é o que impede de levar o outro em consideração.

O diálogo com os filhos deve ser **positivo**, estar repleto de palavras construtivas, pronunciadas em tom adequado e sem esquecer que temos duas orelhas e só uma boca (seria para ouvir o dobro do que falamos?).

Agora já não se diz "eu gosto disso" mas "é da hora". Não se diz "que bonito", mas "irado, cara". Poderíamos fazer um livro só com os exemplos. Alguns pais e professores, para ser modernos ou para se aproximar dos filhos ou dos alunos, utilizam mais palavrões que eles, e fazem isso por desconhecimento, porque não têm consciência da **força tremenda** que as **palavras** têm na educação.

A palavra causou guerras e rupturas, ofendeu pessoas e destroçou cidades, salvou vidas e abriu mares; no entanto, poucas vezes levamos isso em consideração. Se chamarmos um garoto de "cara", obteremos dele uma resposta na mesma escala. Se o ofendemos, ele terá de defender-se. Se o provocamos, não podemos esperar que o que lhe dizemos tenha algum efeito positivo. Não é a mesma coisa dizer "Levanta, vagabundo" e "Está um dia lindo e você tem um monte de coisas para descobrir". Não é o mesmo ouvir "De você não é possível esperar mais que isso" e "Acho que você pode fazer melhor". É diferente dizerem para você "Quero que você morra" e "Estou bravo com você".

Os filhos, da mesma forma ou até mais que o restante das pessoas, precisam de palavras de alento, de confiança, segurança, esperança, e não só de palavras mordazes. Os pais precisam ter isso sempre muito presente.

No diálogo entre pais e filhos, o **exemplo** também **vale**, mais que muitas palavras. O valor está nos exemplos mais clássicos e necessários: ser pontual, obediente, respeitador, trabalhador... mas também nos pequenos sinais, até nos silêncios e omissões: ver um filme com eles sem estar repetindo como eles são "terríveis", comer sem fazer cara séria porque eles estão perto, fazer silêncio só para que eles fiquem em silêncio também, e muitos outros, positivos e negativos.

**Lembre-se...**

Escolha palavras construtivas que seus filhos possam guardar.

É preciso manter vivo o diálogo com os filhos: sem medo, sem servilismo, com argumentos e sem arrogância.

O exemplo vale mais que muitas palavras.

# 13. BOM HUMOR

O bom humor é uma ferramenta que ajuda a criar vínculos, a gerar esperança. É uma ferramenta muito importante, sobretudo para fazer desaparecer a pressão, a violência, o mau gênio: exceto em algum filme de humor, nunca vemos duas pessoas se engalfinharem às gargalhadas. O bom humor não só muda a forma de perceber as situações e de vivê-las como também **evita as tensões** e elimina a possibilidade de possíveis agressões. Nenhum ser humano consegue vencer o bom humor com a força; é o bom humor que vence a força, o que **pode** com o mau gênio.

Muitas pessoas pensam que o bom humor mata o respeito à outra pessoa, mas enganam-se. Na verdade, o bom humor é um sintoma de inteligência e de saúde mental, e as pessoas que o usam não só conseguem o que procuram mas também fazem com que todos se sintam à vontade e atraídos pelo ambiente ao seu redor.

**Não se deve confundir** o bom humor com a atitude do engraçadinho que quer fazer graça de tudo. A ironia e o sarcasmo também não são bom humor; podem ser habilidades "mais inteligentes", mas nenhuma das duas aproxima as pessoas, podem ferir sem que se perceba e, além disso, costumam fazer inimigos.

Aproximar-se da pessoa, atraí-la, ganhá-la, conquistar o objetivo são elementos muito valiosos quando é preciso relacionar-se com alguém e vencê-la em situações complicadas. Qualquer pai com filhos geniosos gostará de contar com esses elementos para corrigi-los e educá-los. O bom humor é o caminho para isso.

A educação é um assunto sério, mas ninguém diz que precisa ser chata, engessada, pesada. É necessário acrescentar o bom humor no processo educativo, e até levá-lo a sério e ensinar a praticá-lo. Pelo menos pode-se começar a praticá-lo em casa.

*Salud era uma garota de 14 anos que sabia usar muito bem a agressividade. Na verdade, ela sabia que, se pedisse as coisas numa boa, o normal era não consegui-las, mas, se armava um bom espetáculo, ninguém lhe dizia que não. Apesar de ter tirado notas baixas em todas as matérias, conseguiu uma moto depois de quatro dias de gritos, três portas quebradas, uma noite sem dormir, deixar de comer com seus pais e uma boa dose de palavrões à sua irmã mais nova. Sempre que Salud armava um escândalo, todos pegavam fogo à sua volta, ela acendia a fagulha e os outros entravam como lenha.*

*Todos exceto seu avô Aurélio, que tinha uma forma diferente de agir que para ele funcionava muito bem. Nunca levava para o lado pessoal o que sua neta lhe dizia e tinha muito claro que dele ela não conseguiria o que bem quisesse. Também tinha muito claro que, quando ela ria, era impossível que soltasse uma cusparada ou uma agressão, e os insultos eram outra coisa.*

*Se sua neta lhe dizia: "Você não vale nada, é um velho asqueroso", em vez de entrar na dela, podia responder: "Pois saiba que a garota do supermercado me dá a maior bola."*

*Embora algumas vezes tirasse Salud do sério, o mais comum era arrancar-lhe um sorriso, ou pelo menos não lhe dava mais elementos para ela continuar agredindo verbalmente.*

*Para toda a família, pais, irmã e avô, teria sido muito bom usar o humor. Mas os pais não lidavam muito bem com esse dom (nem todo o mundo tem essa capacidade), então tiveram de recorrer ao "despistamento": nos momentos mais difíceis, em vez de tentar agredi-la verbalmente para ver quem ganhava, passariam a falar de algum assunto pelo qual Salud sentisse paixão.*

*Quando Salud pretendia provocar a irmã, esta fazia um comentário sobre um garoto bonito que morava perto, a mãe "despistava" com a roupa, e o pai saía falando sobre algum programa de televisão. Pouco a pouco, com "despistamento" e com o humor do avô, Salud percebeu que ninguém mordia as "iscas" que jogava e foi se acostumando a usar um tom diferente com a família.*

Quem sabe com essa aprendizagem seja possível caminhar em direção a uma **sociedade melhor**, em que os atuais programas de televisão grotescos e agressivos sejam substituídos por programas de humor culto, sutil, respeitoso, construtivo. Bom humor, mas nem por isso menos divertido. Talvez ao fazer isso se possa **formar uma geração** que aprenda a não levar tão "a sério" os problemas, a ser menos agressiva, menos propensa a esconder-se nos papéis falsos que a televisão mostra, ou a considerar os princípios mostrados pela telinha como únicos e inamovíveis quando não o são.

Há quem proponha ampliar os direitos humanos com este: "Todos os seres humanos têm direito a cultivar o senso de humor, a não se levar muito a sério e a rir de si mesmos. Têm direito a usufruir de uma gargalhada, do riso e do sorriso (rindo com seus semelhantes e evitando rir deles), e a construir um mundo em que o humor inteligente, criativo, empático, solidário e renovado contribua para alegrar a vida e torná-la mais lúcida, digna, divertida e mais fácil de levar."

Ter humor não é nada fácil, muito menos quando a situação é difícil ou trágica. Mas conseguir um sorriso e fazer rir pode se transformar em um bálsamo para enfrentar os problemas; o bom humor ajuda a superar as situações mais difíceis. O ser humano nasce com habilidade para rir e chorar, embora tendamos a reprimi-la. Quando não a reprimimos, é mais fácil rir e chorar, fazer rir e fazer chorar (de alegria).

**Lembre-se...**

**O bom humor vence o mau gênio.**

**Acrescente bom humor à educação.**

# 14. DEMONSTRE SEU AMOR

As crianças, os idosos e os doentes não são os únicos que precisam ouvir que **são amadas**. Todas as pessoas precisam saber que alguém sente algo por elas, que são importantes para alguém. Não se deve esquecer de pronunciar as palavras que brotam do coração. Certamente os filhos sabem que seus pais os amam, mas precisam ouvir isso. Quando os pais se aborrecem com algo que seus filhos fizeram, quase nunca se esquecem de dizê-lo; deveriam ter a mesma memória para dizer quanto amam os filhos ou para falar sobre as coisas que lhes agradam neles.

É muito mais difícil expressar o afeto. E, no entanto, o amor é tão importante para quem o recebe como para quem o transmite. Os seres humanos sentem vergonha de expressar seu amor, seus sentimentos, ainda mais se for na frente de outras pessoas.

Existem famílias que acreditam que o afeto pelo filho só tem sentido nos primeiros anos de sua vida: nada mais errado. As formas de afeto mudam, mas ele tem de existir sempre. Esse afeto é o que nos torna mais humanos, mais pessoas. No afeto que dão aos filhos é que reside o verdadeiro sentido de ser pais.

Os meninos recebem normalmente menos demonstrações de amor que as meninas, e isso, "de acordo com sabe-se lá que tradição", os torna mais fortes e durões. Mas essa tradição é tão falsa quanto a de que os meninos não devem chorar. Chorar não é o mesmo que ser um chorão, é como uma válvula de escape que ajuda a tolerar e molda o caráter. Alguns pensam que não chorar faz aumentar a raiva e também nos torna menos humanos.

Há pessoas que tiveram de reprimir tantas lágrimas ao longo dos anos com medo do que os outros iriam pensar, que acabaram perdendo a capacidade de se emocionar, de ter sentimentos, e terminaram distanciando-se da família, dos entes queridos, porque podiam fazê-los chorar. Dessa forma perderam outra forma de comunicação. Chorar é como rir, um dom que nos é dado e que, se não conservamos e praticamos, podemos chegar a perder: é preciso expressar os sentimentos.

Os filhos se beneficiam das expressões de carinho dos pais e estes também apreciam demonstrá-las. Todos gostam de saber que são queridos e de expressar seu amor, qualquer que seja a forma de fazer isso.

Nenhuma criança do mundo deveria ir para a escola ou para a cama sem dar um beijo em seu pai e em sua mãe (e por que não no resto da família?). Toda criança deveria ter alguém para assoprar sua ferida quando se machuca, abraçá-la quando chega em casa e beijá-la quando já está deitada.

E, quando são adolescentes, é preciso continuar com os abraços, mesmo que já não queiram nos dar beijos. E, quando maiores, também é tempo para continuar abraçando-os com força, para que saibam que continuam tendo o carinho dos pais, se por acaso não têm o de outros.

Mais que falar do **carinho** com os filhos é preciso praticá-lo e **expressá-lo.**

Não é bom castigar os filhos negando-lhes o afeto. Quando um pai ou uma mãe diz para o seu filho "Se não se comportar, não gosto mais de você", "Ou você estuda, ou não vou gostar mais de você", ou coisas parecidas, estão começando uma corrida que os levará, quase com certeza, a serem amados por seus filhos pelo que eles consigam fazer, e não pelo fato de serem seus pais. Dessa forma, quando o filho não conseguir fazer o que seus pais querem dele, pode chegar a odiar-se. Se, quando o filho "apronta", os pais lhe dão menos carinho, ele se acostumará a precisar cada vez menos de carinho. Por esse caminho, a relação com o filho se deteriora até se tornar impossível para todos.

*A mãe desistira do filho e desabafava dizendo: "Não há quem consiga gostar dele." O desabafo é como quando temos dor de estômago e precisamos vomitar: enquanto o estômago não ficar totalmente vazio não será possível comer nada.*

*Assim funcionava às vezes a mente dessa mãe. Precisava "expulsar" de sua cabeça as coisas negativas do filho. Mas o problema era que ela não parava de vomitar; sempre achava uma nova razão, alguma coisa nova do filho de que ela não gostava, parecia impossível encontrar alguma coisa boa nele. Para ela seu filho era a carga mais pesada do mundo; ele era o culpado de sua solidão e de todas as desgraças que lhe haviam ocorrido e que viriam a ocorrer.*

*Por mais chocante que pareça, tudo era tão negativo que a melhor coisa que podia acontecer a esse filho era não viver mais com sua mãe. Por sorte, a irmã da mãe se ofereceu para receber o garoto durante uma temporada, e assim foi feito. A tia era capaz de encontrar coisas boas em seu sobrinho. E a temporada foi se estendendo e se estendendo.*

*A mãe gostaria de amar seu filho mas ainda não descobriu o que a impede: continua enchendo o próprio estômago com coisas contra ele, sejam elas reais, distorcidas ou imaginárias. Mas pelo menos o filho encontrou um lugar para viver.*

O amor não tem nada a ver com os resultados escolares nem com o comportamento. Quando uma criança acredita que o carinho é dado dependendo do comportamento do outro, estamos ensinando-lhe uma forma equivocada de amar seus amigos, sua família, seus pais.

As crianças devem aprender que se deve amar as pessoas **pelo que elas são**, não se pode deixar de amá-las conforme o comportamento que tenham ou por sofrerem de alguma doença.

Devemos **ficar bravos com os fatos**, não com os filhos. Não é fácil lidar com crianças geniosas, mas não se consegue fazê-las melhorar menosprezando-as.

É preciso manter sempre a esperança no efeito dos sentimentos. Todo o mundo precisa **de alguém que o ame** e muitas crianças mudam radicalmente ao encontrar, na idade certa, alguém (normalmente de sexo diferente) que sinta afeto por elas e o demonstre.

Quando alguém começa a amar outra pessoa, não leva em consideração seu passado, fica com seu presente, e especialmente com um futuro juntos. Não ter vivido um passado ameaçador com alguém possibilita não ter nenhuma objeção para viver o presente. A **mudança** que os novos sentimentos produzem parece um milagre, mas é fruto de uma nova oportunidade, quase como um nascer de novo.

*Muitos pais de filhos "difíceis" acham que, se o filho encontrasse uma garota, tudo mudaria. Isso é o que Héctor, o pai, queria que acontecesse com seu filho, um garoto que dava muito "trabalho". Esperavam a garota que tornaria a mudança possível. Os garotos, quando se apaixonam, ficam como pavões mostrando suas penas mais bonitas para cativar a garota e escondem bem fundo o que têm de feio e que pode distanciá-las.*

*Héctor, o filho, estava em uma fase muito difícil de suportar. Seus pais estavam separados. A mãe já não aguentava suas mentiras, seus roubos, sua falta de horário e de respeito, sua ausência na escola. Portanto, decidiram que ele passaria uma temporada com o pai, o último lugar ao qual podiam recorrer. Com Héctor pai a coisa também não deu certo: roubava-lhe dinheiro, o cartão de crédito, as bebidas desapareciam, as farras e as ameaças aumentavam. Apesar de o filho ter só 15 anos, o pai já pensava que, se continuasse assim, teria de denunciá-lo ou procurar uma instituição para ele se recuperar.*

*Mas da noite para o dia o filho parecia ter se transformado: levantava em horários razoáveis e, diferentemente do que fazia antes, não se deitava no sofá, mas tomava banho e se arrumava. Seu quarto estava arrumado e até voltou a ter vontade de ir à escola. Milagre? Não, simplesmente estava loucamente apaixonado por uma garota de sua sala. E uma garota que só tirava notas boas. Héctor foi, pouco a pouco, gostando das mesmas coisas que ela: roupas bonitas, shows, cinema, enfim, o normal.*

*Héctor pai sabia que, quando a conhecesse, não devia comentar nada sobre o passado. Fazendo isso ajudaria o filho a marcar dois territórios diferentes, o do passado, em que ele podia continuar sendo "estranho" como sempre, e o do seu presente e futuro, em que havia somente a garota. O pai, com muita habilidade, quis fazer parte desse novo presente e desse novo futuro. Conheceu a garota, convidou-a para jantar e falou maravilhas sobre Héctor (do novo Héctor, obviamente). Quanto mais reforçava isso, melhor o filho ficava. Quanto mais apaixonado e com vontade de conquistar sua garota, mais trabalhador e agradável ficava; inclusive não se importava de deixar "seus amigos do peito" para ficar com ela, amigos pelos quais umas semanas antes ele daria a vida (os adolescentes são bem contundentes na hora de expressar seus sentimentos).*

*O amor fez esse adolescente mudar e ele teve a "sorte" de encontrar uma garota excelente. O único perigo, nesse momento da vida, é encontrar um ser humano que seja muito mais "difícil" e o resultado ser pior que o anterior. É que mais com mais costuma dar MAIS.*

A máxima realização do ser humano tem origem, em geral, em ter alguém a quem amar, sentir-se amado, ter algo que esperar. Encontrar uma nova pessoa a quem amar pode **mudar** o comportamento dos adolescentes. É fácil perceber as mudanças nos jovens que estão apaixonados: nem os mais geniosos conseguem resistir.

**Lembre-se...**

Diga a seu filho quanto o ama, em qualquer idade.

Ele precisa de alguém que o ame.

Não se deve castigar os filhos negando-lhes carinho.

O amor produz o milagre da mudança.

# 15. DISCUSSÃO E PROVOCAÇÃO

Os pais devem saber **distinguir** as discussões importantes das absurdas e inúteis. As discussões acabam sendo desgastantes e, quando sabemos diferenciar sua importância, podemos empregar energia só em questões que realmente valham a pena.

As discussões **inúteis** são aquelas que as crianças iniciam para chamar a atenção, para sair de algo tedioso, para fugir de suas responsabilidades ou para desafiar a autoridade. As discussões inúteis nunca terminam, repetem-se dia após dia como parte integrante da rotina.

As crianças podem discutir simplesmente pelo **fato** de discutir; o motivo da discussão não é tão importante. A coisa é simples assim. Poderíamos até acrescentar que discutir faz parte do papel de ser filho, criança ou educando. Atualmente, a obediência submissa é vista como uma fraqueza, e não como uma virtude.

Ao instalar-se na sabedoria popular a ideia de que é preciso escutar as crianças e falar com elas em vez de silenciá-las, passou-se de um extremo a outro, o de achar que tudo deve ser negociado e todas as razões devem ser ouvidas cada vez que as crianças queiram nos desafiar. Assim, hoje em dia, um simples pedido pode se transformar em um caso quase judicial, e os pais terminam esgotados, a ponto de considerar que têm de suportar os filhos e não ser felizes com eles.

A imensa maioria das discussões com os filhos, na realidade, não tem nenhum sentido. Deveriam ser **ignoradas**, sem com isso perder o respeito pelo filho ou o controle da situação.

*A mãe disse para Sônia: "Está na hora de você se vestir para eu levar você para a escola."*

*Sônia queria continuar vendo televisão e respondeu: "Estou bem assim, por que eu tenho de trocar de roupa?"*

*A mãe insistiu: "Essa roupa é para brincar em casa. Vista alguma coisa melhor em respeito à sua professora."*

*A filha resistia: "Mas outro dia eu fui com essa roupa."*

*Sua mãe sorriu e respondeu, de forma firme mas friamente: "Avise quando estiver pronta que eu levo você."*

*A forma como sua mãe evitou uma possível discussão foi excelente. Não ordenou que mudasse de roupa, mas disse que já era hora de fazê-lo. Quando a menina pediu um motivo, a mãe lhe deu dois. Quanto tentou continuar discutindo, a mãe se negou a cair na armadilha. E, finalmente, a mãe mencionou, de forma muito sutil, uma consequência: "Eu levo você", dando a entender que, se não trocasse de roupa, teria de ir por conta própria.*

Quando não se tem poder, costuma-se recorrer à manipulação como única forma de alcançar um objetivo. E as crianças manipulam mediante discussões, reclamações, ladainhas de porquês e comportamentos não verbais irritantes. Qualquer coisa para sair-se bem. E, se "ganham" dos pais, têm ainda mais um incentivo para esse tipo de comportamento.

Não há nenhum problema em **ser impopular** de vez em quando. De fato, a impopularidade é um dos ossos do ofício de ser pai, professor, educador ou chefe. Quando uma criança tenta vencer seu adulto de referência atacando com "Você é chato", "Não gosto mais de você", "Eu odeio você"..., existem várias opções: ficar bravo, sentir-se culpado, desculpar-se ou lhe dar razão. A melhor de todas é lhe dar razão ou "ser chato", e não deixar a criança conseguir o que quer, pois se irritar é uma perda de energia e, a menos que isso se justifique, desculpar-se ou sentir-se culpado implica aceitar a derrota.

Não discutir não é deixar de cumprir uma regra, mas encontrar outro mecanismo para que ela seja cumprida.

Se é preciso discutir, convém usar a discussão para levar à mudança, apesar de ser melhor evitá-la. Nesses momentos de tensão, pensa-se pouco e não é possível mudar nada. Algumas medidas adequadas para evitar discussões são: não cair na armadilha da raiva, usar o poder dissuasivo do humor, não negociar em momentos de exaltação. De qualquer forma, é preciso ter respostas prontas para encerrar uma discussão.

Quase todos os atos de **agressão** verbal ou física começam com uma discussão. Toda discussão pode subir de tom e chegar a limites inesperados, e, além disso, as discussões com bons manipuladores sempre podem fazer os pais perder.

A **provocação** também é um elemento de "persuasão" que os filhos podem usar contra os pais. Não se pode menosprezar a capacidade destrutiva que os filhos adquirem ao dirigir-se dessa forma aos pais, mas é possível **estar preparado** para impedir que alcancem seus objetivos. Alguns conselhos "técnicos" para os pais:

1. Nunca utilizar o **sarcasmo**, que pode esquentar ainda mais o ambiente, impossibilitar a comunicação, produzir muita raiva e tornar-se um hábito na forma de comunicar-se (vamos ver quem é mais sarcástico?).

2. Controlar a expressão facial e a **linguagem corporal**. Às vezes, enquanto falamos, o corpo transmite outra coisa diferente: não adianta nada falar de paz dando murros na mesa.

3. Ignorar as **reações não verbais** dos filhos, sem que isso suponha que estão perdendo o respeito e a autoridade. Sair por um momento é uma forma perfeitamente digna de não perder os papéis; além disso, dessa forma as crianças se desarmam completamente.

4. Pedir que expliquem suas razões **por escrito**, isso as obriga a refletir e a ser coerentes.

5. Não se deixar influenciar pelo **estresse emocional** produzido. Os filhos tentam atacar o poder e a autoridade dos pais. Fazem isso porque ainda não aprenderam a manifestar-se de outra forma. Ao perceber que não podemos com uma situação, é melhor deixar para enfrentá-la quando estivermos preparados para isso.

*Maria era obrigada a começar o dia ouvindo da filha o seguinte cumprimento: "Bom dia, puta" (desculpem o palavrão). Para a mãe era difícil entender aquilo e, geralmente, abatia-se só de escutá-la, passando a ser escrava da menina durante todo o dia.*

*Cansada de tanta ofensa, decidiu que responderia da mesma forma, mas isso também não funcionou. A resposta da mãe reforçava o comportamento da menina e as brigas eclodiam cada vez mais fortes. Se a mãe se abatia, a filha a tinha nas mãos o resto do dia; se a mãe entrava na batalha, a filha estava muito mais bem preparada que ela.*

*Maria precisava "vacinar-se" contra as palavras "mágicas" da filha. Ao escutá-la, não devia se sentir mal, não devia responder, mas negar alguns dos privilégios que a filha tinha: preparar o seu café da manhã, levá-la de carro ou lavar sua roupa.*

*Ao colocar isso em prática, a filha não entendeu o que estava acontecendo, sua mãe não se abatia e também não a enfrentava. Suas palavras mágicas já não surtiam efeito, o que para ela era uma situação desconhecida.*

*Os adolescentes demoram mais que os adultos para refletir sobre o que está acontecendo. Mas, após duas semanas, a filha eliminara as palavras para fazer uso de ameaças do tipo "Eu mato você", ou "Vou pôr fogo nesta casa". Era óbvio que a filha estava procurando algo para substituir as palavras mágicas e a mãe voltou a usar a mesma tática, apesar do medo que estava sentindo.*

*A filha não demonstrava remorso e era muito inteligente. Assim, aproximadamente a cada duas semanas conseguia pensar uma nova prova de fogo para a mãe. As provocações da filha de Maria eram como palitos de fósforo, se não encontravam material não chegavam a provocar incêndio. Mas, se a mãe entrava com papel, ou o pai com lenha, a coisa podia se transformar em um incêndio difícil de apagar.*

*Quando Maria não aguentasse mais, era melhor sair para dar uma volta, ir tomar um banho, ver um filme, ouvir música, mas não podia cair na armadilha da filha.*

Com crianças geniosas, há coisas que aparecem e desaparecem sem que saibamos o que as motivou ou o que as fez desaparecer. Algumas demoram tempo e provocam sofrimento até desaparecer, mas costumam ir embora e a atitude dos pais ajuda nisso.

Costuma dar resultado fazer o filho pensar como ele se sentiria se lhe dissessem o mesmo que está dizendo ou fazendo para o pai, ou usar exemplos de pessoas que aguentam "explosões" sem sentido de outras pessoas que não têm razão, como, por exemplo, o pessoal de terra de um aeroporto se os aviões se atrasam: alguns passageiros aproveitam para descarregar neles toda "sua força negativa".

As discussões e as provocações não são agradáveis para os pais, mas também **precisam existir**. Se as crianças não podem discutir por medo de represálias, acabam se refugiando em um silêncio cheio de ressentimento. E então os pais e educadores estarão perdidos, porque não poderão responder proibindo o silêncio também. E isso não vai contra tudo o que disse anteriormente.

Os adultos não devem começar as discussões nem envolver-se nelas, mas precisam aguentá-las quando chegam, fazer que sejam o menos prejudicial possível e torná-las produtivas. É possível dizer coisas como "Vamos conversar mais tarde, quando você estiver mais tranquilo", ou dar respostas que evitem que a discussão prossiga. Pode ser suficiente dizer "Sei que você não gosta dessa regra, mas tudo bem, você não precisa gostar dela, só obedecer a ela".

**Lembre-se...**

**Ignore as discussões inúteis.**

**Esteja preparado para reagir à provocação com "técnica".**

# 16. NEGOCIAÇÃO SIM, CHANTAGEM NÃO

As crianças aprendem a negociar desde pequenas:

– Mamãe, se eu comer tudo, posso ficar vendo televisão mais dez minutos?

– Se eu não tirar nenhuma nota vermelha nas provas, posso chegar às duas da manhã?

– Se eu for com vocês à casa da vovó, depois eu posso passar a noite fora?

É verdade que negociando adquirimos ferramentas de comunicação, e mesmo de persuasão, mas nem tudo é negociável. E, quando descobrimos que algo é inegociável, também desenvolvemos ferramentas de fortalecimento ou de superação pessoal diante da frustração.

**Negociar** sim, e **não negociar** também. Podem ser inegociáveis, por exemplo, a hora de levantar-se de manhã, a obrigação de ir à escola, estudar, as visitas à casa dos avós, a forma de se vestir ou o fato de ter de comer tudo o que se põe no prato. E é possível admitir a negociação para ver uma série de televisão, dormir mais tarde, tirar a mesa ou decidir o que fazer no sábado à tarde.

Cada lar deverá decidir o que é possível negociar e o que não é. Os pais decidem, conforme o critério estabelecido por eles, e podem até mudar (não como um capricho), o que é importante hoje pode não ser amanhã. Qualquer que seja o método, os filhos devem saber **claramente** o que é negociável e, sobretudo, **o que não** é. Os pais não podem se esquecer de comunicar-lhes isso, incluindo qualquer mudança futura (não haveria nada de mais se os pais, no momento certo, dissessem: "A partir de hoje não existe mais a regra de...").

Não pode existir **discrepância entre os pais**, não há nada pior que um pai que negocia tudo e uma mãe que não negocia nada ou cede em tudo. As coisas devem ser ou não negociáveis, não os adultos.

*O filho aprendera a manipular o pai, sabia perfeitamente ao que podia e ao que não podia desobedecer. O pai perdera a autoridade e ele mesmo admitia: "Sou muito mole com meu filho."*

*O garoto não estudava o suficiente, não respeitava os horários, mentia, não respeitava as proibições... Os motivos que o pai apresentava nunca eram suficientes para o filho fazer o que fosse. Além disso, o filho os rebatia com perfeição, chegando mesmo a convencer o pai.*

*Haveria alguma maneira de o pai recuperar o terreno perdido? Sempre há, basta procurá-la.*

*Para sua surpresa, o pai percebeu que havia regras que o filho não desrespeitava nunca: "Uma das regras em casa é que não se come nada entre as refeições e nunca o vi fazendo isso. Outra regra é que sempre comemos juntos e sem televisão, e ele sempre a respeitou. Outra é que ele deve se levantar na primeira vez que chamamos, e na verdade ele sempre o faz. Também é sempre pontual." E com certeza poderia encontrar mais algumas.*

*Por que essas regras o filho cumpria? O pai foi-se convencendo de que nem era tão mole como acreditava nem seu filho desrespeitava sua autoridade. Sua obrigação consistia em defender novas regras, sem abusar, mas com a mesma força que pusera nas que já haviam se tornado um hábito.*

Os filhos são capazes de cumprir estritamente algumas regras, até mesmo os adolescentes com sua rebeldia. Geralmente são aquelas que os pais defenderam sem baixar a guarda em nenhum momento. Mas há outras que não são defendidas com tanto afinco e costumam ser as primeiras a "ser eliminadas". Talvez seja melhor ser assim, nem todas podem ser defendidas da mesma forma, nem é bom que todas estejam no mesmo nível, o lar poderia se tornar um quartel.

Quando a negociação é usada indevidamente, pode-se transformar em **chantagem:**

– Se não me deixar sair, quebro sua cara.

– Se não me der dinheiro, ponho a música no último volume.

– Se não deixar eu usar o computador a tarde inteira, vou quebrá-lo.

Esse tipo de atitude **não é negociação**, mas sim "terrorismo familiar". Uns, normalmente os pais, querem negociar e o outro, normalmente o filho, só quer se dar bem. Quando isso ocorre, a relação entre pais e filhos está rompida e a única coisa que existe é uma relação entre vítimas e tiranos. Ao chegar a esse ponto, a única coisa que resta é não lhes dar a oportunidade de negociar e, como se ainda fossem uma criança, estabelecer a norma e ponto. Talvez signifique um retrocesso na formação dos filhos, mas às vezes, para avançar, primeiro é preciso retroceder e consolidar. "Nessa casa comemos ao meio-dia (nem mais nem menos)", e não ceder até que aprenda a negociar com equidade. A negociação deve beneficiar as duas partes, e não só uma; do contrário é chantagem, não negociação.

*Irene, de 14 anos, estava de castigo em seu quarto porque faltara com respeito a seus pais durante a refeição. Mas como "cabeça vazia, oficina do diabo" (não se pode esquecer que um filho genioso, quando se aborrece, pode ter seu mau gênio piorado), decidiu começar a negociar com os pais:*

*— Se vocês me tirarem do castigo, não faço mais isso.*

*E os pais aceitaram:*

*— Irene, ficamos contentes com sua atitude. Então, em vez de ficar de castigo no seu quarto até as oito, você pode sair às seis.*

*Irene já conseguira diminuir duas horas do castigo e isso seria muito difícil de perder.*

*Mas para ela aquilo não parecia suficiente e decidiu deixar a negociação para entrar na chantagem:*

*— Pois então, se não me tirarem do castigo, vou ofender vocês o tempo todo.*

*E como os pais não cederam, Irene decidiu começar a dar uns empurrõezinhos e lhes disse:*

*— Se vocês querem que eu os deixe em paz, têm de me tirar do castigo.*

*E como os pais ainda não cediam, decidiu começar a jogar coisas no chão, primeiro sem força, para não quebrá-las, e logo com toda a força possível.*

*Os pais não aguentaram mais e lhe disseram:*

*— Suma de uma vez antes que a gente faça uma loucura e você tome uma bofetada.*

*Irene saiu de casa como campeã de luta livre. Seus pais a haviam tirado do castigo.*

*Os pais de Irene, quando analisamos a situação, perceberam que não haviam colocado o castigo de volta quando a negociação se transformou em chantagem, haviam se esquecido daquelas duas horas. Além disso, ao deixá-la vencer, ao colocá-la para fora com maus modos, eles lhe haviam ensinado uma nova forma de ganhar: com empurrõezinhos e coisas quebradas que, em contrapartida, não tiveram nenhuma consequência.*

Por mais difícil que seja resistir, **não** se deve **ceder** à chantagem dos filhos. A chantagem é sempre inadmissível, mas não surge de forma espontânea. Essas situações podem ser evitadas se, desde pequenos, conseguirmos:

– que eles **interiorizem** o que é possível, o que não é e o que não se pode negociar, e

– que os pais não **mudem de critério** arbitrariamente, conforme seu estado de espírito. Uma briga entre o casal ou um aumento de salário no trabalho não pode servir de desculpa para os pais aceitarem descumprir o que não é negociável.

**Lembre-se...**

**Negociar sim, e não negociar também.**

**O que não é negociável deve ficar claro.**

**Não pode haver discrepâncias entre os pais nem mudanças arbitrárias.**

**Nunca se deve ceder à chantagem.**

## 17. DIGA-ME COM QUEM ANDA...

A adolescência é o momento em que se pode chegar a desprezar os próprios pais. Os adolescentes costumam se mostrar ainda mais "impossíveis". Nessa etapa os pais se tornam inimigos, espiões, ladrões da felicidade. Os pais dos outros sempre são "melhores" que os próprios, mais permissivos e mais generosos.

*O pai, que não deixava seu filho voltar para casa depois das duas da manhã, sempre tinha de escutá-lo se queixar de que os amigos podiam ficar mais tempo. Algumas vezes, o pai não conseguia deixar de dizer: "Coitados dos outros pais, deixam seus filhos voltar mais tarde porque acham que vou deixar você."*

*Apesar das discussões, o filho voltava na hora combinada. Como o pai conversava com os outros pais, sabia que os amigos também tinham uma hora de regresso muito parecida.*

*São truques dos filhos.*

Não é preciso se aborrecer, basta os pais desempenharem seu papel.

Enquanto são pequenos, os filhos fazem as coisas de que o pai e a mãe gostam; os adolescentes fazem aquilo de que seu grupo de amigos gosta: sai, se os amigos saem; fuma, se os colegas fumam; estuda, se os companheiros estudam; bebe, se a sua turma bebe; até rouba se eles roubam. O **grupo manda**.

Nessa fase, muitos adolescentes têm "sua família" fora de casa. E a obrigação dos pais é interessar-se por essa "nova família": os pais precisam saber com quem os filhos andam.

Não se trata de os pais escolherem os amigos dos filhos, mas de situar os filhos no ambiente adequado e proporcionar-lhes atividades que ajudem a escolhê-los: se fizer esporte, terá amigos esportistas; se for solidário e o ajudarmos a tornar-se voluntário de uma ONG, terá amigos solidários.

Alguns poderão pensar que cada adolescente tem sua própria personalidade e que o grupo não influencia, mas a experiência demonstra que, em maior ou menor grau, o grupo pode beneficiar ou prejudicar o adolescente. E os adolescentes sabem disso. São eles que decidem "Não vou sair mais com eles, só arranjam encrenca", enquanto outros permanecem e se adaptam a essa forma de diversão.

Os filhos, na adolescência, ainda são imaturos (por mais que eles digam o contrário). Podem sair com grupos para experimentar novas experiências, com outros garotos que sejam ainda mais "impossíveis". As grandes badernas nunca são feitas por alguém sozinho, é necessário pelo menos uma testemunha ou um espectador e alguém para incentivar.

Às vezes esse alguém pode ser uma rede ou um **grupo organizado** para prejudicar os outros ou a si mesmos. É possível que o filho não seja capaz de abandonar o grupo ao qual está unido pelos delitos que cometem ou, ainda pior, é possível que o grupo não o deixe ir sob diversas ameaças. Quando isso ocorre, o remédio mais eficaz é, sem sombra de dúvida, a **distância geográfica**, levá-lo para morar com algum parente ou mandá-lo para um colégio interno. Assim será mais fácil conseguir retirá-lo do grupo e evitar que o grupo o persiga deixando-o em paz.

*Rodrigo, com 13 anos recém-completados, se transformara em um marginal, com navalha e tudo, e em um grande especialista em roubos. Tratava-se de uma família de classe média alta que tinha um pequeno delinquente em casa. Seus pais haviam se esforçado, e como, mas o grupo de amigos ao qual se unira tinha muito mais poder e influência que sua família.*

*A mãe de Rodrigo sempre temera que isso acontecesse: "Eu podia adivinhar, era só ver com quem ele se juntava na escola: com os que não estudavam, com os baderneiros, com os mais vagabundos. Mas o que eu podia fazer? Não posso escolher os amigos para o meu filho e muito menos prendê-lo em casa."*

*Nem todos os ambientes são bons para os filhos, não é por experimentar de tudo que eles se tornam mais fortes ou pessoas melhores. É fato que ao ficarem mais maduros poderão se livrar desse grupo, dessas companhias, no entanto o dano causado ou o tempo perdido podem permanecer.*

*Se era assim tão claro, os pais deviam mudá-lo de escola. Mas achavam muito doloroso ter de separar-se de seu filho para que ele fosse morar com uns tios, com os quais acreditavam que Rodrigo encontraria um ambiente melhor. Se o filho ir embora era doloroso, mais doloroso ainda poderia ser a família inteira ter de fazer isso, ou uma mudança forçada de seu filho para alguma casa de recuperação.*

*Rodrigo se adaptou bem à vida com os tios e encontrou um grupo de amigos muito menos radical. Quando Rodrigo vem visitar os pais, prefere não sair de casa.*

Os pais devem ter interesse em **saber** com quem o filho anda. Assim saberão o que podem dizer ao filho e talvez possam influenciá-lo. Os pais, tão envolvidos com o trabalho, às vezes abandonam interesses que poderiam funcionar como um elo entre eles e seus filhos, e até como influência nos amigos de seus filhos. Se um pai pratica futebol, aeromodelismo, tênis, ou coleciona selos, e o filho encontra amigos com esse mesmo interesse, o pais poderão compartilhá-lo entre todos. Todos ficarão mais tranquilos, saberão o que o filho estará fazendo e com quem. Além disso, os próprios amigos conversarão com o filho sobre seu pai e isso é muito bom. Como os filhos tendem a ver melhor as virtudes dos pais dos outros que as dos seus, essa é uma forma de obter respeito, de o filho ver seu pai de uma nova perspectiva, a partir das coisas boas que ele não vê, mas os amigos sim.

Em muitos países existem vários tipos de clubes – de tênis, de golfe, de alpinismo – nos quais toda a família se reúne com outras famílias para realizar atividades de lazer. Esses clubes têm a grande virtude de reunir pais e filhos no mesmo espaço, sem que os pais tenham de se preocupar com quem estão e onde, e os filhos têm a alegria de compartilhar os mesmos interesses. Não é algo elitista, mas sim a união de famílias, em que todos ajudam na educação de todos, coisas que parecem invisíveis mas que tornam possível as crianças se "contaminarem" com as coisas boas uns dos outros e mudarem seu comportamento em casa.

Quando pequenos, "meninos andam com meninos" e "meninas com meninas". Na adolescência começam a sair todos juntos, aparecem os primeiros namoros, e o corpo, como a mente, se volta para "ele" ou "ela". Se o grupo de amigos tem influência, mais influência ainda tem o "novo par". Convém conhecê-lo, mesmo que não vá durar muito. Se o filho, quando pequeno, encontrava apoio nos pais, agora não é de estranhar que ele busque **apoio** em seus iguais ou **no(a) namorado(a)**.

Muitas vezes, e particularmente em determinadas idades, os filhos não escutam nem levam em consideração o que os pais dizem. No entanto, quando lhe dizem a mesma coisa "na rua", parece que é a primeira vez que escutam e é muito provável que a considerem. É preciso reconhecer o valor daquilo que vem de fora, mesmo que tenha sido repetido um milhão de vezes em casa. Pode-se afirmar que a mensagem tem muita ou nenhuma **importância** dependendo de quem a emite. E é sabido que, "se você quer alguma coisa de seu filho, peça para o(a) namorado(a) e ele/ela conseguirá".

**Lembre-se...**

Na adolescência é o grupo que manda.

A distância é eficaz para tirar o filho de um grupo ou de um ambiente nocivo.

O apoio da criança pequena está nos pais; o adolescente procura apoio em seu(sua) namorado(a), ou em seus amigos.

Compartilhando interesses em família e com os amigos dos filhos, é possível saber o que fazem e com quem, e isso os ajuda a ver os pais de forma diferente.

## 18. ONDE ESTÁ O LADO BOM?

Tantas vezes havia ouvido que era um "vagabundo", que acabou por acreditar nisso e agir como tal. Tantas vezes lhe disseram que ele era "impossível", que se tornou impossível.

*Dora e Antônio definiam seu próprio filho como um pequeno monstro cujo único objetivo era acabar com eles. O pior dessa avaliação é que ela não era um segredo. A família, os vizinhos, os amigos e até os professores eram advertidos sobre quão terrível o filho podia ser. Talvez fosse sua forma de se defender, de eximir-se de sua responsabilidade, mas para os que os escutavam parecia que a única coisa a ser feita era defendê-los do filho ou acompanhá-los em sua agonia.*

*É fácil colocar "rótulos" quando se conhece alguém e é difícil mudar essa primeira impressão. Mas, quando não se conhece a pessoa, é preciso acreditar no que os outros dizem sobre ela. Dessa forma, os pais não só podiam estar enganados quanto ao filho como também faziam com que os outros trabalhassem sem esperança, como se o garoto fosse um fardo para todos, como se já tivesse sido julgado e condenado.*

*Por mais "difícil" que fosse conviver com esse filho, algo bom ele devia ter para os pais, mesmo que fosse só isto: ser seu filho. Nem Dora, nem Antônio conseguiam pensar em alguma coisa boa dele, mas tinham de encon-*

*trá-la antes de apresentá-lo na nova escola, e tinha de ser verdade. Finalmente conseguiram dizer: "Ele é muito criativo, participa das aulas, integra-se bem com os outros alunos..."*

*Parecia que a maneira de apresentá-lo não era importante, que aquilo também não funcionaria e que ele voltaria a ser expulso. Mas, com isso, o filho teve uma nova oportunidade que obviamente soube aproveitar (nunca sabemos quantas novas oportunidades deveremos dar para nossos filhos). Seu comportamento na nova escola não o levou à expulsão e os pais não haviam mentido. Anunciar aos quatro ventos que tudo vai ser um desastre não é o mesmo que começar com otimismo.*

Se vamos comer algo pensando que não está bom, provavelmente acharemos o gosto estranho.

Muitas vezes as pessoas se empenham em considerar os outros por seus **defeitos**; chamam mais a atenção. Não se pensa em ajudá-los a corrigir esses defeitos, mas numa forma de mostrá-los para o resto da humanidade. O diagnóstico do adulto costuma depender da capacidade de tolerância que tenha no momento, o que torna arriscado deduzir a forma de agir de uma pessoa por um ato concreto. Estar triste num dia não é o mesmo que ser depressivo; vagabundear um dia não é o mesmo que ser vagabundo; tirar algumas notas ruins não é o mesmo que ser um inútil.

Quando os pais agem dessa forma com os filhos geniosos, estão se expondo a um risco de avaliação e esquecendo que os filhos perceberão a imagem que os pais têm deles.

Se o pai tem uma imagem negativa do filho, está contribuindo para criar nele uma **insegurança** para a vida toda. Também não deve estranhar se o filho tratá-lo mal ou não se lembrar dele com carinho. Em contrapartida, ter uma imagem positiva do filho vai ajudá-lo a ter **confiança** em si mesmo.

É conveniente, portanto, esforçar-se para pensar em todas as coisas positivas que os filhos têm e trabalhar com isso.

*É conhecido o experimento realizado pelo psicólogo Rosenthal para identificar os alunos mais inteligentes de uma escola primária.*

*No início do curso, aparentemente a partir dos resultados de um teste com os 650 alunos, ele elaborou uma lista com os nomes dos mais bem dotados e enviou-a para 18 professores da escola. Ao término do curso, os professores confirmaram que esses alunos eram os melhores estudantes, que também haviam se destacado por seu bom comportamento e por sua curiosidade intelectual.*

*O que os professores não sabiam era que, na realidade, os nomes da lista haviam sido escolhidos aleatoriamente.*

Todo problema é uma oportunidade de crescimento, uma oportunidade para dar aos outros algo de nós mesmos. Ver o **lado bom** dos filhos, dos companheiros, dos amigos, de qualquer pessoa, pode nos ajudar a conviver melhor com eles e, o que é mais importante, pode ajudá-los a estimular esse lado bom.

Ver o lado bom não significa negar o problema, ou o desgosto, mas por que um mesmo golpe, sofrido por duas pessoas diferentes, produz resultados tão díspares? Muitas pessoas acreditam que seus problemas se devem a uma infância infeliz, a um passado a ser revisto, e esse sentimento os impede de ver o presente e o futuro de outra maneira. Chegam a sentir-se sozinhos e inúteis porque não conseguem ver o lado positivo do que lhes acontece. É fácil render-se, mas, quando nos rendemos, não superamos a dor.

Quando temos uma **família otimista**, nos sentimos arrastados para o otimismo. Não se dar por vencido é começar a vencer.

*Fazia um ano que Rocío só tirava notas baixas, apresentava uma atitude provocadora e bastante falta de respeito. Porém não mentia, nem xingava ou roubava e ainda obedecia a certas regras. Rocío tinha a sorte de ter uma família otimista. Seus pais acreditavam que seu comportamento se devia ao fato de ter sido abandonada por um garoto e que o tempo curaria tudo. Sempre diziam: "Estamos certos de que o que está acontecendo com nossa filha tem conserto."*

*Os adolescentes têm o costume de enfrentar seus problemas com certo radicalismo: ou se deprimem, ou vencem na raça. Rocío, que não estava de forma alguma deprimida, parecia querer ganhar a batalha da desilusão com certa raiva.*

*Os pais não podiam encontrar um novo namorado para Rocío. Mas também não podiam ficar esperando e podiam ajudá-la. Podiam potencializar o máximo possível suas virtudes para que sua autoestima não viesse abaixo.*

*Dessa forma, decidiram não falar com ela das coisas negativas, mas reforçar as positivas: que arrumava bem seu cabelo, que tinha muita habilidade com o computador, que organizava bem seus cadernos, como se divertia com as amigas, comprar-lhe uma roupa nova. Comemoraram a primeira nota azul, valorizaram muito seu esforço e sua capacidade, sem lembrá-la das notas excelentes anteriores.*

*Rocío voltou a tirar notas boas, havia um garoto novo de quem estava gostando e o passado pertence ao passado. E, como todos, teve de enfrentar outros novos problemas.*

Não sei bem o que acontece, mas, quando uma pessoa escuta alguém lhe dizer que fez alguma coisa bem feita, isso a estimula a fazer ainda melhor; mas, se lhe dizem que não fez direito, essas palavras a fazem desanimar.

O que pode diferenciar as pessoas alegres ou otimistas das que estão mergulhadas na tristeza não é o problema em si (que pode ser igual ou maior), mas a forma de interpretar e processar as circunstâncias da vida. A determinação vale tanto quanto a inteligência. Há pessoas muito inteligentes que não estão dispostas a sair de seu isolamento, que querem continuar sendo como são, sofrendo como sofrem.

É preciso pensar que não importa o que ocorra na vida, que muitas vezes não depende de nós, o mais importante é a capacidade de reação.

Não existem crianças "terríveis", mas sim adultos que se deram por vencidos; adultos com bola de cristal que acham que podem adivinhar o futuro dos filhos, quase sempre negativo. Quando uma criança é ajudada, e não corrigida e rotulada, **pode mudar**.

**Lembre-se...**

> Aprenda a ver o que é positivo.
>
> Se a imagem que o pai tem do filho é negativa, produz insegurança; se é positiva, produz confiança.
>
> Quando o filho é ajudado e não rotulado, ele pode mudar.

## 19. NÃO JULGAR OS FILHOS

Há muitos motivos pelos quais uma criança deixa de dizer o que sente, e até o que lhe acontece com seus pais ou irmãos, mas o mais perigoso deles é o fato de se sentir constantemente julgada.

Só deveríamos dizer coisas ruins aos filhos se eles pudessem entender o comentário em sua verdadeira intenção, mas sem fazer julgamentos que possam prejudicá-los. Eles já são muito julgados mediante as ações: não é preciso lhes dizer nada para eles perceberem que não ficam sozinhos em casa porque não confiamos suficientemente neles.

*O julgamento que os pais de Ivan guardavam como um segredo era suficiente para condenar seu futuro: "Não vai conseguir ser nada", "Vai virar um delinquente", "É insuportável, vagabundo, ladrão".*

*Ivan decidiu não compartilhar quase nada com seus pais. Estava cansado de levar a culpa de tudo, de qualquer motivo servir para jogar-lhe alguma coisa na cara.*

*O garoto estava em plena adolescência e via as coisas "azuis", mas para os pais tudo era negro, muito, muito negro. Sorte que, no geral, os jovens têm essa capacidade de se recuperar antes dos adultos.*

*As más ações de Ivan foram se acumulando e levaram-no a ser internado em uma instituição terapêutica. Depois de submetê-lo a várias avaliações, os educadores da instituição se convenceram de que aquela internação não tinha sentido e chamaram os pais para tratar de sua volta para casa. Mas os pais não concordaram, tinham outra visão sobre o assunto: "Ele tem de ficar e ser castigado, pois nos causou muito mal."*

*Uma instituição jamais pode ser um castigo, mas sim um lugar de recuperação, porém, no caso de Ivan, havia outras formas melhores de corrigi-lo. Depois de muito insistir com todos, conseguiu-se que Ivan fosse para um colégio interno. Mas seus pais só aceitaram ficar responsáveis por suas despesas, não por sua vida.*

*Certamente esses pais amavam seu filho, mas eles mesmos se haviam incapacitado como pais: haviam julgado e condenado Ivan, e para eles era impossível mudar essa sentença. Não depositaram mais esperanças no filho e queriam ter razão a qualquer custo, mesmo que isso custasse a felicidade dele.*

*Ivan mantinha contato com um tutor da instituição e passava as férias lá ou com um tio seu que não o julgava tão duramente.*

Os pais podem **aconselhar**, e é melhor dar vários conselhos em vez de um só. Ao dar um único conselho, o que os pais querem é que o filho aja como eles agiriam se estivessem em seu lugar, sem entender que o filho é outra pessoa. Por isso, os bons conselhos devem sempre se abrir em várias direções.

Os pais podem dar **opiniões** e podem fazê-lo com sua história pessoal, a partir do que aprenderam, aceitaram, e descartaram. Ao opinar, os pais sempre se referem ao que fariam nessa mesma situação, mas as opiniões devem ajudar os outros a abrir sua mente.

O que os pais não podem fazer é **julgar**, pois os julgamentos só levam a evitar o **diálogo**. Muitas crianças, ao ouvirem a pergunta "Você contou isso para os seus pais?", respondem: "Você está querendo que eles me matem? Ou que deixem de falar comigo?"

Em muitos lares aparentemente tudo vai bem porque nunca se conta o que vai mal. É uma forma falsa de proteger toda a família , e assim não é possível trabalhar positivamente o problema. É preciso enfrentar o conflito **sem cargas negativas**.

Os filhos precisam de seus pais e de sua família, mas não precisam de uma análise de seus defeitos. Se os filhos encontram em sua casa um ambiente em que se sentem julgados, será muito difícil compartilharem suas decepções, seus erros, suas preocupações. Dessa forma, os pais estarão transformando os filhos em seres distantes, calados ou tristes.

Para os filhos é bom ouvir as opiniões e os conselhos dos pais, mas não os julgamentos pejorativos que possam fazer, muito menos quando querem ser videntes. Há uma grande diferença entre o julgamento e a opinião ou o conselho.

**Lembre-se...**

**Dê opiniões e conselhos, mas não faça julgamentos.**

**Os julgamentos impedem o diálogo.**

## 20. ESCOLHER HORA E LUGAR

Em uma sociedade que não sabe esperar, é preciso saber esperar a hora certa: a sua, a dos outros e a das coisas. É preciso dar a cada coisa a **importância** que merece.

Muitas vezes chegam ao mesmo tempo tantas coisas, tantos sinais, tantas mensagens que não é possível saber qual escolher, com quais ficar e quais descartar. E, dependendo de como chegam, as coisas podem se tornar inoportunas.

O mais velho pode querer ser mais novo, mas o mais novo sempre vai querer ser mais velho. As crianças querem que sua hora chegue quanto antes, e a impaciência as faz olhar para todos os lados exceto para o que deveriam olhar. E a oportunidade e a hora certa passam.

Há uma grande força nos fatores psicológicos; é a grande força que move as pessoas. As pessoas não são máquinas ligadas na eletricidade, nem computadores que podem ser reiniciados. Não existe esse tipo de energia na motivação para ganhar uma partida, na angústia pelas notas finais, na tristeza por não alcançar um objetivo perseguido, ou na alegria "porque a pessoa de quem eu gosto se interessou por mim". Os fatores psicológicos de cada pessoa tornam situações parecidas totalmente diferentes.

As situações desgastantes precisam ser corrigidas, mas é preciso fazê-lo na hora certa, com os "fatores" a favor. Não convém corrigir ninguém que está angustiado ou triste, ou durante uma bebedeira. Corrigir é uma ferramenta básica da educação, mas para aplicá-la é imprescindível perguntar-se se **"é o melhor momento"**. Perguntar-se se é o melhor momento para o pai e também para o filho.

– Se o filho está com os amigos, é melhor esperar que esteja sozinho para corrigi-lo.
– Se o pai está nervoso por outras razões, é melhor esperar outro momento.
– Se o filho chega bêbado, é melhor dizer-lhe "amanhã a gente conversa" e deixá-lo dormir, pois não se lembrará de nada que lhe dissermos.
– Se o filho está alterado, procurará o enfrentamento, não a reflexão; é melhor esperar outro momento.
– Se o filho está no computador, é melhor desligá-lo e ir com ele para outro lugar da casa (mesmo que seja preciso esperar que ele o desligue).
– Se o filho está jantando com a família, não se deve transformar o jantar em aborrecimento para todos. É melhor deixar passar e falar com ele depois em outro lugar.
– Se o desgosto foi para ambos os pais, é melhor que os dois falem e não deixar o pai ou a mãe como uma vítima. Não vale essa história de "Não faça isso, que a mamãe fica muito magoada"; é mais claro dizer "Você me magoou e isso tem suas consequências".
– Quando há suspeita de que o filho fez algo ruim, antes de falar sobre o assunto os pais devem ter certeza de que ele efetivamente o fez e que possa admiti-lo.
– Se o filho está estudando e concentrado, melhor esperar que termine.
– Se o filho não é repreendido porque chegou tarde, na próxima vez chegará mais tarde ainda.

– Se o que se quer é que o filho conte suas coisas mais íntimas, essas coisas que não se contam aos pais, talvez os pais se tornem amigos de seus filhos, mas correm o risco de deixar de "ser" seus pais.
– Se o filho é o tempo todo cobrado, jamais assumirá que deve fazer suas coisas sem ninguém cobrar.

Nenhum ferreiro tenta moldar o ferro sem deixá-lo tempo suficiente no fogo. Nenhum médico opera sem antes saber se o doente aguentará a operação. Talvez não seja fácil procurar o momento, o local e a forma adequados, mas é preciso se esforçar para consegui-los.

Ninguém, seja uma criança pequena, seja um adulto, gosta de ser criticado diante dos outros, mesmo que lhe digam a maior verdade do mundo. Se o filho está com seus amigos e os pais não são capazes de esperar para corrigi-lo, o filho não só não levará em conta o que lhe disserem, mas também reafirmará tudo o que está fazendo.

Os resultados são proporcionais à escolha do momento, mas também é muito importante questionar se **"é o melhor lugar"** para corrigir. Levar em conta o ambiente e a situação adequados influi, e muito, no que se pretende corrigir.

É na **intimidade** que se transmitem os sentimentos que mais marcam. É preciso aproveitar isso quando se trata de educar. A criança precisa apoiar-se também no cenário e os pais devem procurar a intimidade com seus filhos, reconhecendo que uma coisa é a intimidade familiar, entre pais e filhos; outra, a intimidade da família, mais ampla, com avós, tios, primos etc.; e outra ainda a intimidade dos amigos. Cada uma delas forma um cenário diferente e o que se diz adquire maior valor na intimidade adequada.

Existem crianças que podem não estar preparadas para receber determinada notícia e será preciso descrevê-la de forma diferente ou em outro ambiente. Também há pais que não se dão o respeito, pedindo respeito aos filhos na frente de seus amigos. Há pais que, por não saber escolher o momento e o lugar oportuno, fazem toda razão transformar-se para sempre em uma afronta.

**Lembre-se...**

O importante não é só o que se diz, mas também *quando* e *onde* se diz.

É preciso buscar intimidade com o filho.

## 21. TER VERGONHA DO FILHO

Quando um filho chega em casa com um bilhete do professor dizendo "Solicito uma reunião com vocês o mais rápido possível, o comportamento do seu filho é inaceitável", muitos pais acham que isso é pior que um problema no trabalho, pior que o saldo negativo no banco, e começam a sentir uma grande **vergonha** do filho e uma grande humilhação.

Essa vergonha não é nada **razoável**. O normal em uma criança, em determinadas idades, é ter de ser corrigida, ser rebelde, não ser perfeita. Mas, quando se trata do "meu próprio filho", a situação é vivida de forma muito diferente.

O pai sente o bilhete do professor como uma observação ao seu próprio comportamento. Assim, ao reunir-se com o professor muitas vezes parece que a principal preocupação do pai é defender-se, chegando até a contaminar o professor: duas pessoas, em caso de conflito, tendem a culpar um ao outro e são capazes até de mentir.

Pai: "Mas em casa ele se comporta muito bem." (Ele sabe que isso é impossível, quando os filhos são "pimentinhas", aprontam em alguns lugares mais que em outros, mas aprontam.)

Professor: "Pois seu filho é o único da sala que não se comporta." (Isso também não é verdade. É possível que naquele momento seja o que se comportou pior, mas os dias são muito compridos e seria bom dar uma olhada na agenda dos colegas.)

Pai: "Mas acho que é só na sua aula, porque os outros professores não reclamaram." (Não reclamaram porque o problema foi com esse professor e os outros podem ter um nível maior de tolerância à rebeldia.)

Professor: "Não reclamaram para vocês, porque, se eu lhes contasse o que falam sobre ele..." (Todo o mundo reclama, para isso foram inventadas as salas dos professores, para desabafar e criticar um pouquinho.)

Terminada a conversa, a sensação dos pais, sozinhos, é diferente. Além de envergonhados, se sentem **culpados**.

Quando não é possível controlar o que está acontecendo, reagimos instintivamente querendo racionalizar tudo. Se o comportamento dos filhos é incompreensível, surge o sentimento de culpa nos pais. Quando o filho é impossível, perguntam-se: "Quem mandou eu ter filhos?" Assumir a culpa somente possibilita acreditar que o que está acontecendo pode ter algum sentido, mas não resolve os problemas, não evita as dificuldades.

A vergonha que alguns pais sentem dos filhos é mais comum do que se pensa: das roupas que vestem, de seus *piercings*, de seu fracasso escolar, de sua maneira de falar, de seu cabelo e até de seus problemas nos dentes. Mas são poucos os que querem trabalhar com esse sentimento, acreditam que o que dizem aos filhos é para seu bem, mas na realidade é para que os filhos não lhes causem vergonha. Às vezes ocorre um pouco das duas coisas: pelo bem dos filhos e pela vergonha que os pais sentem.

*Alexandra era uma menina que queria parecer menino. Estava sempre de calça comprida, falava muitos palavrões, não usava brincos e tinha o cabelo curto. Alexandra não tinha nenhum problema na definição de seu sexo, ela era menina, queria ser menina, mas não gostava de ser como as outras meninas.*

*Seus pais sentiam vergonha disso e nunca a levavam com eles, nem os professores da escola sabiam quem eram seus pais. Alexandra não fazia isso para incomodar ninguém, muito menos seus pais, mas o fato é que eles sofriam silenciosamente, e até resignados, o que acontecia com sua filha.*

*Seus pais queriam colocar a culpa em algum problema que a filha pudesse ter e, quando ouviam que Alexandra não sofria de nenhum transtorno, ficavam ainda mais deprimidos. Às vezes, é preciso mergulhar para chegar ao fundo e pegar impulso para subir.*

*Alexandra obedecia a regras, estudava e era até uma grande esportista: como corredora, tinha boas aptidões e prometia. Não havia nada de especial com ela, seu único "problema" era não responder às expectativas que seus pais tinham de sua única filha.*

*Ela não precisava mudar, seus pais é que deviam fazê-lo e ter uma expectativa mais real de sua própria filha:*

*– Vocês gostariam que Alexandra fosse uma grande corredora?*

*– Claro, e que chegasse a conquistar uma medalha.*

*Uma vez mudada a expectativa, era muito mais fácil trocar a vergonha pelo orgulho. Às vezes, é preciso não avançar, e basta uma pergunta ou a visualização de um belo futuro para mudar as sensações.*

Na realidade, quase sempre a vergonha resume-se em uma coisa: "Você não me levou em consideração, não atendeu às minhas expectativas." Diante disso, os pais podem usar duas estratégias: afastar os filhos do mundo para que os amigos não os vejam é a mais comum, ou mostrá-los com pena. Nenhuma das duas é boa para ninguém; é melhor **rever as expectativas** dos pais.

Quando os pais se sentem culpados, também consideram menos grave o que está acontecendo com o filho. Como o filho sofre, eles têm de sofrer mais, mas enquanto estão sofrendo não conseguem ajudar muito. Há pais que se entregam à bebida ou caem em depressão, não pelos problemas do filho, mas pela culpa que se atribuem e para se convencer de que sofrem mais que o filho. Tudo isso não ajuda muito os filhos.

Sentindo-se culpados, os pais podem se perdoar, castigar-se ou tentar ficar mais atentos. Perdoar-se ajuda a viver, mas não resolve o problema. Castigar-se parece que resolve alguma coisa, mas o comportamento do filho também não vai se alterar por isso. Sem dúvida, a melhor opção é **ficar mais atentos**.

Em última instância, os pais podem ser os responsáveis pelo comportamento de seus filhos (assim diz a lei), mas é **o filho** quem **deve assumir** a vergonha e as consequências de seus atos.

**Lembre-se...**

**Quando os pais sentem vergonha, é melhor rever suas expectativas.**

**O pai é responsável, mas não culpado.**

**A vergonha é só do filho.**

# 22. SÍNDROME DE *BURNOUT*

Ou, traduzindo-se, síndrome da combustão completa, e da questão prolongada, ou seja, quando uma situação se torna insuportável e a pessoa não consegue sair dela.

Costumava-se dizer que a casa é "o repouso do guerreiro", mas a Idade Média já acabou e hoje muitos acreditam que, na verdade, "o repouso do guerreiro" está no trabalho. A guerra entrou nas casas e a paz nos escritórios. As pessoas estendem de propósito suas horas de trabalho e justificam-se dizendo que é preciso trabalhar muito para levar o sustento para casa. Estão enganando alguém, mas o pior é que enganam a si mesmos. Estão esgotados, querem sair daquela situação e o que fazem é fugir. Têm a sensação de controlar tudo em sua vida profissional e de não controlar nada na vida familiar. Alguns estão tão acostumados com o sucesso, que não são capazes de suportar a mínima imperfeição em seu lar. Não sofrem de depressão, mas de excesso de ação, e precisam compensar seu fracasso familiar com os sucessos profissionais.

Uma tentação constante em qualquer missão da vida é esquecer o alvo, o objetivo e pensar só no esforço do momento. É uma tentação **perigosa** que pode levar irremediavelmente ao **abandono**.

Depois, quando os anos passam, não é possível encontrar consolo nem justificativa dizendo "**perdi a infância** dos meus filhos". Na verdade, não a perderam, simplesmente não podiam com ela. As crianças, sobretudo quando são geniosas, são piores que um chefe bravo e muitos preferem nem experimentar. As crianças não deixam ninguém tirar a soneca da tarde, ver televisão... mas o trabalho também não costuma ser um paraíso. Alguns pais "abandonam" o lar pelo instinto da satisfação imediata, sem uma reflexão racional. Abandonar **não é a solução**, mesmo que pareça: seus efeitos não são menos prejudiciais, embora não possam ser notados no momento.

Também é certo que existem muitas pessoas que não fogem, são as que precisam de apoio de familiares, amigos, vizinhos, terapeutas e até do governo. Os pais que sofrem dessa síndrome precisam de um descanso, precisam de alguém que os entenda, precisam de ferramentas, deixar de se sentirem os coitadinhos que aguentam tudo para se transformar em pais que querem continuar tentando e, sobretudo, precisam de alguém que lhes faça ver que seu esforço tem sentido.

*Maitê e Pedro estavam cansados de conciliar a vida familiar com a profissional. Apesar de terem uma pessoa que ia de manhã fazer a limpeza, quando eles chegavam em casa tinham muitas coisas a fazer, e as crianças esperando por eles para brincar, chorar, comer, brigar... e muitas outras coisas. A verdade é que a mãe saíra de casa e não entrara ninguém para substituí-la, por isso as crianças passavam muito tempo sozinhas e sem controle. Estava claro que seus filhos precisavam ter alguém perto, como um agente de proteção. E a escola, por ter somente horários matutinos, não ajudava muito.*

*Decidiram que um dos dois cuidaria mais da casa e dos filhos, pelo menos até eles serem um pouco mais velhos. Por uma questão meramente econômica, devia ser quem ganhava menos, e isso correspondeu à mãe.*

*Passaram da situação de* burnout *para uma situação de felicidade, em especial a mãe (o fato de ter funcionado nesse caso não significa que funcione em todos), pois ela tinha verdadeira vocação para ser mãe.*

*Os filhos mudaram, já não ficavam sozinhos e o pai agora sempre tinha vontade de voltar para casa e organizar atividades com sua família. Até a mãe admitia que o pai se tornara mais colaborador e que ela estava aproveitando o tempo para continuar investindo em sua formação. Além disso, tinha muito claro que, quando as crianças fossem mais velhas e independentes, ela voltaria a trabalhar.*

Todo o mundo já se sentiu "esgotado" alguma vez. Algumas pessoas, quando ficam bravas, se calam e não dizem o que está acontecendo, com certeza porque elas mesmas não sabem o que é. Outras nunca dizem o que está incomodando e isso causa uma frustração que as torna muito pouco tolerantes. Outras não sabem dizer não, acumulam-se de coisas que não têm tempo para fazer e por isso estão sempre esgotadas.

Por que alguns superam essas situações e outros não? A resposta é muito clara: pelo apoio que receberam. A **ajuda** às vezes vem do próprio casal (alguém aceita renunciar a alguma coisa), de um familiar, de um vizinho, da escola..., pode vir de muitos lugares, e é preciso buscá-la antes que o esgotamento seja profundo.

Não é possível viver muito tempo sem forças, esgotado, os pais sofrem e não ajudam o filho. É preciso buscar uma solução quanto antes. Além disso, os filhos não só podem deixar os pais fazerem as coisas que querem fazer como também podem ajudá-los a encontrar a forma de fazê-las.

**Lembre-se...**

**O esgotamento pode ser superado.**

**Desistir não é a solução.**

**É preciso pedir ajuda quando se está exausto.**

## 23. RESILIÊNCIA

A resiliência é a **capacidade** que tem uma pessoa ou sistema social de **desenvolver-se** de forma **positiva** e construir alguma coisa boa na vida, apesar das enormes **dificuldades** iniciais.

Provavelmente, a resiliência sempre esteve presente na realidade humana, desde que o homem é homem. Mas surge a pergunta: "Por que algumas crianças não têm os problemas que deveriam ter, considerando as circunstâncias em que vivem ou nasceram?"

O ponto de partida quase sempre é um encontro, uma relação entre duas pessoas que, pelo significado que adquire, altera a vida de alguma maneira (a de uma delas ou a das duas). Nesse tipo de relação, aplicando-a aos casos dos filhos "impossíveis", o adulto deixará de ser um simples espectador para transformar-se em um colaborador importante da criança na formulação, no desenvolvimento e na avaliação de seus objetivos.

É preciso buscar um **equilíbrio** entre a proteção e a exposição ao risco. Ser mais resiliente que outros não significa expor-se a mais riscos ou sacrifícios que os outros. Embora as crianças possam suportar ambientes difíceis, melhor afastá-las dessas situações.

**Não** se deve **reduzir** uma pessoa a seu **problema**, porque isso é totalmente injusto e sem sentido. É preciso evitar os rótulos que, de alguma forma, predeterminam o futuro de alguém. É preciso tratar a pessoa não tanto do ponto de vista de seu comportamento, mas da pessoa em si. A pessoa, nesse caso o filho, antes de ser um doente, é filho, e mesmo que pareça totalmente tomado por seu transtorno há muitas outras coisas que fazem dele uma pessoa.

É preciso aproveitar a empatia (que não é se pôr no lugar do outro – pois então onde fica o outro? –, mas ver, e até sentir, a partir do outro) e tornar a inteligência mais aguda para detectar se por trás de um comportamento destrutivo (roubar, bater, quebrar...) há sementes pequenas, mas positivas, que permitam criar um comportamento construtivo. Dentro da pessoa é possível encontrar **capacidade** suficiente para tornar superável algo que pode ser horrível, e com essa experiência pode-se ajudar os demais.

*A mãe se sentia fracassada. Por mais que tentasse, não via luz: "Onde foi que eu me enganei? O que eu fiz de errado? Serei eu a culpada de tudo o que está acontecendo com meu filho?" Levara Jonathan, seu filho, a vários psicólogos e psiquiatras e tentara sem resultado todos os tipos de tratamentos e conselhos.*

*Inicialmente foi fácil, com um pouco de dinheiro e sem horários fixos parecia que tudo estava bem. Porém mais tarde vieram o fracasso na escola, sua constante ausência em casa, depois os gritos, as batidas de porta, as ameaças, as agressões físicas, sobretudo à mãe. A família percebeu, os vizinhos começaram a comentar, a mãe sentia vergonha cada vez que alguém perguntava por ele. Não tinha nenhuma resposta, pois nem ele sabia o porquê: não se tratava de álcool nem de drogas, era seu jeito de ser, como se ela fosse sua maior inimiga, como se o mundo inteiro estivesse contra ele.*

*Não era nada fácil viver assim, não era nada fácil ser mãe assim. E depois chegaram os conselhos: "O que esse moleque precisa é de uma boa surra", "É melhor você entregar a guarda para o Estado", "Deixe ele fazer o que quiser", "A culpa é sua por dar de tudo para ele", "Você deveria colocá-lo para fora de casa", "Vai passar quando ele crescer" etc. Os conselhos pretendiam evitar o problema, mas ela queria resolvê-lo.*

*Mais de uma vez precisara ir com seu filho para um hospital: "Amarram-no, dão uma injeção nele e cada vez é um diagnóstico diferente." Vivendo a dor tão de perto, a mãe percebeu que não era a única pessoa a passar por isso, o que não a consolava muito. Percebia o fracasso da medicina, mas isso também não a tranquilizava.*

*Decidiu não se dar por vencida, não desistir e tirar forças das próprias fraquezas. Mostrou sua resiliência, sua fortaleza de mãe. Lia e estudava tudo o que lhe caía nas mãos e repetia toda manhã, várias vezes, que ainda havia esperança.*

*Algumas vezes Jonathan está melhor que outras. A mãe já não tem medo dele e, conforme ele vai crescendo, ela percebe que ele parece lutar junto com ela. Estava certa de que conseguiriam e de que ele conseguirá. Jonathan está trabalhando e, apesar de mudar muito de trabalho, tem orgulho do que faz. Até suas amizades foram mudando e há uma garota em sua vida.*

*Mesmo que ele fracasse, que escolha o caminho do precipício, a mãe assumiu que continuará sentindo-o como seu filho e dando-lhe seu apoio incondicional. "Loucura?", "Não. Amor e fé."*

A resiliência baseia-se principalmente na experiência humana, com tudo o que ela implica de negativo e positivo. Todo o mundo enfrenta adversidades, ninguém está livre disso. É possível construir uma vida de muitas formas. Há muitos exemplos conhecidos de crianças que sofreram e que puderam superar a adversidade: Anne Frank, María Callas, Georges Brassens, Bruno Roy ou Johann Sebastian Bach são alguns casos conhecidos.

Estudos sobre resiliência demonstram que crianças que foram maltratadas, ou que foram muito difíceis em sua infância, não se tornam necessariamente adultos que maltratam ou adultos muito geniosos, embora tenham uma maior predisposição, ou haja um maior risco, a repetir as condutas que viveram em suas famílias em seus primeiros anos e que lhes causaram feridas ou traumas. Com a resiliência aprende-se a descobrir uma **esperança realista**.

**Lembre-se...**

As pessoas têm capacidade de superar coisas horríveis e de ajudar os outros.

Tenha esperança: as adversidades podem ser superadas.

## 24. MESMO QUE EU NÃO MEREÇA, ME AME

Qualquer pessoa entende que uma criança precisa de carinho quando está doente, mas é mais difícil entender essa necessidade quando ela tem uma personalidade difícil, ou quando está em plena adolescência e dá muito trabalho. Ocorre então certa rejeição, não só por seus atos, mas também por sua pessoa. No entanto, é nos momentos em que a criança é mais geniosa que ela **mais precisa** de **carinho**.

*Quando a mãe de Elvira conseguia desabafar, era possível perceber do que ela sentia saudade em sua filha: "Tudo era tão fácil quando Elvira era uma boa menina e tirava boas notas. De manhã eu a acordava com um beijo, nas refeições sempre havia alguma brincadeira, fazíamos compras juntas e eu gostava de comprar coisas para ela. Esperávamos seu pai para jantar e todo dia era uma festa. Agora, desde que está 'assim', não entro no seu quarto, quase não olho para ela, nunca saímos juntas, ela me dá uma sensação de rejeição, chego quase a sentir repulsa por ela e nunca a espero para jantar. Prefiro ficar sozinha com meu marido. Ela que coma sozinha na cozinha quando quiser. Quase não lhe dirijo a palavra, e quando o faço é para discutir."*

*Se a mãe sentia tanta saudade daquela fase anterior, por que não tentava voltar a ter essa relação com a filha? "Aquilo" por que a filha estava passando havia separado as duas, e a mãe não se atrevia a beijá-la, a dizer qualquer coisa sem importância, a fazer-lhe perguntas, ou a compartilhar qualquer sentimento. A filha se tornara reservada, arisca, sempre de mau humor e nunca facilitava as coisas. A mãe pensava: "Quem seria capaz de dar um beijo nesse monstro?", mas ela mesma gostava da ideia.*

*Talvez fosse muito cedo para um beijo, então começou voltando a lhe dizer "bom dia" e sentiu-se melhor. Em outro dia disse: "Que bonita você está hoje!" A mãe se animou e lhe propôs saírem para fazer compras (normalmente as crianças se comportam melhor fora que dentro de casa), e saíram as duas para comprar. Elvira, talvez por interesse, foi mais agradável que o habitual. E naquele mesmo dia, como uma coisa natural, os pais jantaram juntos com sua filha.*

*Era como se estivessem lhe dizendo, sem palavras, que seu amor por ela continuava o mesmo. E a filha, mesmo sem expressá-lo, sentia que precisava de sua mãe, que não queria sentir-se sozinha, mas sim querida. Não queria aceitar o fato de sua casa transformar-se em uma pensão.*

*Naquela noite mãe e filha choraram por tudo o que uma havia negado à outra. Não que os problemas de Elvira tivessem desaparecido, mas ela encontrara novamente alguém que a amava e que a ajudaria a lutar contra seu próprio caráter.*

É mais fácil abraçar as crianças agradáveis e bater nas desagradáveis. Mas, vendo de outra perspectiva, também é mais provável que crianças que recebem abraços se tornem agradáveis e que as que apanham se tornem desagradáveis.

Como é possível amar um filho quando isso é o que ele menos merece?

1º **Com esperança**. É preciso amar o filho, acreditando sobretudo que o amor dos pais pode fazê-lo mudar.

2º **Sem se sentir culpado**. É preciso ter em conta que é o **filho** que empreende seus próprios atos. Procurar outros culpados pelo que o filho faz não resolve nada, nem sequer faz o filho apreciar mais os pais ou aproximar-se deles. Mesmo o filho genioso é autor de seus atos. Um autor que **precisa de ajuda**, mesmo que seja impossível ajudá-lo **se** não **quer** ou se pensa que não precisa de ajuda. Às vezes a missão dos pais é esperar os filhos caírem bem fundo para perceberem que precisam de ajuda, e então **estar por perto**.

3º **Sem sentir vergonha**. Os pais não têm por que sentir vergonha dos filhos, de seus "defeitos" ou de seu gênio "difícil": basta reconhecer o problema e tentar ajudá-los. Alguns defeitos podem até não ser tão graves, ou podem recordar situações das quais sentem orgulho: o filho não estudar não significa que ele será um fracassado, o avô também não estudou e levou a família adiante. A comparação com outras crianças também não pode justificar esse tipo de frustração. Não é verdade que os filhos dos outros são sempre maravilhosos, a maioria dos pais conta as coisas boas de seus filhos e esconde as ruins.

4º **Sem fazer projeções**. Para que a ajuda possa surtir efeito, os pais devem aceitar que a vida de seu filho é sua vida e não a projeção da vida deles. "Meu filho vai ser engenheiro como eu", "Eu me comportava direito quando era pequeno, e ele precisa fazer o mesmo". Fazer uma projeção sobre eles fará com que se comparem com os pais profissionalmente, nas relações amorosas, e é possível que eles não gostem do que vejam.

Crianças que são impossíveis proporcionam inúmeras ocasiões para que não se perdoe seu comportamento. Mas não é fácil viver sem ser perdoado, e também não podemos viver sem perdoar. O verdadeiro perdão significa esquecer, dar a oportunidade de começar de novo.

*Duas crianças estão no parque com suas mães. Estão brincando tranquilas, aparentemente alegres.*

*De repente uma diz para a outra: "Não gosto mais de você. Nunca mais vou brincar com você!"*

*Durante dois ou três minutos cada criança brinca sozinha, sem a outra, sem conversarem. Pouco depois, sem necessidade de comentários, as duas crianças voltam a brincar juntas.*

*As mães se olham e comentam:*

*– Como as crianças podem ser assim? Passam da raiva e da briga para a brincadeira, como se não houvesse acontecido nada?*

*– É fácil. Preferem a felicidade e a alegria de dividir à intransigência e à solidão.*

Ficar furioso e brigar reflete intransigência, que acarreta distanciamento e solidão. Perdoar ou esquecer significa recuperar a felicidade e a alegria de compartilhar. O que os pais preferem quando sofrem com o comportamento de seu filho? Talvez seja possível viver sem perdoar alguém que nunca mais veremos na vida, mas certamente não é saudável viver sem perdoar um filho.

Muitas pessoas têm dificuldade de pedir perdão, porque não sabem ou porque têm a sensação de não ter feito nada de errado.

*Estava indignada com seu filho de 10 anos: fizera xixi nela sem nenhum motivo, talvez só para provocá-la e irritá-la. Mas estava disposta a ajudá-lo e a fazê-lo seguir em frente. Deu-lhe uma roupa para se trocar, limpou seu quarto e o perdoou.*

*A situação com o garoto estava se transformando em um desafio para ela e era preciso fazer com que ele não reagisse dessa maneira. Havia certa prepotência em seu desejo de ajudar, que não a deixava perceber claramente o que o menino pensava: "Não quero que você me perdoe, não preciso do seu perdão."*

*E a cena tornou a se repetir alguns dias depois: voltou a fazer xixi. Dessa vez, depois de conversar com o pai, a mãe olhou serenamente para o filho e disse: "Sua atitude não me deixa ajudá-lo, não me deixa ficar a seu lado. O que você está fazendo me afasta de você e, como você não precisa do meu perdão, terá de procurar outra pessoa que esteja disposta a ajudá-lo e a cuidar de você."*

*Dessa vez a mãe não procurou roupa, não limpou nem preparou o jantar. O garoto foi para a cama sem o beijo de boa-noite. Na manhã seguinte levantou-se muito cedo, antes da mãe, e ficou esperando por ela para lhe pedir perdão.*

*O garoto teve tempo suficiente para aprender que com seu comportamento poderia perder não só o carinho da mãe como também a própria mãe. E, então, quem cuidaria dele? Para onde iria? O que seria de sua vida? Seu pai cuidaria dele? Mas ele não queria que fosse o pai, não lhe restava mais remédio que consertar a situação, tudo estava em suas mãos. Nunca mais voltou a fazer xixi em sua mãe.*

Pedir perdão supõe ter reconhecido o erro, o **primeiro passo para poder mudar**. Se educar é corrigir, é necessário ensinar os filhos a pedir perdão.

Aprende-se a pedir perdão, mas se aprende melhor quando pequeno e com coisas pequenas. E aprendemos mais facilmente se vemos que os mais velhos, os pais, também pedem perdão entre eles, a outras pessoas e, por que não, aos filhos.

Os pais podem perdoar e podem amar os filhos, mesmo quando menos merecem. Para os pais é preferível não passar por essa situação, mas cada vez são mais frequentes os casos em que é preciso fazer isso: no "Primeiro Mundo", até 20% das crianças já nascem difíceis. Por isso é preciso também considerar que ter uma criança difícil, geniosa, pode ajudar os pais a enriquecer-se pessoalmente, a ser pessoas melhores. Além disso, não escolhemos os filhos. Convém estar preparados, sempre será melhor para os filhos e para os pais.

**Lembre-se...**

Ame sempre com esperança de que é possível mudar.

Só é possível ajudar quando o filho permite.

Os pais não devem se projetar nos filhos e devem perdoar seu comportamento.

Pedir perdão é o primeiro passo para mudar.

# 25. É POSSÍVEL SER BONS PAIS

Ser bons pais não é um mistério, não é algo que só algumas poucas pessoas talentosas podem fazer.

Pode-se aproveitar a **experiência** alheia. Mesmo que a experiência não possa ser transmitida, é possível transmitir o conhecimento adquirido com ela. A experiência aconselha a ter em mente o seguinte decálogo para ser um bom pai ou uma boa mãe:

1. **Não se dar por vencido**. É possível alcançar o inalcançável.

2. **Conhecer** a **motivação** dos **filhos** e destacar o que é positivo (sempre existe algo positivo), não esperar que sejam iguais aos pais.

3. **Aproveitar cada oportunidade**, não esperar a seguinte. As crises sempre são oportunidades.

4. **Entender que não há soluções imediatas**, aprende-se com a experiência e com os erros. Não há uma solução **única**.

5. **Não ter medo** de errar. Ninguém é infalível, só quem não age não se engana.

6. **Dar exemplo**: estar à frente.

7. **Ser sincero. Não prometer o que não pode cumprir**. As promessas não cumpridas provocam frustração e, quando se trata de castigos, transformam-se indevidamente em "triunfos".

8. **Falar claro** e evitar os discursos longos. É mais fácil lembrar o que é breve (imagens, esquemas...).

9. **Ser generoso** no esforço (dar mais do que se espera) e **criativo**.

10. **Procurar as críticas**. Às vezes incomodam, mas ajudam a melhorar.

Não é difícil conseguir ser um bom pai. O talento ajuda, mas depende sobretudo do esforço, da tenacidade e dos sacrifícios que esteja disposto a fazer.

Ser um bom pai supõe estar presente, amar os filhos, ser compreensivo e apoiá-los. Para ser um bom pai só é necessário ser também uma **boa pessoa**.

Para chegar a algum lugar é preciso ter uma **meta** e querer alcançá-la. Sem meta não há corrida. É possível tropeçar, cometer erros (qualquer pessoa comete erros) e cair. Mas mesmo que se caia várias vezes é preciso voltar a se levantar e tentar de novo, mesmo quando não se sabe por onde seguir.

**Lembre-se...**

É possível ser bons pais: basta ter isso como meta e querer alcançá-la.

## III. SOBRE OS OUTROS

**1.** O lar que educa

**2.** Todos na mesma direção

**3.** Onde estão os avós?

**4.** Família ampliada

**5.** Pais separados

**6.** Educação e escola

**7.** Procurar ajuda

**8.** Terapia de pais

**9.** Internação em instituições

**10.** Maus-tratos institucionais

# 1. O LAR QUE EDUCA

Comprar uma casa pode ser um investimento, mas um **lar** não tem preço. Na verdade, um lar não pode ser comprado, as pessoas precisam construí-lo.

A decoração da casa demonstra o gosto dos proprietários e muitas pessoas se preocupam em melhorá-la e renová-la. Toda casa possui um lugar para cada coisa e todos devem respeitá-lo. Pode-se comer no tapete? Brincar na cozinha? Estudar na varanda? Muitos pais, para evitar conflitos, permitem que a casa inteira sirva para tudo. Mas os pais devem ensinar **organização**, aprender a dizer "Isto não se faz aqui". Da mesma forma que a mente "organiza" as coisas, é necessário que a parte externa esteja organizada. A organização educa e é preciso ensiná-la aos filhos desde pequenos: ensiná-los a guardar suas coisas, a arrumar o quarto, a ajudar a manter cada coisa em seu lugar. Pouco a pouco, insistindo e exigindo, os pais conseguem não ser os únicos a guardar o que está fora do lugar.

É preciso dedicar atenção ao **quarto dos filhos**. Não é preciso que o quarto seja só para brincar, também deve ser possível ler e estudar ali. Não importa que seja grande ou pequeno, individual ou compartilhado, o importante é que seja um lugar que também ajude na sua "educação".

Nas horas de estudo, procure manter a tranquilidade e o silêncio.

O lugar da mesa das refeições deve ser um lugar tranquilo, em que a conversa e o respeito à comida sejam o mais importante, sem a invasão da televisão ou do telefone...

Cada lar deve conter a história da família, mesmo que os decoradores não gostem das lembranças ou dos objetos familiares.

Considere importante o que é importante para seus filhos. Procure um bom lugar para seu primeiro desenho, para sua foto na escola, para a foto da avó... mesmo que não combinem com as cortinas. Se há em sua casa um bom quadro ou alguma coisa que tenha muito valor para você, não se esqueça de colocar ao lado algo de seu filho que também tenha esse valor. Os **sentimentos** podem ser demonstrados; a decoração do lar pode torná-los **visíveis**.

Se para os adultos mudar de trabalho, de casa, de cidade ou de amigos significa um momento difícil, imagine o que isso pode representar para uma criança (na verdade cada pessoa leva sempre uma criança dentro de si).

*Juan tinha 9 anos e seus pais estavam preocupados porque, segundo eles, ele se tornara muito introvertido desde que, três meses antes, haviam se mudado para uma cidade maior devido ao trabalho do pai.*

*Na outra cidade Juan tinha amigos, saía todas as tardes, mas agora só ia de casa para a escola e da escola para casa, e se sentia um pouco temeroso. Na cidade pequena ele era uma criança feliz, e cada vez que voltavam para lá recuperava a alegria de antes, perdia a introversão.*

*Por que Juan se tornara introvertido? Ele estava se protegendo de um lugar desconhecido e do medo de ser rejeitado por vir de onde vinha. Quando uma pessoa tem medo da rejeição, não quer se relacionar com os outros.*

*Era uma reação esperada e natural. De alguma forma era parecida com o que os pais estavam vivendo: eles também não saíam muito. Esta-*

*vam conhecendo os companheiros de trabalho, os vizinhos, pouco a pouco conheceriam mais pessoas, saberiam o nome do padeiro ou do cabeleireiro, sairiam mais e começariam a fazer amigos.*

*Para o filho era igual: já sabia o nome de alguns professores e de alguns colegas, mas ainda não decidira a que tribo pertencer, esperaria até se sentir seguro para saber com quem gostaria de passar mais tempo. Inclusive poderia preferir voltar logo para casa para ajudar ou para que seus pais não se sentissem sozinhos. Enquanto isso, era bom ele continuar visitando a cidade pequena e ligando para seus antigos amigos. Isso o ajudaria a estender a confiança para seu novo ambiente.*

*Definitivamente todos precisavam de tempo.*

As **mudanças** de casa também influenciam os filhos: para facilitar sua adaptação ao novo ambiente, basta que os pais levem isso em consideração, **fiquem atentos** e evitem preocupar-se excessivamente.

**Lembre-se...**

**Um lar não se compra, se constrói.**

**A decoração deve possibilitar que as emoções se tornem visíveis.**

**Mudar de casa influencia; é preciso prestar atenção.**

## 2. TODOS NA MESMA DIREÇÃO

Há muitas classificações de estilos de pais ou de tipos de família. Cada estilo tem características, motivações e circunstâncias específicas que incidem na educação e no comportamento dos filhos. Mas, em qualquer um deles, o mais importante é **todos** trabalharem na mesma direção.

Um pai não deve exigir de um filho algo que a mãe não esteja disposta a apoiar. Uma mãe não deve tolerar do filho algo que o pai não vai admitir. Uma mãe não pode pedir sacrifício se o pai diz para ele aproveitar a vida e não se preocupar. Um pai não pode pedir esforço quando a mãe faz o papel de "escrava". Se cada um vai numa direção diferente, produz-se na criança uma espécie de curto-circuito que normalmente a leva a agradar quem exige menos e a rejeitar quem exige mais. Quando se recebem mensagens contraditórias, o normal é escolher aquela que custe menos.

*De nada adiantava Juan e Marga fazerem terapia se depois cada pequena coisa com seu filho representava uma divisão entre eles. Alberto conseguia facilmente ficar um pouco mais no computador, chegar mais tarde ou até sair de casa fora de horário. Primeiro falava com sua mãe, que não permitia, e depois ia para o pai com cara de coitado dizendo coisas como: "A mamãe não liga para mim", "Só você me entende, por isso eu escuto o que você fala", "A mamãe grita por tudo, e você é mais compreensivo", "A mamãe só quer me prejudicar e você quer que eu seja uma boa pessoa" (uma criança pode ser muita persuasiva).*

*Algumas vezes o pai consultava a mãe com argumentos como: "Querida, ele me prometeu que vai estudar depois, então vamos deixar", ou "É melhor você deixar, para ele não ter tanta bronca de você", ou "Você não fica com dó?", "Não acha que é melhor a gente deixar para ele ver que quando faz as coisas direito tem sua recompensa?", ou "Você não acha que ele merece nossa confiança?"*

*Alberto sabia que, quando o pai consultava a mãe, a coisa podia demorar um pouco, mas ele conseguiria o que queria. O filho manipulava o pai que por sua vez manipulava a mãe, que terminava dizendo "Façam o que vocês quiserem", frase que a mãe deveria esquecer, porque era o mesmo que dizer "Façam".*

*Outras vezes o pai nem consultava a mãe, dando ele mesmo a autorização, como dizendo para si mesmo: "Sei que vou convencê-la mesmo, então tanto faz."*

*Assim que o filho conseguia seu objetivo, os pais discutiam:*

*— Tudo o que eu faço, você chega e destrói.*

*— Eu chego cansado em casa e não posso dizer nada sobre a vida do meu filho.*

*— Eu passo a vida com ele e tenho de ser sempre a malvada, a que nunca o deixa fazer nada.*

*— É que você não é compreensiva, não sabe motivá-lo.*

*Isso só servia para desgastar os pais. Em vez de usar suas forças para educar, usavam-nas para se enfrentar. Enquanto isso, o filho conseguia o que queria.*

Os pais devem trabalhar na mesma direção. Podem discutir entre eles quanto for necessário sobre a decisão (se algum dos dois não estiver no momento, façam-no por telefone). Uma vez tomada a decisão, devem apresentá-la ao filho como algo comum. Não se discute *a posteriori*, mas sim antes para saber o que o filho pode ou não pode fazer, quais serão suas recompensas e o que não é possível permitir de forma alguma. Dessa forma, os pais podem estar certos de que estão fazendo o melhor para seu filho, que por sua vez tentará manipulá-los cada vez menos.

Quando não se dialoga para estabelecer critérios comuns, o desgaste entre os dois é maior, como pais e como casal, que o "sim" ou o "não" ao filho.

Quando o filho percebe que pode haver duas facções, que os pais não agem da mesma forma, sabe que de um lado está a mãe e do outro o pai e que assim consegue deles muito mais coisas.

O modelo pode ser autoritário, permissivo, democrático, sacrificante, o que for, se não funciona, deve mudar; mas a mudança deve ser algo entre os dois. Tanto o pai como a mãe educam e, pelo bem do filho, devem seguir sempre numa mesma direção. As **discrepâncias** são como brechas pelas quais o filho "escapa". Quando presentes, é preciso que os pais conversem para "tapá-las", entre eles, e nunca diante do filho.

Algo parecido pode acontecer quando os avós, ou o restante da família, intervêm. Gostemos disso ou não, **todos educam**. Se o combinado foi exigir uma coisa, "todos" devem fazê-lo e em todas as circunstâncias. Pode haver exceções, mas devem ser realmente excepcionais.

*Milagros e Octavio haviam tentado quase tudo com seu filho César, um menino impenetrável e um "pimentinha daqueles". Tiveram a ideia de pedir ajuda aos avós do menino, os pais de Octavio. O plano era César ir morar com os avós na cidade pequena e terminar ali o ensino fundamental, para ver se ele conseguia se centrar e aproveitar os estudos, sem ter novamente que mudar de escola.*

*A ideia poderia ser positiva; a família poderia ser melhor que um internato, nunca consideraria o filho um fracasso e não o expulsaria, por pior que fossem suas notas.*

*Mas antes de levar o plano adiante, os quatro, pais e avós, precisavam sentar-se e decidir o papel que cada um teria. Nessa nova etapa, precisava ficar claro que não poderia haver discrepâncias entre eles, que aquilo que fosse decidido na casa dos avós, agradando ou não, não poderia ser desautorizado pelos pais. O plano só funcionaria se os quatro formassem uma equipe. E, se essa regra fosse descumprida, César voltaria para a casa dos pais.*

*A verdade é que na cidade pequena o garoto tomou jeito sozinho. Não havia nada que ele fizesse que os avós não ficassem sabendo e o contato com a escola era diário. Diante de tamanho tédio, o neto teve de encontrar algo para fazer: estudar.*

*Não foi fácil para César, nem para os pais, e muito menos para os avós, que com a idade que tinham precisaram assumir novamente um papel mais ou menos autoritário. Mas ao trabalharem todos juntos, na mesma linha (pais, avós, professores e até os vizinhos), o filho não tinha por onde escapar. O mais agradecido de todos, com o tempo, foi César, que chegou a dizer que, se tivesse ficado na cidade grande, não sabe como teria acabado.*

No meio rural, ocorrem menos casos de transtornos de comportamento. Esse fato ajuda-nos a entender a importância que o resto da sociedade pode ter sobre a educação dos filhos. Em uma cidade grande, se um garoto quebra um carro, bebe mais do que deve ou começa a fumar, os pais demoram muito mais para descobrir, se é que chegam a descobrir e, consequentemente, a tomar as medidas necessárias. No meio rural, todos se conhecem, e, se percebem alguma coisa estranha, isso em seguida chega aos ouvidos dos pais. Além disso, o filho, como sabe que seus pais vão ficar sabendo, sente-se mais constrangido na hora de transgredir as normas.

Com diz um provérbio africano, para educar é necessária a tribo inteira. É preciso pensar que os **vizinhos** também podem ser educadores dos filhos. A comunidade pode, ou não, ajudar a corrigir coisas que os pais não veem.

**Lembre-se...**

Todos educam e todos devem exigir o mesmo.

As discrepâncias entre os pais são "brechas" para o filho, que escolherá a opção menos exigente.

A comunidade pode participar na educação dos filhos.

# 3. ONDE ESTÃO OS AVÓS?

Na África, os avós são os sábios das tribos. No Egito, onde não há asilos, quem tem os avós em casa é considerado mais sábio e é mais respeitado que aqueles que não os têm. Na Espanha não existem pesquisas com os idosos que vivem em casas de repouso, mas sabemos que, exceto quando não lhes é possível manter-se por si mesmos, quase nenhum deles gosta de viver ali, por mais que tenham bingos e bailes.

Os avós são uma peça-chave na família. As crianças precisam dos avós. Entre os avós e os netos cria-se uma **relação especial** que ajuda e enriquece as duas partes. Muitas crianças que tiveram a sorte de estar com seus avós desenvolveram uma sensibilidade maior para os problemas.

Os avós são necessários para algo mais que cuidar dos netos enquanto têm condições. Os avós não servem só como lembrança. Ensinam com seus olhares, seus gestos, seus questionamentos, suas conversas, suas histórias, suas lembranças e suas preocupações. Transmitem conceitos, ideias, cultura e também possuem experiência. Os avós, sim, entendem de crianças geniosas pois já educaram seus filhos, e o mau gênio, embora tenha evoluído, não é coisa de agora, talvez tenha outros sintomas ou apareça mais cedo, mas sempre existiu.

Cada vez mais avós sofrem com o que veem nos netos e com a atitude que veem nos pais. Mesmo que os pais achem normal o que está acontecendo com os filhos, os avós não conseguem pensar assim: "Como pode ser normal minha neta chamar sua mãe desses nomes todos?", "Como pode ser normal esse menino deitado o dia inteiro sem fazer nada enquanto a mãe faz tudo para ele?" Sofrem pela atitude dos netos e também por não poderem falar nada para os pais: "Não quero provocar uma crise familiar", "Vou eu dizer para a minha filha como ela deve educar os filhos?", "Para ela ficar brava comigo e eu não ver mais meus netos?" Os avós deixaram de comentar a educação de seus netos não por desconhecimento, mas por medo.

É preciso recuperar o **diálogo entre as gerações**, que pode ser útil para os pais. Pode ser que os avós nem sempre tenham razão, e escutar suas opiniões sobre a educação dos pequenos não obriga os pais a nada, mas pode proporcionar ideias repletas da melhor virtude para educar: o **bom senso**. Suas palavras fazem-nos pensar como poucas coisas na vida.

Os netos **aprendem** com seus avós as coisas simples da vida e sua própria história.

- Aprendem a pedir por favor e a agradecer.
- Aprendem a apreciar o que têm e que seus avós não puderam ter.
- Aprendem a ter paciência acompanhando os avós que não andam tão depressa, a ajudar para os avós não terem de se agachar.
- Aprendem a conhecer o que é antigo, o que já não tem valor atualmente.
- Aprendem os valores de um filme antigo, a importância do rádio, como se vivia sem nunca ter subido em um avião, a preparar as comidas de antes.
- Aprendem como seus pais eram quando pequenos e todas as suas travessuras.

– Aprendem sobre a política, como estava organizada, quem era quem 30 ou 40 anos atrás.
– Aprendem o valor do esforço para sustentar a família, como eram as celebrações em família.
– Aprendem coisas sobre o campo, a natureza e os instrumentos antigos.
– Aprendem como se faziam as coisas sem computador, sem eletrônica, sem máquinas.
– Aprendem até novos sabores, sabem se um tomate é da horta ou não, ou como eram os invernos e o que faziam para não ficarem entediados sem máquinas.
– Aprendem a sentir-se responsáveis por outro ser humano que precisa deles.
– Aprendem que há mais alguém que eles podem decepcionar ou encher de orgulho.
– Aprendem a considerar mais importante a vida da sua família que a das celebridades.
– Aprendem a jogar baralho ou a fazer tricô, coisas que já mais ninguém pode lhes ensinar.
– Aprendem conselhos cheios de sabedoria e experiência que podem ajudá-los por toda a vida.

Os avós têm algo de que os pais e muitas pessoas que estão ao redor dos filhos carecem: **tempo**. E poder passar um tempo com as crianças torna os avós mais seguros de si mesmos.

Entre os netos e os avós cria-se uma relação muito especial, pois ambos aprendem coisas e cuidam uns dos outros. Não estão em um estágio de superioridade, mas de igualdade em muitos aspectos.

Tudo isso nos leva a pensar que, quando uma criança é geniosa, com os avós ela é menos. Com os avós os netos crescem, tornam-se mais maduros, mais responsáveis.

De forma diferente, os avós também crescem ao se sentirem úteis, responsáveis por seus netos e não esquecidos.

*Quando os avós ficaram sabendo o nome que colocariam em seu neto, tiveram um grande desgosto: jamais conheceram alguém que se chamasse assim (por isso é melhor nem citá-lo).*

*Tinham o pressentimento de que com esse nome a criança teria problemas, que zombariam dele e que isso influenciaria em seu comportamento (em seu mau gênio). Também estavam muito preocupados porque isso lhes mostrava que os pais da criança não tinham muito juízo (bom-senso). Fizeram apenas um pequeno comentário ao filho e ele retrucou dizendo que eles não eram modernos. Perceberam que precisavam ficar quietos para não brigar com ele.*

*O pior ainda estava por vir: o nome logo adquiriu um tratamento familiar carinhoso, ainda mais ridículo. Conforme o menino ia crescendo, as pessoas iam fazendo brincadeiras (variadas) e perguntas do tipo "Como é que se escreve isso?" O garoto, como muitos outros adolescentes, começou a se aborrecer com seu nome, não gostava dele e queria mudá-lo, mas seus pais não lhe permitiam nem pensar no assunto (para eles devia ser um atentado contra a modernidade). Curiosamente, o garoto encontrava certo consolo e alívio quando visitava os avós, que também não se acostumavam a chamá-lo pelo nome.*

*O pressentimento dos avós parecia se tornar realidade e o fato é que o garoto terminou numa casa de recuperação onde a primeira coisa que pediu foi para ser chamado de Antônio. Ao terminar sua internação decidiu-se, considerando especialmente a opinião do garoto, que ele iria morar com os avós, que continuaram chamando-o de Antônio.*

*Com aquele nome, os pais demonstraram sua modernidade, mas Antônio fora obrigado a carregá-la levando muitos tombos. Não foi só o nome, também em outros aspectos de sua educação os pais haviam agido com pouco bom-senso, o que levara Antônio a certo desequilíbrio.*

É curiosa a coincidência do gênio difícil em garotos e garotas com determinados nomes. O nome dos filhos costuma ser cuidadosamente escolhido pelos pais e não pode ser considerado determinante para tornar a pessoa mais ou menos geniosa. Mas pode se transformar em uma influência favorável ou desfavorável, se a escolha reflete um desejo caprichoso e fútil dos pais, que também pode estar presente na forma de educar os filhos. O bom senso dos avós pode ajudar a evitar a insensatez na educação dos filhos: escutar os avós pode ser muito útil.

**Lembre-se...**

**A influência dos avós é muito positiva para as crianças.**

**As ideias dos avós estão repletas de bom-senso.**

## 4. FAMÍLIA AMPLIADA

O conceito de família atualmente restringe-se, muitas vezes, ao núcleo formado pelo casal e pelos filhos. Os avós estão longe, e os tios, primos e o restante dos parentes mais distantes estão sendo completamente esquecidos. Os que não estão no núcleo não servem muito, talvez só para ser criticados ou para fazer comparações. Passou-se de um conceito de família amplo para um conceito de família muito pequeno, tanto que algumas famílias só se encontram no Natal, isso se não aproveitarem essas datas para viajar e não ter de encontrar os parentes.

Compartilhar histórias familiares com os filhos pode fazer com que seu interesse pela família aumente, os laços entre seus membros se estreitem e os filhos saibam de onde provêm. Não se deve permitir que o tempo apague os antepassados. É preciso falar deles, recordá-los e compartilhá-los com os filhos. Talvez alguns jovens pensem que escutar isso seja uma chatice, porém mais tarde essa será uma das melhores lembranças que guardarão de seus pais.

É possível conversar com os filhos sobre quando os pais eram pequenos, sobre o que gostavam de fazer, seus amigos, sobre as broncas que levavam dos pais, sobre as sensações que tiveram em suas "primeiras vezes": a primeira vez que viram o mar, o primeiro amor, como os pais se conheceram. É preciso falar também da família, das histórias dos avós e bisavós, das tardes de brincadeiras com os primos, das férias com os tios. Tudo isso é importante para os filhos e para os pais para educá-los.

Da mesma forma que para prevenir ou tratar alguma doença nos fazem perguntas sobre o que "herdamos" da família mais distante, também pode ser útil conhecer a influência da "herança" da família na personalidade e no caráter da criança.

Às vezes, quando se pensa em mudar ou melhorar algum aspecto, acredita-se que a forma mais segura de fazer isso seja em segredo: diminui a sensação de risco caso o objetivo não seja alcançado, e sempre será possível contar as conquistas, no caso de sucesso.

O inconveniente desse raciocínio é que, ao manter o segredo, a pessoa perde a ajuda e o respaldo dos que estão à sua volta para alcançar o que quer.

O **apoio dos familiares** pode ser importante para os pais e para os filhos. Mas para isso, todos os dias, sem exceção, a família deveria mostrar que se aceita incondicionalmente apesar das dificuldades ou das críticas de cozinha (aquelas que sempre fazem de quem está ausente), que para isso foram inventadas: poder desabafar dentro de casa e não fora.

Quando os filhos são geniosos, encontrar esse apoio incondicional pode ser muito efetivo para a criança. Porém não significa que seja fácil, nem sempre os membros da família estão dispostos a dá-lo, e outras vezes são os pais que não o pedem ou não o querem.

Mas, se os pais puderem contar com membros de sua família que estejam dispostos a trabalhar em equipe, que queiram ajudar a controlar o mau gênio, o esforço será mais leve e o sucesso estará mais perto.

A família ampliada pode ajudar em muitos aspectos: encontrar soluções, compartilhar ideias, dar opiniões, calar-se quando necessário, não julgar, escutar os desabafos, oferecer apoio em momentos críticos, substituir os pais em algumas tarefas, oferecer outros apoios aos filhos "difíceis".

**Lembre-se...**

Converse com seus filhos sobre a família.

Não se esconda de sua família, aproveite o apoio que ela pode dar.

# 5. PAIS SEPARADOS

A cada dia há mais pais separados. Isso repercute nos filhos que precisam se adaptar a uma nova situação, a um novo ambiente, a novas pessoas.

O período de transição é difícil, os filhos podem ver e sentir as consequências de diferentes formas: na situação econômica, com uma mudança de casa, mudanças nas relações pessoais, possíveis alterações emocionais... Mas não é o divórcio ou a separação que causa mais problemas aos filhos, mas o conflito familiar associado a esse fato e que é responsabilidade dos pais.

No entanto, pensando no futuro, as possibilidades que os filhos de pais separados ou divorciados têm de ser felizes nas relações com os pais e com a família são tão altas quanto as dos filhos de pais que continuam casados.

Quando um casal se separa, o mais importante é tentar não prejudicar ninguém.

No momento da separação, alguns pais utilizam os filhos como **moeda de troca**. Muitos especialistas já consideram isso como maus-tratos às crianças: "a alienação parental", que consiste em pôr os filhos contra o outro cônjuge, e até contra a família do cônjuge.

Como em muitos outros casos, a separação de Miguel fora traumática para todos e, desde então, sua filha deixara de visitá-lo e até de falar com ele. Já haviam se passado dez anos, mas Miguel queria recuperar o contato com sua filha Inma, que agora tinha 15 anos: "Como é possível viver sem sua filha falar com você? Eu quero contar para minha filha tudo o que aconteceu."

Ensaiou como fazê-lo: "Filha, quero que saiba que você é a coisa que eu mais amo na vida, que preciso de você, que penso em você todos os dias. Mas também quero que saiba que sua mãe e a família dela são a pior coisa deste mundo, que me humilharam, me abandonaram, me arruinaram, me prejudicaram mais que ninguém nesta vida, que sua mãe nunca me deixou ver você, nem ligar, e que eu não pude pagar a pensão porque não tinha nem o que comer."

O pai sofrera uma depressão profunda nos primeiros anos de separação e a realidade daqueles dias ficou muito distorcida.

A outra versão dos fatos era um pouco diferente: para a mãe, Miguel fora cruel e egoísta e não havia sido capaz de assumir e solucionar os problemas quando necessário.

Como Inma podia reagir diante dessa situação? Estaria preparada para escutar e compreender tudo isso? O que a revelação de seu pai podia lhe acarretar? O pai tinha necessidade de contar as coisas, pensando em si mesmo e sem pensar na filha. Queria aliviar-se, mesmo que isso significasse que sua filha entrasse em conflito, se entristecesse ou sentisse ódios desnecessários. Era muito provável que sua filha lhe dissesse: "Eu não gosto e nem preciso de você, simplesmente prefiro viver sem você."

Era lógico que o pai queria recuperar a relação com a filha, mas para fazer isso devia considerar que talvez sua filha não quisesse. Além disso, se o único motivo para reencontrá-la era sua necessidade, seu egoísmo, cedo ou tarde se produziria um novo fracasso.

Era necessário preparar um encontro sem ataques, mesmo que não fossem contra sua filha. O ataque só faria aumentar o amor de Inma pela mãe e por quem ela apreciava, aumentar seu desejo de proteger os que estavam com ela, com quem crescera. Ele também não devia se apresentar como vítima, para causar pena à sua filha e assim aproximar-se mais facilmente dela.

*Nem a pena, nem o medo podem fundamentar um relacionamento profundo. No final, os filhos se cansam dos pais tristes e dos que causam medo. Eles não gostam de ter pais assim. Em vez de enfrentar a família, seria muito melhor pensar como apoiar-se nela, como eles poderiam ajudar a conseguir o que ele queria.*

Acreditar que as crianças podem ser manipuladas não garante que, quando grandes, não se deem conta disso e não censurem os pais. Usar os filhos como forma de prejudicar a outra parte significa desprezo pelos filhos e uma saúde mental ruim, muito ruim.

É um erro pensar que quem foi um "mau marido" ou uma "má esposa" não será um bom pai ou uma boa mãe e por isso tentar evitar que compartilhe seu tempo e sua vida com os filhos. É preciso entender que a perda do esposo, ou da mulher, não significa que os filhos **perderão** o **pai** ou a **mãe**. Os casais que fazem isso podem ser rejeitados pelo filho quando ele crescer.

Quanto maior o ódio entre os pais, menor o amor e o respeito que os filhos terão por eles. Assim que puderem, fugirão das duas figuras de referência. Ninguém gosta de ouvir falar mal do pai ou da mãe, de forma que seu ódio pelos dois crescerá e, para proteger-se, os afastará de sua vida. Se existe ódio entre os pais separados, é aconselhável que essa atitude mude quanto antes, se necessário com a ajuda de um bom terapeuta especialista em separações. Conforme o respeito pelo outro cônjuge for aumentando, o filho também se tornará mais respeitoso com os dois.

Em um primeiro momento, algumas crianças tendem a sentir-se **culpadas** pela separação, pois pensam que ela se deve a suas ações e até a sua mera presença: "Se eu não tivesse nascido, meus pais seriam um casal feliz como eram antes de eu chegar." É fato que as separações causam dor, mas essa dor não precisa ser eterna. As crianças sabem quem é seu pai e quem é sua mãe e continuam amando-os. As crianças entendem as separações pois elas mesmas, embora de forma diferente, ficam bravas com os amigos, separam-se deles ou mudam de amigos. O que não entendem, e também as machuca, é o pai não falar da mãe ou, ainda, que se tratem mal. O filhos geniosos aproveitam essas situações para ser ainda mais difíceis, como se o mau gênio fosse parte de sua vingança contra um dos pais ou contra os dois.

Quando os filhos podem decidir com quem querem morar, sempre decidirão por quem lhes pareça o mais fraco. Muitos pais, sem saber disso, se fazem de vítimas, mas o desejo sincero dos filhos de ajudar quem mais precisa deles não tem nada a ver com o lugar em que possam estar melhor. Quando o casal se separa, o melhor para os filhos é que, nesse momento, não se eliminem mais coisas: que continuem na mesma escola, com os mesmos amigos, com os mesmos hábitos.

Quando os pais já estão separados, as crianças vivem em **dois ambientes diferentes**, têm dois grupos diferentes de amigos, duas formas diferentes de relacionamento, o que pode ser muito enriquecedor. É muito importante não haver competição entre os pais para fazer a criança se sentir mais à vontade com um que com o outro. É fundamental que continuem conversando como pais e que, na medida do possível, os horários, os castigos e as recompensas sejam iguais nas duas casas. Pelo menos os princípios e os valores devem ser mantidos nos dois ambientes para não confundir os filhos, e para que eles não os utilizem como desculpa: "Na casa do papai eu posso fazer isso." Os ambientes podem ser diferentes, até ter regras diferentes, mas os **princípios devem ser os mesmos**.

Com o tempo aparecem **novas figuras** na vida da criança: o marido da mãe, a esposa do pai, e até novos irmãos. As "segundas oportunidades" fazem o conceito atual de família mudar; é possível reinventar a vida e a família. Uma família reconstruída é como uma bela família grande, como as famílias grandes de antigamente.

As novas pessoas, inicialmente, se transformam em inimigos, mas com trabalho e boa vontade acabarão tendo uma relação de amizade. Escutamos muitas crianças dizerem "Você não é meu pai", e elas têm razão, não é e não deve tentar ocupar esse espaço. Seu espaço é "Sou o novo marido de sua mãe". Se as crianças veem seu pai ou sua mãe felizes, aceitam os novos companheiros; mas, se os veem infelizes, rejeitam-nos. Ganhar o respeito, o carinho e até a admiração das crianças leva tempo, mas é possível.

Quando a criança é geniosa torna-se mais difícil o novo parceiro aceitá-la, afinal de contas acaba de conhecê-la e a criança não colabora. Mas, quanto menos ela é aceita, mais "pimentinha" fica. O novo parceiro terá de se esforçar para **ganhar** o respeito dessas crianças. Infelizmente, muitas crianças deixam de visitar seus pais devido ao novo parceiro, que não vê motivos suficientes para aguentá-las e muito menos para ajudá-las. Nesses casos, é bom explicar ao novo parceiro que a responsabilidade com os filhos é anterior e é preciso cumpri-la. E, se para cumprir essa obrigação for necessário ver o filho sozinho, terá de fazer isso. Essa é uma responsabilidade que os "novos parceiros" devem **respeitar**.

O mais difícil para as crianças é que nosso dicionário ainda não encontrou um nome para definir esse novo casal, pois os filhos não sabem que papel ocupa a nova Maria ou o novo Antônio, pois não são mamãe e papai, e não sabem nem como chamá-los de forma carinhosa.

Quando se separam, os pais não devem fazer seus filhos viverem em um campo de batalha entre eles. Os filhos podem suportar muitas ofensas, mas, quando alguém fala de seu pai ou de sua mãe, partem para a briga e chegam a se machucar (são as brigas mais comuns nas escolas). Mas o que acontece quando é preciso partir para a briga com o pai ou com a mãe por ter falado mal do outro? O mais fácil é tornar a vida deles impossível.

*A mãe de Verônica estava separada e sentia que sua filha de 12 anos conversava cada vez menos com ela, estava mais distante e tratando-a pior.*

*Seu marido – bem, ela sempre se referia a ele como "o cachorro do meu ex-marido" – a deixara por outra (às vezes o desgosto faz acreditar que já não se ama essa pessoa) e o que ela menos suportava era Verônica voltar tão contente dos fins de semana com o pai e sua nova companheira. Isso a enfurecia e ela envenenava a filha. Não o fazia por mal, era o que o corpo pedia, era a única forma de aliviar-se e lhe era difícil enxergar que estava dizendo tantas barbaridades sobre o ex-marido para a filha que tivera com ele.*

*Verônica vivia com os pés em duas canoas e odiava essa situação.*

*Por um lado, seu pai nem sequer mencionava sua mãe e ela não gostava disso. Por outro, aprendeu a não contar para a mãe nada do que acontecia na casa do pai para não enfurecê-la ainda mais.*

*Mas ficava magoada com a mãe por ela falar mal do pai. Quando a mãe ficava assim, tornava-se odiosa, Verônica não conseguia aguentar, queria defender o pai e retrucava com maus modos. Mas também sofria por ver que sua mãe estava cada dia pior e por não saber o que fazer.*

*Verônica sabia ser uma "pimentinha daquelas", mas isso não era de se estranhar. Agia assim como forma de se defender diante de uma situação que era maior que ela.*

Se os pais se preocupam com os filhos, ao separar-se devem cumprir a lei fundamental da separação: continuar ajudando o outro cônjuge e dessa forma ajudar seus filhos.

As separações podem ser complicadas para todos, mas os pais podem torná-las menos difíceis para os filhos com algumas regras básicas pelas quais se comprometem a ser sinceros, não abandoná-los e a demonstrar que continuam respeitando-se como pais:

- Comunicação clara e **sincera** sobre a separação
  Quando a separação já é um fato, os pais devem contar isso aos filhos, com clareza e sem criar falsas expectativas.

Se a separação vai ser temporária, como "um tempo para reflexão ou um respiro", não havendo ainda uma decisão de separação consumada e com esperanças de o casal reatar, os filhos também precisam sabê-lo.

E se, após a separação, o casal voltar a conversar ou a se encontrar e isso puder ser interpretado como uma tentativa de voltar a viver juntos, é melhor os filhos não saberem pois isso pode criar neles falsas esperanças de reunir os pais novamente.

Nunca é bom para os filhos estar em uma situação de incerteza.

- Evitar a sensação de **abandono** dos filhos

Sempre que possível, é preciso deixar o filho com o cônjuge que vai ficar com a casa, para não ser necessário ele se separar de mais coisas.

Quem saiu da casa deve ter um lugar para os filhos em sua nova casa.

Deixar claro para os filhos quais são os dias de visitas e os dias de ficar com um ou com o outro. Isso os ajudará a organizar sua mente e a sentir que vão continuar em contato com os dois. Essas datas devem ser respeitadas acima de qualquer coisa.

Fazer o possível para que tenham tudo o que necessitam nas duas casas, inclusive roupas. Se precisarem levar mala, sempre se sentirão como visita e não como em seu outro lar.

- **Respeitar-se** como pais

Manter o respeito que o outro cônjuge merece por ser o pai ou a mãe de seu filho.

Nunca falar mal do outro para os filhos, afinal de contas os problemas que existem são do casal e não dos pais.

Não ficar competindo para ver com quem a criança fica melhor, quem dos dois lhe compra mais coisas, quem é mais...

Trabalhar todos na mesma direção, compreendendo que as regras de cada ambiente podem não ser exatamente iguais, que as regras de cada casa mudarão com o tempo, conforme os adultos que nela vivam.

Arrumar a papelada e a parte econômica sem transformar esse aspecto em outra batalha insuportável.

Os pais devem tentar que a separação não faça os filhos se tornarem difíceis demais (às vezes seu mau gênio é porque querem voltar a unir os pais).

**Lembre-se...**

**As crianças acabam percebendo quando são manipuladas pelos pais, e os repreenderão por isso.**

**Os filhos não devem se sentir culpados.**

**O fato de o casal se separar não significa que a paternidade ou a maternidade também deixaram de existir.**

**Os novos parceiros devem conquistar o respeito das crianças e respeitar as responsabilidades existentes com elas.**

**Ser sinceros com os filhos, não abandoná-los e continuar respeitando-se como pais evita que a separação torne os filhos difíceis de lidar.**

# 6. EDUCAÇÃO E ESCOLA

As escolas não são todas iguais. Embora seja preciso estar consciente de que a vontade de estudar deve vir do aluno, é importante **escolher uma escola** que ajude os pais o máximo possível na tarefa de educar os filhos. A educação não é igual em todas as escolas, nem todas **ajudam** os pais da mesma forma. A educação das crianças não deve admitir o fracasso.

A tarefa de educar não é suficientemente reconhecida. Um professor não costuma ter uma casa luxuosa, nem o melhor carro; suas recompensas são de outra índole. Um antigo aluno pará-lo na rua para lhe dizer que sempre se lembra de suas aulas, ver a sensação de triunfo no olhar de um estudante que conseguiu ser aprovado quando ninguém esperava que conseguisse, uma criança dos anos iniciais oferecer-lhe a metade de um doce, os alunos mais velhos pedirem para acompanhá-los na ansiada viagem de fim de ano... o respeito que às vezes se traduz em silêncio e outras em uma camaradagem barulhenta são **recompensas intangíveis** que só podem ser guardadas em corações generosos.

Muitas vezes os professores são vistos pelas crianças mais como inimigos que como educadores. Não importa, os professores estão acostumados com isso. E se no dia de amanhã as crianças perceberem que o que lhes foi ensinado – conhecimento, regras, limites, perdão, esperança, a administração de seus sentimentos ou as habilidades sociais – era para o seu bem, esse reconhecimento será o melhor presente que podem receber. Em geral, as recompensas para os que educam ou não existem ou são intangíveis.

As crianças pertencem a quem realmente lhes importa: quando têm um bom educador, sentem-se unidas a ele e lhe agradecerão para sempre.

Muitos professores, educadores e até instituições lavam as mãos acreditando que a responsabilidade é sempre dos outros, sobretudo dos pais. No entanto, as decisões que tomam quando estão com as crianças, não importa quem o faça, são decisões que marcarão seus rumos. A importância de tomar a decisão correta é muito mais relevante que tomar a decisão mais cômoda a curto prazo.

Uma boa escola, um bom professor, um educador **não podem fugir** à sua responsabilidade e devem tomar as decisões corretas. Mas isso nem sempre ocorre, nem naquelas que são consideradas "as melhores escolas" e sobretudo quando se trata de um aluno "problema". O mais cômodo é a expulsão. É verdade que às vezes podem não ter os meios ou os conhecimentos necessários para trabalhar com essas crianças, mas as duas coisas, meios e conhecimentos, podem ser obtidas, pedidas e até exigidas, especialmente porque cada vez haverá mais alunos necessitando de ajuda especial. Mas também é certo que nunca, ao longo da história, as escolas tiveram tantos meios como agora, e no entanto continuam fechando seus portões no mesmo horário. É como se a escola tivesse mais medo que nunca dos alunos: medo de seus problemas, das responsabilidades ou de formar uma frente comum. E, quando os alunos são "difíceis", precisam mais de vontade do que de meios. Precisam da firme vontade da escola em querer ajudá-los.

Uma escola pode ser muitas coisas, mas o principal é que eduque e para isso é preciso contar com verdadeiros **educadores**.

Um **educador**...

- Tem um sexto sentido, a intuição de encontrar sempre algo que pode ser resgatado em cada criança, valoriza cada uma por essa **capacidade oculta** que soube descobrir e, a partir dela, motiva e desperta o "espírito" adormecido, puxa e puxa pelo fio para conquistar metas impossíveis, para tecer uma vida completamente diferente, cheia de novos valores e de felicidade. Está presente quando a criança precisa de ajuda, quando não pode fazer alguma coisa por si mesma. Em certas situações difíceis, se ela não tem a ajuda de que precisa, pode se deixar levar pelo abatimento.

- Escuta, tranquiliza, compreende e festeja cada pequena conquista. **Transforma** a escuridão e o desalento em esperança, a crise em motivo de crescimento, a fuga em uma oportunidade para aprender e demonstrar quanto gosta da criança fujona, correndo atrás dela, procurando por ela na rua.

- Guia, orienta, instrui; na aula, quando está diante das crianças, mas também na rua ou durante uma conversa sem importância. Quando erra, pede desculpas com humildade. Não impõe seu critério, não procura dar lição, mas ajuda sutilmente a criança a **descobrir** por si mesma. Intervém na vida da criança, mas dosando seu grau de intervenção: algumas vezes a conduz e outras a deixa decidir por si mesma. Se não deixarmos um mínimo de liberdade à criança, ela se tornará passiva, dependente, não saberá como enfrentar as dificuldades nem como se proteger das más influências, será incapaz de correr riscos e, em outros casos, se rebelará, não suportará ser levada sempre pela mão.

Muitas pessoas optam pelo magistério. Esses profissionais são muito necessários, e, quanto maior sua dedicação, melhor. Mas **é preciso** que sejam educadores que acreditem no espírito das pessoas, que tenham fé nas crianças, mesmo nas mais geniosas. Os que trabalham na educação têm de trocar "Como essa criança vai conseguir sair de onde está?" por "O que eu posso fazer para ela sair de onde está?"

*Joaquim, um garoto muito genioso que fora levado para um colégio interno, teve a sorte de ter o Prof. Luís como tutor.*

*O Prof. Luís não se assustava com nada e soube, desde o primeiro momento, que Joaquim poderia dar muito mais de si em todos os sentidos, inclusive no acadêmico. Mesmo tendo sido reprovado em todas as matérias, todas, isso demonstrava que fora mais por não querer que por não saber.*

*A primeira coisa que Joaquim fez foi tentar ser expulso, pois queria voltar para casa onde dominava todas as situações. Mas seu tutor não via a coisa assim e disse-lhe:*

*— Joaquim, pode ser que tenhamos de expulsá-lo, mas isso não seria uma solução para você. Seus pais já viram outros colégios para onde levá-lo. Além disso, aqui você já fez alguns amigos e eu acho que você pode ser um dos nossos melhores alunos.*

*Não só não o expulsou, mas também mostrou-lhe as consequências disso e a confiança que tinha nele.*

*Como era de esperar, Joaquim parecia não dar a menor importância (sempre demoram mais para reconhecer uma boa coisa que para demonstrar sua agressividade).*

*O Prof. Luís não o punha para fora de suas aulas, mas fazia-o participar. Inicialmente, Joaquim o fazia a contragosto, depois foi tomando gosto pela coisa.*

*O Prof. Luís deu a Joaquim pequenas responsabilidades que ele foi cumprindo. Conforme as cumpria, sentia-se mais satisfeito consigo mes-*

*mo. E o Prof. Luís sabia que não devia lhe dar uma responsabilidade que ele não pudesse cumprir, pois, se o fizesse, voltariam para o ponto de partida.*

*O Prof. Luís ajudou-o um pouquinho com as notas, começou subindo-lhe algum pontinho para que ele tomasse gosto pelo estudo.*

*E, talvez o mais importante, o Prof. Luís foi falando com os outros professores sobre como Joaquim era boa gente. Dessa forma, conseguiu que eles também dessem uma oportunidade ao garoto, que se encarregava de aproveitar.*

*Aquele garoto tão difícil que havia sido expulso de outros colégios conseguiu ser aprovado naquele ano, no seguinte e no seguinte.*

*Joaquim encontrou no Prof. Luís o que mais precisava, um adulto forte e firme e ao mesmo tempo carinhoso e próximo. Um professor que conseguiu atrair Joaquín, seu afeto e sua vontade.*

Quando se educa, é preciso ter **objetivos claros** para obter resultados sérios. A educação precisa de meios materiais, porém o mais **importante** são os educadores.

O educador precisa saber o objetivo e utilizar as **aptidões apropriadas** para alcançá-lo: autoridade, exemplo, conhecimento sobre a criança, ajuda dosada, exigência.

Tomara que as crianças tenham em suas escolas esse perfil de educador. Com educadores de verdade, a responsabilidade de os pais educarem seus filhos é plenamente complementada, mas o educador, quando necessário, deve sentir que conta com o total **apoio dos pais** em seu trabalho com o menor.

O **bem mais valioso** que os pais podem deixar para os filhos é a educação. Além disso, **os pais** também **são educadores**. Por isso não é demais eles exercerem com seus filhos as aptidões que definem o perfil de um bom educador. Os pais devem mudar a pergunta "Como meu filho vai conseguir deixar de ser tão genioso?" para "O que posso fazer para o meu filho conseguir?"

Apesar do grande valor da educação, há muitas crianças que resistem a aceitá-la. As crianças não gostam da escola, e muitos professores também não. Estão esgotados, já não têm mais ilusões. Têm muitos alunos em cada sala e não podem atendê-los individualmente. Além disso, recebem muita pressão externa, dos pais e da sociedade em geral. Some-se a tudo isso o medo do fracasso e a falta de formação e de reconhecimento.

A escola é uma invenção maravilhosa, mas o modelo atual, em geral, **não funciona** bem. Menos ainda quando o aluno é "difícil".

As escolas precisam conseguir tornar a aprendizagem divertida, o aluno mais motivado para estudar teoremas, fórmulas, datas e fatos, fazer com que encontrem sentindo nisso. É preciso construir uma escola em que a família, o esforço, o mundo e o transcendente tenham espaço e sejam importantes. Uma escola que saiba aguentar o mau gênio das crianças, que saiba "produzir" com elas homens e mulheres melhores. Uma escola que sirva para educar, uma escola sem fracassos.

**Lembre-se...**

A escola precisa ajudar os pais: nem todas fazem isso da mesma forma.

Um educador precisa ter objetivos claros e saber encontrar a capacidade oculta que ajudará a criança a se descobrir e se transformar.

A escola não pode fugir à sua responsabilidade.

As recompensas na educação são intangíveis.

O educador deve ter apoio total dos pais.

# 7. PROCURAR AJUDA

Quando os pais percebem que não aguentam mais, devem pedir ajuda quanto antes, precisam buscá-la, embora às vezes custe encontrar a mais adequada.

É uma pena ver os pais levando seus filhos de um lugar para outro procurando uma receita mágica. Não convém os pais adotarem a última coisa que leram ou viram na televisão sobre a educação dos filhos. Não se pode ser contra a informação, a informação é necessária e boa e pode servir de formação, mas não se deve aceitar tudo o que chega, sem filtrar nada. Aprende-se por adesão ou por rejeição, por isso é bom rejeitar o que não me serve para aprender.

*A mãe era médica e o pai lia tudo o que lhe caía nas mãos ou que encontrava na internet. Traziam uma lista de tudo o que podia estar acontecendo com seu único filho. Cada coisa que ele fazia tinha um nome. Davam a sensação de estar procurando uma doença para colocar nela a culpa de todos os "males" de seu filho, e de querer encontrar uma pílula mágica que curasse tudo.*

*Quando compareceram ao consultório com toda a informação, o terapeuta lhes disse: "O que seu filho tem ainda não pôde ser tratado por ninguém e não existe tratamento, mas é uma coisa que muitas pessoas conseguiram superar. Chama-se 'adolescência' e em alguns anos passará."*

Os pais precisam pensar que, por mais especialistas que sejam, o critério de outras pessoas nem sempre é o melhor. Com essa sensação demonstram a **insegurança** que sentem como pais, e até como pessoas. A única coisa que conseguem com sua insegurança é que seus filhos se transformem em pessoas inseguras. A busca por alternativas deve servir para **sustentar** os critérios dos pais. O conhecimento de outras pessoas pode orientá-los e ajudá-los, mas são os pais que dão a última palavra.

A intervenção de um **terapeuta** especializado em transtornos de comportamento pode servir de ajuda aos pais. O terapeuta existe para dar valor aos pais, para animá-los, para acompanhá-los e **fazê-los pensar** nas diferentes opções. Mas sua função não deve ser nunca a de julgar ninguém. Os especialistas que colocam a culpa nos pais, dizendo que estes não têm habilidade suficiente, que fizeram tudo errado, só conseguem confundir e deteriorar a relação dos pais com os filhos (talvez devessem passar uma temporada com o filho em questão antes de procurar culpados).

Um excesso de terapeutas pode ser contraproducente. Há pais obsessivos que levam seu filho, ao mesmo tempo, ao psicólogo da escola, a um psicólogo particular e a um psiquiatra, que nem se conhecem entre si. A operação não será melhor porque há muitos cirurgiões na sala de cirurgia; devem estar presentes os que são necessários e, além disso, devem concordar entre si. **Tanta receita** ao mesmo tempo **não serve** para nada. É possível que todos tentem fazer um bom trabalho, mas é muito provável que entre todos criem confusão, nos pais e no filho.

Também seria de esperar que os terapeutas reconhecessem com humildade quando não sabem tratar de algum aspecto, quando a ajuda profissional não é necessária, ou quando o psicólogo que está tratando a criança já é suficiente.

A melhor terapia é sempre a de uma **equipe** formada por vários especialistas trabalhando com os pais, com um objetivo comum, o de ajudar o filho. Uma colaboração em que o terapeuta não deve abarcar o mérito: se tudo dá certo, ouve-se: "Como o terapeuta trabalhou bem!"; se dá errado: "A família fez tudo errado!"

**Só unidos**, pais e terapeuta podem "curar" o filho. A ajuda só é **eficaz** quando se age em conjunto. É como na história dos quatro dervixes.

*Contam que havia quatro dervixes, cada um com um objeto mágico, que decidiram se unir para ajudar melhor a humanidade. Um deles tinha um bastão, o outro um capuz, o outro um espelho e o quarto, uma caneca.*

*Atuando juntos, conseguiriam salvar as pessoas doentes:*

- *o bastão proporcionava apoio ao doente nos momentos de sofrimento;*
- *o capuz, proteção: um espaço e um tempo em que o doente poderia se sentir a salvo;*
- *o espelho permitia ao doente olhar-se por dentro para descobrir-se e conhecer a si mesmo, para escutar tudo aquilo que sua doença queria lhe comunicar;*
- *a caneca proporcionava o alimento necessário para que a pessoa doente recobrasse suas forças.*

*Os doentes se curavam quando conseguiam olhar-se no espelho, conhecer-se e reconhecer-se, protegidos como estavam — graças ao capuz — dos inúmeros medos que antes os impediam de fazê-lo. No bastão encontravam o apoio e a orientação necessários para compreender o que viam refletido. Graças ao alimento e ao amor recebido na caneca, encontravam as forças para começar aquela tarefa que duraria a vida toda. Aquela caneca transbordando de carinho ajudava-os a se aceitarem tal e como se viam no espelho, a se aceitarem não com resignação, mas como um presente.*

Um terapeuta deve ser...

... bastão e oferecer apoio, mas não apenas isso. Só como bastão, conseguirá apenas reforçar a dependência externa do paciente.

... capuz e oferecer proteção, mas não apenas isso. Só como proteção reforçará o sentimento de invalidez do paciente.

... espelho em que o paciente se veja, se conheça e se reconheça. Mas, se for somente espelho, o paciente pode se assustar e fugir.

... caneca e carinho, alimento para a alma e para o ser interior, mas não apenas isso. Ao ser somente isso, reforçará a crença do paciente de que o amor e o carinho só podem vir de fora.

O terapeuta deve saber combinar os quatro elementos na medida correta para fazer com que os pais os aproveitem. Os pais precisam compartilhar o que está acontecendo com eles, para terem outros pontos de vista que os ajudem a tirar o melhor de si mesmos como pais.

A relação com o terapeuta influencia no resultado de sua intervenção. Não há terapeutas bons ou ruins. Há terapeutas com os quais nos conectamos e terapeutas com os quais não nos conectamos. E o fato de um deles não poder ajudar a remediar uma situação não significa que outro não consiga.

Se os excessos são sempre perigosos, também é necessário precaução quando eles aparecem nos diagnósticos: **desconfie dos prognósticos de desajustes graves**.

*Acaba de completar 30 anos e é muito grata aos pais: eles sempre a amaram e confiaram nela.*

*Os pais sempre estão presentes para dar apoio, mas para alguns isso é mais difícil que para outros. Nesse caso, ela não tornara a coisa fácil e também não conseguiram a força para ajudá-la com os especialistas aos quais recorreram.*

*O relatório psicopedagógico de quando a filha tinha 10 anos não deixava uma gota de otimismo. Nele era possível ler coisas como:*

*... seu grau de desenvolvimento intelectual global é muito baixo.*

*... sua capacidade de comunicação, atenção e memória é bastante limitada.*

*... seu interesse pelo trabalho escolar é muito escasso.*

*... pouco convencida de que vai chegar a ter sucesso, manifesta certo sentimento de inferioridade.*

*... baixa adaptação familiar e social.*

*E na parte de observações aparecia: "Falar com os pais." E falaram.*

*Felizmente os pais decidiram guardar o relatório (alguns pais têm um excelente sexto sentido), não dar importância aos comentários que receberam do psicólogo e... continuar sendo pais esperançosos. Com o tempo, os pais esqueceram o sofrimento que passaram com sua filha e estão muito orgulhosos dela: terminou seus estudos universitários e está muito bem casada.*

*Em seu aniversário de 30 anos, eles lhe deram seu "relatório" de presente. Até aquele momento ela não sabia de sua existência.*

Há casos que são graves, ou muito graves, e é sempre melhor um diagnóstico precoce para que a intervenção e a correção sejam feitas quanto antes. Porém mais de uma vez ocorreram casos de crianças pelas quais ninguém dava um tostão, casos em que os testes e as opiniões dos especialistas foram muito negativos e, apesar disso, seguiram adiante. A arma mais brutal para a vida de uma criança é um teste que diga para ela ou para seus pais: "Não faça nada, você é um inútil."

Um diagnóstico com resultados alarmantes deve ser **investigado**, tal como os resultados de um teste, que devem ser tomados como orientação, mas não são infalíveis. Os ruins, muito ruins, podem parecer bons e vice-versa. Quando o diagnóstico indica **gravidade**, os pais precisam procurar uma segunda opinião antes de considerá-lo. Dê mais importância aos especialistas que aos testes.

**Lembre-se...**

Procurar ajuda deve servir para apoiar os pais.

O terapeuta deve fazer os pais pensarem, não deve julgar nem buscar culpados.

A ajuda só é eficaz se terapeuta e pais estiverem unidos.

Investigue os diagnósticos alarmantes.

# 8. TERAPIA DE PAIS

A terapia de pais **ajuda-os** a mudar a conduta com os filhos que possuem um transtorno de comportamento. O fundamento subjacente a essa abordagem é que o lar é o lugar em que com mais frequência se estimula e se forma a conduta e, portanto, onde mais facilmente pode se produzir a mudança. É um método de treinamento do controle parental, dos pais para os filhos, que é prometedor, eficaz e tem um alto grau de sucesso quando o transtorno e a idade do menor ainda o permitem.

A terapia de pais ajuda em casos **leves ou moderados** de transtornos. Em casos graves ou muito graves é necessário colocar o filho nas mãos de especialistas e interná-lo em uma instituição.

Muitas vezes, os pais acreditam que, pagando um terapeuta ou um psicólogo e levando seu filho ao consultório, o transtorno será eliminado. Mas de que adianta a criança mudar se os modelos em casa continuam iguais? Essa terapia propõe uma abordagem diferente, tem o objetivo de fazer com que os adultos ganhem o respeito de seus filhos. Não se trata de fazer as coisas porque um terapeuta disse para fazer assim, mas porque os pais estão convencidos de que essa é a melhor forma de agir com o filho. Assim, o filho não poderá dizer: "Estamos fazendo isso porque o dr. Terapeuta disse para fazermos assim. Façam vocês, então!"

O objetivo do treinamento de controle parental é romper a pauta de condutas, ensinando os pais a fazerem desaparecer o círculo de interação coativa e as relações que se mostram perversas em si mesmas. Ensina a estabelecer regras, a utilizar o reforço positivo, a romper com a ideia de que o castigo pode ser negociado e a recompensa deve ser imediata, a pagar o preço da paz em um lar e outras pautas de atuação.

Na Fundação Internacional O'Belén a terapia de pais (o preço da paz, quando os pais pagam ou cedem em tudo para evitar o conflito) baseia-se em três princípios:

1.º **Concentrar-se no problema**

Coloquialmente falando, significa saber o que é difícil e o que não é. Os pais têm diferentes graus de tolerância aos problemas dos filhos, e algumas coisas são piores que outras. Por isso é preciso começar aproximando-se mais dos pais, isto é: fazendo-os compreender que o que está acontecendo não é tão grave, sempre e quando isso seja verdade; ajudando-os a trabalhar nos aspectos do filho que, de forma objetiva, sejam verdadeiramente preocupantes e fornecer-lhes ferramentas para isso, que muitas vezes lhes parecem novidades.

2.º **Acompanhamento contínuo**

Não se trata só de consultas, mas de um acompanhamento diário. Considerando que um transtorno tem sua própria evolução, o diagnóstico pode mudar e pode vir acompanhado de outros problemas. De uma informação parcial, alheia ou própria, é possível obter resultados falsos. Por isso se pede aos pais que informem ao terapeuta por *e-mail* o que está acontecendo e que preencham os "quadros de acompanhamento" para registrar a evolução do comportamento do filho. Esse método é como passar da foto para a videocâmara.

E, em caso de necessidade, os pais podem recorrer ao telefone de urgência que os coloca em contato com seu terapeuta. Não se pretende com isso criar uma dependência com relação a ele, mas mostrar aos pais que não estão sozinhos, que nos piores momentos eles têm alguém com quem contar.

3º **Trabalhar a esperança**

Não há nada pior que se dar por vencido ou pensar que é impossível superar alguma coisa. A terapia de grupos de pais pode ajudar a evitar essa sensação de derrota. Ao escutarem outros pais contando como eles sozinhos puderam reconduzir a situação, os demais sentem uma alegria e, sobretudo, uma força indescritível.

Embora o filho seja o objetivo final a ser alcançado, o terapeuta não interage com ele, só com os adultos de referência.

*Sandra era uma menina que conseguia desestabilizar toda a família com seus gritos, agressões, mentiras e insultos.*

*Seus pais precisavam de ajuda para que a filha pudesse controlar tanto mau gênio. Também precisavam saber que não estavam sozinhos, que eram compreendidos e que não deviam se sentir culpados. Descobriram que existem novos métodos, além da recompensa e do castigo, para ajudar sua filha.*

*A primeira coisa a ser trabalhada foram as agressões.*

*O pai, cansado, estava respondendo da mesma maneira que Sandra e, se ela batia, ele batia ainda mais forte, conseguindo com isso dois efeitos perversos. Um, validar essa forma de comunicação, e dois, um ódio de si mesmo pelo que causava à filha.*

*A proposta foi que ele não reagisse da mesma forma e, quando muito, que segurasse sua mão se ela viesse agredi-lo.*

*Também lhe propusemos colocar um pneu velho na garagem. Dessa forma, quando Sandra quisesse desabafar, só precisaria descer à garagem e dar alguns socos.*

*Duas semanas depois começamos a trabalhar os gritos.*

*Sandra precisava aprender que, quando gritasse, não obteria nenhuma resposta e muito menos uma ação.*

*Ela continuou gritando por uma semana até perceber que com os gritos não obteria resultados.*

*Depois também foram trabalhadas as mentiras e as ofensas.*

*Pouco a pouco os pais iam acompanhando o "quadro de crise" de sua filha, escrevendo aos terapeutas por e-mail, comunicando suas soluções e consultando sobre as coisas que surgiam de improviso.*

*Graças à experiência é possível ensinar aos que são mais difíceis a entender e a conhecer formas de mudar sua conduta. Conviver com eles aplicando-as é aprender cada dia novas soluções para o que parecia não ter solução.*

*Os pais de Sandra conseguiram porque queriam conseguir.*

A terapia é, sobretudo, uma **ajuda aos pais** com filhos com transtornos de forma leve ou moderada. Mas é preciso deixar claro que são os pais que decidem o grau do transtorno de seu filho ou, mais apropriadamente, o que é suportável e o que não é; isso não deve ser uma decisão do terapeuta. Há pais e mães com uma capacidade sobre-humana de aguentar o que para outros seria intolerável, assumindo isso como mais uma tarefa de sua vida. Por isso, a aplicabilidade dessa forma de terapia depende do **nível** de gravidade do transtorno e da **disposição** dos pais de lidar com ele. Se os pais estão dispostos a trabalhar diretamente com o filho, é bastante aconselhável que procurem um especialista que lhes possa acompanhar na aplicação dessa terapia.

**Lembre-se...**

A terapia de pais é útil em casos leves e moderados de transtorno de comportamento.

Ajuda os pais com filhos muito geniosos.

Sua aplicação depende da disposição dos pais.

# 9. INTERNAÇÃO EM INSTITUIÇÕES

Existem instituições especializadas no tratamento dos transtornos de comportamento. A definição técnica para esse tipo de distúrbio é:

**Ocasiões em que as crianças e/ou os adolescentes mostram um padrão de comportamento antissocial que coloca em risco os direitos das outras pessoas, bem como as normas de convivência e regras socialmente aceitas para sua idade, sendo esses comportamentos não administráveis por pessoas próximas ao indivíduo sintomático, o que provoca uma deterioração progressiva e significativa no âmbito interpessoal, relacional e profissional.**

A internação deveria ser a **última alternativa** a ser considerada pelos pais.

Mesmo em casos aparentemente graves, nem sempre é necessária a internação. O que pode parecer impossível aos pais torna-se possível com certas ferramentas na família. Além disso, toda internação acarreta certa ruptura entre pais e filhos que não é totalmente boa: essa ruptura provoca impotência nos pais, e no filho costuma produzir uma maior rejeição a eles.

Mas, se existe um transtorno e os pais esgotaram todas as opções possíveis a seu alcance, se a convivência em casa se tornou insuportável, se existe perigo físico para os outros membros da família, se já não aguentam mais, a alternativa que resta é o tratamento em uma instituição especializada.

*Há sete princípios fundamentais que regem a assistência a um menor com transtorno de comportamento internado em uma casa da Fundação Internacional O'Belén:*

1. **Estar na instituição não é um castigo.** *Ele está ali porque precisa da ajuda que pode ser prestada pela equipe da casa. A criança não é má, mas age como tal.*
2. ***A esperança de conseguir.*** *O menor pode ser o que quiser ser: não importa o que os outros lhe disseram, mas sim quanto os profissionais que estão ali ao seu lado acreditam nele.*
3. **Perdoar e perdoar-se.** *O menor deve perdoar-se pelos danos que possa ter causado (muitas vezes ele nem tem consciência disso) e perdoar aqueles que ele acha que lhe causaram dano. A sociedade e principalmente a família devem também perdoá-lo, e acima de tudo não considerá-lo para sempre um ser abjeto.*
4. **Ter limites.** *Não funcionamos com vontades, mas com regras: não se faz o que "se tem vontade", faz-se o que deve ser feito.*
5. **Expressar-se.** *A expressão, seja ela pela escrita, fala, pintura ou música, serve para ele se conhecer profundamente e para que os profissionais trabalhem com ele as coisas que, mesmo ocultos, podem tê-lo feito agir daquela maneira.*
6. **Não se abandona ninguém.** *Acima de tudo, faça o que for, o menor não será abandonado. É preciso estar preparado para continuar trabalhando com ele.*
7. **Organização física.** *A estrutura do espaço, a organização do tempo e dos recursos ajudam a pessoa a se organizar internamente.*

*É claro que as primeiras semanas são difíceis, para ele e para os que o atendem. Também é comum que esses princípios lhe entrem por um ouvi-*

*do e saiam por outro. Eles precisam saber por que estão internados, o que se espera deles e quais são as regras de bom funcionamento. O importante é que, ao sair da instituição, eles os tenham internalizado para sua própria vida.*

Para que a assistência ao menor seja efetiva, é necessário uma **equipe multidisciplinar** (com conhecimento de diferentes disciplinas) e interdisciplinar (usando-as de forma relacionada com o menor e com o trabalho a ser realizado) na qual devem participar psiquiatras, psicólogos, educadores, professores, assistentes sociais... Também é preciso contar com instalações projetadas e preparadas adequadamente, com os devidos serviços gerais e de manutenção e também com serviços de segurança. A **casa** deve permitir a convivência e o atendimento simultâneo de vários garotos e garotas. É aconselhável que o grupo total não tenha mais de 15 menores, para os quais pode ser necessária uma equipe de cerca de 30 pessoas.

O número de pessoas para atender a esses menores pode parecer alto, mas é o que permite aplicar um método de atendimento efetivo para corrigir padrões de comportamento com transtornos graves mediante o uso de terapias, oficinas de habilidades sociais, assistência familiar e, sobretudo, o compromisso dos tutores que cada menor tem enquanto estiver na instituição. Só assim é possível conseguir que mais de 85% dos internados consigam voltar a ter uma vida normal em um prazo máximo de dois anos.

Quando a equipe de profissionais que atende aos menores é reduzida, o custo de atendimento na instituição pode se ajustar, mas à custa de que muito menos garotos sejam capazes de reinserir-se na sociedade e de que outros, muito provavelmente, estejam destinados a terminar na delinquência e na cadeia. **Recuperar** uma criança não deveria ter **preço**, mas, quando se quer calcular, não fazê-lo é muito mais caro para a sociedade.

A experiência de passar por uma casa de recuperação precisa ajudar o menor a **preparar-se** para a vida. Por isso é importante ele aprender que a vida não é nenhum castigo; que veja a dimensão dos problemas que pode vir a ter; que acredite em si mesmo; que é preciso viver com limites, porque dessa forma a cabeça e o coração é que mandam, não o corpo; que existem outras formas de comunicação para obter o que se quer, sem utilizar gritos nem agressão física; que é preciso perdoar-se e perdoar.

As instituições que mais podem beneficiar o menor são aquelas concebidas para sua **recuperação integral**, considerando para isso diferentes disciplinas possíveis: médica, social, educacional e de lazer, entre outras. Tudo isso só é possível encontrar em uma **instituição terapêutica**.

Existem diferentes tipos de instituições, com outros modelos de intervenção: mais focalizados no aspecto clínico (clínicas), ou em aspectos que não têm nada a ver com a medicina, mas com o castigo ou o isolamento da sociedade de crianças que delinquiram (reformatórios), e outros que mais parecem um acampamento militar. Os resultados recomendam apostar em um tratamento integral.

Outra abordagem de intervenção encontrada é a implantação de módulos especiais para esses transtornos em escolas ou em institutos diários. Essas formas de intervenção já foram comprovadas e podem ser úteis para transtornos leves, mas têm uma eficácia nula para os graves, por não poderem contar com uma observação completa (durante 24 horas por dia, 7 dias por semana) e com pessoas especializadas.

Para conseguir a internação, infelizmente, os pais precisam saber que é preciso superar **muitos obstáculos**. Os caminhos possíveis são esses:

- Internação hospitalar
  A especialidade de psiquiatria infantojuvenil não existe como carreira universitária independente e a rede de saúde conta com pouquíssimas unidades de psiquiatria infantojuvenil.

Dessa forma, para haver uma internação clínica em um **hospital**, normalmente é necessária a ocorrência de uma crise, nem sempre é possível contar com recursos mais específicos e sua duração costuma ser curta.

Por esse caminho o filho volta para casa uma vez superada a crise, mas não o transtorno, embora o hospital possa manter um acompanhamento do caso.

- Pedir ajuda aos serviços sociais

  Os pais têm o pátrio poder* do filho. O fato é que os serviços sociais não podem fazer nada se não tiverem a guarda, ou até a tutela do menor. Ou seja, para o filho ser curado os pais precisam renunciar à sua guarda e inclusive à tutela, deixando o filho em outras mãos. Que pai, se o filho tivesse câncer, seria obrigado a abrir mão da guarda ou da tutela de seu filho?**

..........................

* **Pátrio poder**: é a figura jurídica que estabelece a guarda, a representação e a administração dos bens dos filhos não emancipados, é exercido pelos progenitores (pais), sejam eles biológicos ou adotivos. As obrigações dos pais, decorrentes do pátrio poder, são: zelar pelos filhos (alimentá-los, educá-los etc.) e representá-los, bem como administrar seus bens, se for o caso.

**Guarda**: é uma figura jurídica que pode ser exercida por qualquer pessoa designada por quem tem o pátrio poder ou a tutela do menor, somente para zelar por ele. Ou seja, quem tem a guarda só tem a obrigação de alimentá-los e educá-los, mas não pode representá-los nem administrar seus bens, salvo por autorização judicial, se bem que nesse último caso estaríamos diante da figura da tutela.

**Tutela**: é uma figura semelhante ao pátrio poder, mas é exercida por um terceiro que não possui a condição de pai biológico ou adotivo. É sempre um terceiro, pode ser um familiar, mas nunca o pai. Existem dois tipos de tutela: a judicial, que só é adquirida ou estabelecida por sentença judicial, e a *ex lege*, exercida pela Administração Pública (Comunidades Autônomas) de forma automática quando os menores estão em situação de abandono. A tutela pode ser completa, ou seja, guarda, representação e administração dos bens, ou só de alguns dos aspectos anteriores.

** No Brasil, essas questões são regidas pela Lei 8069/90, de 13/07/1990 (Estatuto da Criança e do Adolescente). O artigo 90 trata especificamente das entidades de atendimento e da regulamentação desse atendimento. [N. da T.]

As autoridades públicas exercem a tutela ou a guarda mediante programas de proteção, com acolhimento residencial (em instituições) ou familiar (com outros familiares ou em famílias substitutas). Se algum desses menores sofre de um transtorno de comportamento, as autoridades encarregam-se de sua internação em uma **instituição terapêutica**.

Essa alternativa precisa de uma justificativa e deve ser concedida por via "administrativa". Naturalmente, os serviços sociais acreditam que essa não é uma responsabilidade sua, ou que não devem simplesmente assumi-la, pois, se os pais existem, têm a obrigação de responsabilizar-se pelo filho. Mas, ainda que quisessem assumir esse encargo, atualmente não contam com recursos suficientes. E o debate continua aberto entre a saúde pública, a educação e os serviços sociais. De quem é o problema e quem deve solucioná-lo?

- Denunciar o filho

É a opção mais dolorosa e realmente triste: é como se, para o filho ser operado, primeiro tivessem de denunciá-lo.

Nesses casos, são os juízes de menores, auxiliados por sua equipe técnica, que adotam a medida a ser seguida com o filho denunciado. A mais comum será levá-lo a um abrigo, que em sua maioria não conta com serviços especializados para esse problema e no qual o transtorno de comportamento não é curado, podendo até se agravar. Algumas vezes a decisão possibilitará a internação do menor em uma instituição de recuperação, mas isso ocorre em pouquíssimos casos, talvez também pela **escassez de instituições** disponíveis com essas características.

*Todos, com palavras muito bonitas, diziam-lhes que eles mesmos podiam ajudar seu filho. Mas seu filho Lucas tinha um transtorno grave, muito grave.*

*Lucas agredia fisicamente seus pais e é muito difícil fazer um garoto de 17 anos parar. Não ia à escola, roubava, não voltava para casa à noite, to-*

*mava de tudo e o pior é que tinha uma irmã de 12 anos que estava assustada. Lucas a usava para amedrontar ainda mais os pais.*

*Naturalmente, Lucas não fazia nenhuma terapia. Para ele não havia nada de errado, eram seus pais que estavam loucos.*

*Não que seus pais não o amassem, ao contrário, mas não podiam fazer mais nada e isso era um perigo. Os pais sabiam que Lucas precisava de ajuda, mas quem poderia ajudá-lo?*

*Eles haviam consultado todos os tipos de médicos e especialistas, mas ninguém queria se responsabilizar pelo filho.*

*O assistente social recomendou que eles o denunciassem. Mas com uma denúncia, ou com dez, conseguiriam que seu filho fosse tratado, ou ele acabaria cumprindo pena pela denúncia dos pais?*

*Haviam chamado mais de uma vez a polícia ou a ambulância e o filho fora internado alguns dias em um hospital.*

*Finalmente ouviram falar das instituições de recuperação, mas para a internação era preciso que a Administração Pública tivesse pelo menos a guarda do menor.*

*Os pais queriam transferi-la, mas a Administração recusou: só admitiam casos de menores que haviam sido abandonados ou maltratados pela família.*

*Escreveram para todos, políticos, promotores, falaram até com os meios de comunicação, e ali foram crucificados publicamente por serem "maus pais". Por fim a história foi esquecida por todos, exceto por eles.*

*Lucas emancipou-se ao completar 18 anos. Não sabem onde mora, nem o que faz. Os pais não estão bem, a mãe entrou em depressão, o pai perdeu o trabalho e a irmã foi morar com uns tios.*

*Os pais sabem que o problema de Lucas não foi resolvido.*

Do momento em que os pais começam a pensar em internação até a sua efetivação, demora um tempo que para eles é "eterno". Apesar de todas as dificuldades, às vezes é a solução necessária.

A diferença entre a educação e a reeducação não é fundamental. A reeducação é mais difícil, porque existem muitas coisas para corrigir, mas segue os mesmos objetivos da educação. Há circunstâncias em que os pais se sentem totalmente esgotados e precisam da ajuda especializada adequada para conseguir que seu filho seja reeducado.

Esperamos que os serviços assistenciais melhorem rapidamente, para que os pais que necessitem deles possam dispor dessa ajuda na educação de seu filho, e em igualdade de condições: atualmente as crianças que foram separadas de seus pais (crianças em sistemas de proteção) são as que mais facilmente podem ter acesso às instituições especializadas.

**Lembre-se...**

**A internação é a última alternativa.**

**Recuperar uma criança não tem preço, sai mais caro não fazê-lo.**

**Com um método integral, nas instituições mais de 85% dos casos são recuperados.**

**Os caminhos para a internação têm muitos obstáculos.**

## 10. MAUS-TRATOS INSTITUCIONAIS

Algumas crianças podem ser bem difíceis. São difíceis para os pais e, cedo ou tarde, podem ser difíceis para o restante da sociedade. Os pais devem ser os primeiros a agir para que o comportamento de seus filhos não seja prejudicial, mas a sociedade também precisa se interessar por esses problemas e, mediante as administrações e os serviços públicos, responsabilizar-se para que esses transtornos, leves ou graves, possam ser prevenidos, tratados e recuperados.

As sociedades desenvolvidas devem intensificar muito sua preocupação em agir nesse âmbito e em garantir que os esforços realizados não sejam desperdiçados e obtenham uma alta "rentabilidade" social.

*Quando completam 18 anos, os menores que frequentaram as instituições e ali foram tratados precisam sair de sua rede social. Esteban foi um deles. Passara a vida de instituição em instituição. Chegou vítima de abandono familiar e sua primeira internação não pôde ser com uma família substituta, devido às suas características tão especiais. Após passar por outras instituições terminou em um instituto terapêutico especializado, onde se recuperou bastante conseguindo controlar suas emoções.*

*Ao completar 18 anos, precisou sair e talvez tenha sofrido uma espécie de superdose de liberdade.*

*Ele não tinha um lar (para muitos outros o lar da família não é o lugar mais adequado), saiu da instituição com um trabalho, mas não foi capaz de mantê-lo. Embora tenha ido morar em um apartamento com outros companheiros, estes também não conseguiram aguentá-lo.*

*Ao se ver sem ninguém que lhe dissesse o que podia e o que não podia fazer, começou novamente a fazer o que tinha vontade.*

*Não foi preciso muito tempo para juntar-se com más companhias e a viver de trambiques, roubos e trapaças. Esteban foi internado novamente em uma instituição, mas agora está na prisão (com certeza, uma rede com muito mais recursos que as instituições para menores).*

*Esteban sabe que tudo o que aprendeu lhe servirá de algo no futuro, mas também está convencido de que com 18 anos e sozinho na vida é mais fácil acabar nas garras do desânimo, do desespero, da apatia e, como não, do mal, seja qual for.*

*É uma pena, uma grande pena, ver que tudo o que foi investido em uma fase de sua vida foi desperdiçado depois. Com um pouco mais de tempo e de recursos para poder fazer um acompanhamento até uma maioridade real, talvez pudessem ser evitados finais tão ruins como esse de Esteban.*

Existem algumas necessidades prioritárias que os políticos e detentores de cargos públicos deveriam atender.

- Serviços sociais e de saúde
  Os pais precisam ter o melhor **respaldo** para educar seus filhos. Quando uma família tem um filho com transtorno de comportamento, os pais deveriam poder encontrar serviços de atendimento **social** para orientação e consulta ou, se necessário, serviços de atendimento terapêutico e **de saúde**, com profissionais especializados e com formação (titulação) específica para atender ao menor.

  O dinheiro a ser gasto para que esse respaldo à família e ao menor **exista** e seja **eficaz** será um dinheiro muito bem gasto.

- Legislação

  Atualmente, os pais se veem obrigados a denunciar seu filho para serem ajudados e para que outras pessoas possam intervir.

  Para tratar os novos distúrbios sociais, cada vez mais numerosos, seria preciso encontrar legalmente outros mecanismos mais ágeis para **tornar acessível** a ajuda urgente e temporária para os menores que dela possam precisar sem a necessidade de denúncia dos pais e muito menos da entrega da tutela ou da guarda do filho.

- Qualidade do atendimento

  Os distúrbios de comportamento são um fenômeno relativamente novo nas sociedades desenvolvidas. As associações beneficentes, ordens religiosas e fundações particulares foram **pioneiras** no desenvolvimento desse tipo de **assistência**, e algumas também na **pesquisa** sobre os métodos de atuação.

  Com a colaboração dessas entidades, as Administrações Públicas estão começando a implantar serviços assistenciais específicos. Mas o atendimento nessa área é ainda incipiente, ou pelo menos insuficiente, por isso é preciso **estender** a cobertura desse tipo de assistência, bem como fortalecer a **especialização** e o **profissionalismo** das entidades e instituições que prestam os serviços e também favorecer as iniciativas de pesquisa.

  A qualidade do atendimento fará com que aumentem os níveis de sucesso na prevenção e no tratamento dos distúrbios de comportamento.

- Maioridade

  Segundo a legislação, para os serviços sociais os 18 anos são o momento adequado para deixar os jovens tutelados valer-se por si mesmos. O mesmo serve para aqueles que tiveram algum transtorno de comportamento e precisaram ficar internados em instituições especializadas.

Quando, depois de anos de internação, esses menores ficam sem teto, sem lar, sem nada e, o que é pior, sem ninguém, sem nenhum adulto de referência, é muito difícil integrar-se plenamente à sociedade e não é de estranhar que se desencaminhem. Alcançar a maioridade transforma-se em um **obstáculo** quase intransponível para conseguir que esses jovens voltem a um estado normal.

No entanto, alguns têm a sorte de contar com o compromisso altruísta de algum educador disposto a acompanhá-lo, ou com algumas iniciativas públicas que começam a existir, como prolongar esse processo de reinserção em casas de transição e conseguir reintegrá-los à sociedade.

Parece que essa linha, de **interpretação flexível** sobre até quando é necessária a ajuda e o acompanhamento, precisa ser incentivada e generalizada para não desperdiçar os esforços anteriores e, especialmente, para conseguir que haja mais menores que alcancem não só a maioridade, mas também sua autonomia na sociedade.

Essa forma de atuação, com uma visão mais ampla e global no tempo, é igualmente extensível às **crianças imigrantes ilegais**, que vêm aumentando e para as quais atualmente não há nenhum caminho a ser seguido, nem mapa, nem formação, nem inserção, nem microcréditos para poderem voltar a seu país. Socialmente, é como se estivessem em hibernação até os 18 anos. E depois? O lugar que ocuparão na sociedade dependerá mais de sua sorte, ou de sua capacidade, que das políticas sociais.

Segundo estudos dos organismos internacionais há entre 7% e 10% da população infantil e juvenil com problemas que são realmente difíceis (transtornos de comportamento) para os pais e para a sociedade, embora estejam encobertos: "O que os olhos não veem o coração não sente." Uma porcentagem **preocupante**.

Ocultos, ou ignorados, não significa que os problemas estejam resolvidos. Quando a dificuldade é maior parece que os pais ficam sozinhos, isolados; procuram ajuda, que parece não existir.

*Com lágrimas nos olhos uma mãe dizia: "Por que tenho de abrir mão da guarda para o meu filho poder ser atendido? Por que preciso esperar que ele se torne um delinquente se sabemos que não está bem? O que acontecerá com as pessoas que ele pode vir a prejudicar? Faz anos que sei o que está acontecendo com meu filho, já falei na escola, no Serviço de Saúde, na Assistência Social e todos me acusam de culpada. Quem dera eu tivesse fracassado como mãe, assim meu filho estaria agora nas mãos dos Serviços Sociais e poderia estar sendo atendido em alguma instituição. Meu filho só tem mais dois anos antes de completar 18 e eu já me sinto aniquilada para sempre. Ele também está se aniquilando, mas sei que ir para uma instituição pode ser uma nova oportunidade para ele."*

*Não se pode dizer muita coisa nesses casos. A verdade e o bom-senso convidam ao silêncio do respeito e acompanhamento. Às vezes, falar é pior.*

É preciso algo mais que boa intenção para resolver esses problemas. É preciso que a sociedade saiba "o que está embaixo dos tapetes". Ninguém gosta das instituições de menores: nem os moradores, nem as Prefeituras e suas Administrações, muito menos as crianças, que são clientes forçadas; mas elas são necessárias.

Mais que grandes ideias, é preciso que haja profissionais que queiram se dedicar a essas crianças. E melhor ainda se puderem contar com o devido reconhecimento social, os métodos e os recursos necessários.

Mais que dinheiro, é preciso técnica e uma firme vontade política, e já não valem as desculpas de estar ocupados em outras coisas.

Seria absurdo acreditar que esse problema é só de quem o sofre. A sociedade, com seus modismos, também o incentiva, fazendo com que todos sofram com ele. É necessário prever as consequências nos jovens, em seu desenvolvimento e em sua educação, de muitas das políticas realizadas. As políticas podem ajudar a administrar melhor os transtornos de comportamento de crianças e adolescentes.

Também é possível modificar em forma e conteúdo outros aspectos que servem de adubo para esses comportamentos, como, por exemplo, os meios de comunicação, os jogos de computador, o conteúdo da internet, as bebidas alcoólicas, o racismo e até os conteúdos acadêmicos.

Muitas das coisas que rodeiam as crianças ou suas famílias podem ser uma grande ajuda ou um grande obstáculo para tornar possível seu desenvolvimento como pessoas saudáveis.

É hora de escolher e de **decidir**.

**Lembre-se...**

**Os pais precisam de um atendimento social e de saúde eficaz e de fácil acesso.**

**É preciso incentivar a especialização, o profissionalismo e a capacidade de pesquisa das entidades e instituições.**

**A maioridade não deve ser um inconveniente para prosseguir na recuperação de um jovem.**

**É preciso tomar decisões.**

# Conclusão: Prosseguir

É certo que ainda há muito por escrever, porque a educação dos filhos está repleta de pequenos detalhes que nunca são citados e, no entanto, são importantes na vida deles

Este livro é só a semente: agora é preciso plantar, regar, cuidar, procurar o melhor adubo, acompanhar e colher. Mas, se um de seus filhos for muito genioso, não significa que não possa ser educado.

Tudo o que aqui foi proposto foi útil em muitos casos. Mas, se seu método funciona, mesmo que não tenha nada a ver com o que está escrito aqui, continue com ele. Se não é preciso mudar, não se deve fazê-lo. Se necessitar de ajuda para entender, fortalecer-se, mudar, ou simplesmente compartilhar, você pode usar nosso endereço eletrônico: fundación@obelen.org.

Há muitos pais escondidos em todos os cantinhos deste livro e, com eles, seu amor incondicional, sua busca incessante do "melhor" para os filhos. É o mais importante e mais maravilhoso que podem ter para cuidar de seus filhos, para trabalhar com eles, e é o que deve ser conservado, pois todo o resto é possível aprender.

Mesmo nos piores momentos é preciso ter esperança, procurar sempre o lado positivo, ter fé em seu filho. Para as crianças e adolescentes, um dia é uma eternidade, e amanhã é possível que já tenha ocorrido a mudança necessária.

E, se tiverem oportunidade, ajudem a nós, educadores e terapeutas, a corrigir nossos erros, a pedir às administrações mais comprometimento para ser possível pesquisar a favor dos que têm problemas, para que os pais encontrem acompanhamento e para que os menores, qualquer que seja a gravidade de seu transtorno, possam verdadeiramente reinventar a vida.

Uma última recomendação: se este livro for lido por filhos em idade inadequada, é possível que encontrem dicas para se tornarem "pimentinhas".

# Bibliografia

*Los padres mártires*, Jean Pierre e Laetitia Chartier, Javier Vergara Editor.
*Un hombre llamado Dave*, Dave Pelzer, Ediciones Obelisco.
*A causa dos adolescentes*, Francoise Dolto, Editora Ideias e Letras.
*Poema pedagógico*, Makarenco, Editora 34.
*Ética para meu filho*, Fernando Savater, Martins Fontes.
*Como ganhar amigos*, Dale Carnegie, Cosmos.
*A vida milagrosa de Edgar Mint*, Brady Udal, Difel.
*El mito de la educación*, Judith Rich Harris, Debolsillo.
*Cuentos para pensar*, Jorge Bucay, Integral.
*O maior vendedor do mundo*, Og Mandino, Record.
*Una pena en observación*, C. S. Lewis, Anagrama.
*Os patinhos feios*, Boris Cyrulnik, Martins Fontes.
*La felicidad es posible*, Stefan Vanistendael e Jacques Lecomte, Gedisa.
*O mundo de Sofia*, Jostein Gaarder, Companhia das Letras.
*Violeta sí, violencia no*, Federico Diego, Rayuela.
*Mais forte que o ódio*, Tim Guénard, Editora Livros do Brasil.
*Lo malo de lo bueno*, Paul Watzlawick, Herder.
*A arte da guerra*, Sun Tzu, WMF Martins Fontes.
*Histórias para aquecer o coração*, Jack Canfield e Mark Victor Hansen, Sextante.
*Niños y adolescentes difíciles*, Andrea Fiorenza, Integral.
*100 maravillosas formas de comprender a tu hijo adolescente*, Trudy, Bookplanet.
*Cómo puedo ayudar a un adolescente*, Joaquín Callabed, Alertes.

*No te metas en mi vida*, Anthony E. Wolf, Alfaguara.
Primeiro, segundo e terceiro congresso sobre transtornos do comportamento, Vários, Mapfre.
*Psicología de la adolescencia*, J. C. Coleman, Morata.
*Liberar a la adolescencia*, Gérard Lutte, Herder.
*Adolescencia, años de transición*, J. Roy Hopkins, Pirámide.
*Para comprender al adolescente*, Silvio Grosera, De Vecchi.
*El adolescente y sus retos*, G. Castillo, Pirámide.
*De jóvenes, bandas y tribus*, Caries Feixa, Ariel.
*Adolescentes versus padres y educadores*, M. Martínez, Bartleby.
*Comprender a los adolescentes*, G. Tessier, Octaedro.
*Aprendices y maestros*, José Ignacio Pozo, Alianza.
*Drogas y adolescentes*, Jaime Funes, Aguilar.
*A arte de amar*, Erich Fromm, Martins Fontes.
*O profeta*, Khalil Gibran, Associação Cultural Editorial Gibran.
*Filhos do divórcio*, Judith Wallerstein e Sandra Blakeslee, Edições Loyola.
*Em busca de sentido*, Victor Frankl, Vozes.
*Rebeldes con causa*, Marcelo Rufo, Grijalbo.
*La situación de la infancia en Asturias*, Gobierno de Asturias.
*Os 100 segredos das famílias felizes*, David Niven, Sextante.
*O banqueiro dos pobres*, Muhammad Yunus, Ática.
*La niña de la calle*, Virtu Morán e Kaoutar Houk, Styria.
*Panfleto antipedagógico*, Ricardo Moreno Castillo, Lector.
*Inteligencia intuitiva*, Malcolm Gladwell, Taurus.
*Víctimas o verdugos*, María Mérida, Flor del viento.
*A última grande lição*, Mitch Albom, Sextante.
*Martes con mi viejo profesor*, Mitch Albom, Maeva.
I, II, III Congresso de transtornos de comportamento em crianças e adolescentes, Fundação MAPFRE Medicina.

# Agradecimentos

Este livro é fruto da partilha, do acompanhamento e do sacrifício de muitas pessoas às quais quero expressar meu agradecimento, não porque eles precisem disso, mas por ser necessário para mim:

Às crianças que passaram pela Fundação Internacional O'Belén, porque me ensinaram que há sempre um caminho para reinventar a vida de mil formas diferentes.

Aos pais que confiaram em mim, com eles aprendi que sempre existe mais força, que sempre há uma saída quando tudo parece perdido.

A meus mestres Manuel Segura, Federico de Diego, Manuel Ureña, Pepe Morales, Marcelo Packman, Jaime Contreras e Manuel Gala.

A meus companheiros na Fundação, que se doam completamente a cada criança e nunca as abandonam, não importa o que aconteça.

Às muitas organizações e escolas que me convidaram para compartilhar o conhecimento e me proporcionaram motivação e argumentos para escrever.

A Pilar, minha esposa, por me acompanhar e por ter tornado seu este projeto.

A Álvaro e Rodrigo, meus filhos, que sempre aceitaram esperar para que eu pudesse atender algum pai ou resolver alguma coisa urgente com um menor.

Impressão e acabamento
**Imprensa da Fé**